LOKALE EN PROVINCIALE POLITIEK

Lokale besturen in de Lage Landen

LOKALE EN PROVINCIALE POLITIEK

Lokale besturen in de Lage Landen

H. Reynaert (ed.)

VANDEN BROELE
UITGEVERIJ - ÉDITIONS - PUBLISHERS

Lokale en provinciale politiek - Lokale besturen in de Lage Landen
H. Reynaert (ed.)

FSC
www.fsc.org
MIX
Papier van verantwoorde herkomst
FSC® C003371

In het kader van het duurzaam en mensvriendelijk ondernemen, streeft uitgeverij Vanden Broele ernaar om dag na dag haar activiteiten op volledig ecologisch verantwoorde wijze te ontplooien.

Deze publicatie wordt dan ook gedrukt op papier waarvan de oorsprong gecertificeerd wordt door het FSC (Forest Stewardship Council). Dit label promoot de duurzaamheid inzake bosbeheer binnen het kader van sociaal, economisch en ecologische verantwoord ondernemerschap. Uitgeverij Vanden Broele verzekert u dan ook dat het aangewende papier met respect voor het milieu werd geproduceerd.

Eerste druk, 2018
228 pag.
D/2018/0783/19
ISBN 978-90-496-1675-5
Art.nr.: 10SW003459

Uitgeverij Vanden Broele, Stationslaan 23, B-8200 Brugge
www.uitgeverij.vandenbroele.be

INHOUD

Lokale besturen in de Lage Landen

Herwig Reynaert

Iedere twaalf jaar vinden de gemeenteraadsverkiezingen in Nederland en België in hetzelfde jaar plaats. In Nederland zijn er immers om de vier jaar gemeenteraadsverkiezingen, in België elke zes jaar. 2018 is een dergelijk jaar. Op 21 maart trekken de Nederlanders naar de lokale stembus, op 14 oktober is de lokale electorale bolletjeskermis in België. In België zijn er op die dag eveneens provincieraadsverkiezingen en districtsraadsverkiezingen in Antwerpen.

In dit boek wordt er niet alleen ingegaan op de verkiezingen maar ook op de uitdagingen die de lokale besturen in de Lage Landen te wachten staan. Beide landen worden trouwens geconfronteerd met vergelijkbare thema's en kunnen dan ook veel van elkaar leren.

In een eerste bijdrage analyseert Boogers de democratische kwaliteit van lokale verkiezingen. Hij bespreekt ook een aantal mogelijke verbeteringen. Zijn focus ligt hierbij vooral op Nederland maar waar mogelijk en relevant neemt hij ook Vlaanderen in zijn verhaal mee.

Castenmiller beschrijft de Nederlandse gemeenteraadsverkiezingen na de Tweede Wereldoorlog. Hij gaat hierbij o.a. in op twee 'draaipunten'. Het eerste draaipunt is de scherp dalende opkomst bij de gemeenteraadsverkiezingen van 1990. Het tweede volgt een goed decennium later in 2002. Bij die verkiezingen boekte leefbaar Rotterdam, onder leiding van Pim Fortuyn, een spectaculaire winst. Ook op andere plaatsen laten vergelijkbare (lokale) partijen opmerkelijke winst optekenen. Vanaf dat jaar is er op lokaal vlak dan ook sprake van een duidelijk zichtbaar 'versplinterd' partijlandschap. Castenmiller blikt tot slot ook even vooruit op de gemeenteraadsverkiezingen van 21 maart 2018.

Vervolgens staat Bas Denters stil bij het proces van collegevorming in de Nederlandse gemeenten in 2014.

Ondanks het feit dat het College van Burgemeester en Schepenen/Wethouders steeds meer de macht naar zich toetrekt, blijft de gemeenteraad de hoeksteen van de lokale democratie. Bouwmans stelt dan ook dat een sterke raad er toe doet. Voor een gezonde toekomst van de lokale democratie is een sterke gemeenteraad meer dan gewenst. Gemeenteraadsleden moeten krachtig, zelfbewust en met trots voor de eigen zelfstandige rol en positie van de gemeenteraad – en daarmee voor de inwoners – opkomen. De gemeenteraad moet zich in die context dan ook duidelijk manifesteren. De raadsleden moeten meer 'ongehoorzaam' zijn en lef tonen om zelfbewust te kiezen voor een versterking van de rol als volksvertegenwoordiger. Ze moeten zich minder laten leiden door het braaf volgen van de regels en procedures binnen het gemeentehuis.

Een representatieve democratie met om de 4/6 jaar verkiezingen is voor heel wat burgers niet meer voldoende. Vandaar dat het belangrijk is dat de gemeenteraden nadenken hoe ze kunnen en moeten omgaan met aanvullende vormen van democratie. de Graaf, Schaap en Theuns gaan in hun bijdrage in op de vraag hoe gemeenteraden adequaat kunnen omgaan met hun verschuivende rol in het kader van hedendaagse vormen van democratie. Zijn de rollen van de gemeenteraden dan ook niet aan herdefiniëring toe?

In zijn bijdrage probeert Renson een aanzet te geven om het debat en de dromen over de democratie in de dorpsstraat levendig te houden. Waarom zouden lokale besturen hun burgers überhaupt laten participeren aan het beleid?

Voor alle duidelijkheid: het is absoluut niet allemaal 'kommer en kwel' bij de lokale besturen. Integendeel. De Ceuninck, Steyvers en Verhelst laten hun licht schijnen op de tevredenheidsscores van de burgemeesters in Vlaanderen. Ze komen tot de 'geruststellende' vaststelling dat de Vlamingen gemiddeld genomen aardig tevreden zijn met hun burgemeester.

Zullen de Vlamingen ook tevreden zijn met een aantal fundamentele wijzigingen die zich bij de lokale besturen voordoen? Op twee belangrijke veranderingen gaat het boek in.

Van Schuylenbergh heeft het over de integratie van gemeenten en het Openbaar Centrum voor Maatschappelijk Welzijn. Vloek of zegen? Eén iets is duidelijk: de integratie biedt mogelijkheden en kansen. Aan politici, ambtenaren en burgers om ze waar te maken.

Een tweede grote wijziging heeft betrekking op het feit dat de provincies niet langer meer beschikken over persoonsgebonden (jeugd, cultuur, welzijn, sport) bevoegdheden. Ondanks het feit dat Van Loock niet gelukkig is met deze ontwikkeling gelooft hij in de weerbaarheid van het provinciale niveau.

Iedereen weet 'koken kost geld'. Vandaar dat Suykens ingaat op het gemeentefonds en de financiering van de Vlaamse gemeenten. Hij pleit om een aantal criteria te versterken om zo te komen tot een meer verfijnde verdeling van de middelen zonder grote schokken te veroorzaken en tot een grotere aanvaardbaarheid van de verdeling bij meerdere gemeenten.

In de periode 2010-2014 stonden de Nederlandse gemeenten onder grote financiële druk. In hun bijdrage onderzoeken Vuijk en Herweijer de 'bestuurderskracht' van de portefeuillehouders financiën. Ze willen o.a. weten of de ingrepen en argumentaties van de diegenen die met het geld 'koken' ertoe doen.

'The world's most valuable resource is no longer oil, but data' kopte The Economist in mei 2017. Ook de lokale besturen beschikken over gigantisch veel data. De verzameling van data en de verwerking ervan is aan regels onderworpen. De Algemene Verordening Gegevensbescherming (de nieuwe Europese privacywet) die op 25 mei 2018 van toepassing wordt, actualiseert en verbetert de regelgeving met betrekking tot de bescherming van persoonsgegevens. Vandenwijngaert gaat er dieper op in.

Tot slot. Op lokaal en provinciaal vlak vinden er belangrijke veranderingen plaats en zijn er talloze interessante uitdagingen. Alle betrokkenen moeten met een kritisch maar open vizier de toekomst tegemoet zien. Lokaal goed besturen blijft immers één van de grote uitdagingen van het politiek bedrijf. De inwoners hebben er recht op en verdienen het ook.

Over de auteurs

Boogers Marcel is hoogleraar Innovatie en Regionaal Bestuur aan de Universiteit Twente (NL) en senior-adviseur bij BMC. Zijn onderzoek en advies richt zich op regionale samenwerkingsvraagstukken, interbestuurlijke verhoudingen, lokaal bestuur, lokale democratie en politieke organisaties.

Bouwmans Henk is directeur van de Nederlandse Vereniging voor Raadsleden, tevens onderzoeker en voorzitter van De Collegetafel, kennis- en debatplatform voor het openbaar bestuur. Bouwmans publiceert jaarlijks over het ten val komen van wethouders in Nederland. Tevens is hij medewerker van Helden, wielermagazine in de provincie Noord-Brabant en columnist voor de Kleine Kernen Krant in dezelfde provincie.

Castenmiller Peter promoveerde in 2001 op een studie naar de betrokkenheid van burgers bij de Nederlandse lokale politiek. Hij publiceert regelmatig over verschillende lokale thema's zoals intergemeentelijke samenwerking, het functioneren van gemeenteraden, de invulling van de controlerende verantwoordelijkheden van de raad en over burgerparticipatie in het lokaal bestuur. Momenteel is hij verbonden aan adviesbureau PBLQ en tevens lid van de Kiesraad.

De Ceuninck Koenraad is doctor in de politieke wetenschappen. Hij is als docent verbonden aan het centrum voor lokale politiek (CLP) van de vakgroep Politieke Wetenschappen aan de Universiteit Gent (België). Zijn voornaamste onderzoeksdomeinen zijn schaal en lokale politiek, gemeentelijke fusies en hervormingen op lokaal niveau. Zijn doctoraatsonderzoek was een studie naar de politieke besluitvorming tijdens de gemeentelijke fusies in België in 1976.

de Graaf Laurens studeerde Bestuurs- en Organisatiewetenschappen aan de Radboud Universiteit in Nijmegen en verdedigde in 2007 zijn proefschrift met als titel 'Gedragen beleid. Een bestuurskundig onderzoek naar interactief beleid en draagvlak in de stad Utrecht' aan de Utrechtse School voor Bestuurs- en Organisatiewetenschap van de Universiteit Utrecht. Sinds 2006 is hij als universitair docent en als dagelijks bestuurslid verbonden aan de Tilburgse School voor Politiek en Bestuur van de Universiteit van Tilburg. Daar heeft hij veelvuldig onderzoek gedaan – al dan niet in opdracht van publieke organisaties – naar participatievraagstukken in (achterstands)wijken en grote steden. Hierover heeft hij zowel nationaal als internationaal breed gepubliceerd. Sinds 2017 is hij burgemeester van Lopik.

Denters Bas is hoogleraar Bestuurskunde en wetenschappelijk directeur van de KNAW-onderzoeksschool voor de bestuurskunde en de politicologie NIG. Hij is lid van het bestuur van de European Urban Research Association, European Overseas Editor van Local Government Studies en redactielid van Urban Research & Practice. Denters is ook hoofdredacteur van het bestuurskundig wetenschappelijk tijdschrift Bestuurswetenschappen. Zijn onderzoek richt zich onder meer op burgerparticipatie en burgerinitiatieven.

Herweijer Michiel is bestuurskundige. Hij is sinds 2011 directeur van de Noordelijke Rekenkamer te Assen. Daarnaast is hij sinds 2011 bijzonder hoogleraar bestuurskunde aan de Radboud Universiteit te Nijmegen.

Renson Thibaut is politicoloog verbonden aan het Centrum voor Lokale Politiek van de Universiteit.

Reynaert Herwig is decaan van de Faculteit Politieke en Sociale Wetenschappen en voorzitter van het Centrum voor Lokale Politiek. Hij is als gewoon hoogleraar verbonden aan de vakgroep politieke wetenschappen van de Universiteit Gent. Hij doceert de vakken lokale politiek, actuele vraagstukken van de lokale politiek, Belgische binnenlandse politiek en interne Belgische politiek. Hij heeft tevens een grote belangstelling voor sport en Wereldoorlog I wat resulteerde in het boek 'Olympiërs in Flanders Fields', een tentoonstelling 'Olympiërs in Flanders Fields' en een muziekproject samen met Wannes Cappelle en harmonie Ypriana.

Schaap Linze studeerde aan de Rijksuniversiteit Groningen Juridische-Bestuurswetenschappen. In 1997 promoveerde hij als bestuurskundige aan de Erasmus Universiteit Rotterdam op het proefschrift 'Op zoek naar prikkelende overheidssturing. Over autopoiese, zelfsturing en stadsprovincie'.
Vanaf 1989 was hij werkzaam bij de opleiding Bestuurskunde van de Erasmus Universiteit Rotterdam, tot 1993 als assistent-in-opleiding, daarna als universitair docent. In 2007 werd hij benoemd tot Universitair Hoofddocent aan de Tilburgse School voor Politiek en Bestuur, Universiteit van Tilburg. Van 1999 tot 2005 was hij tevens lid van Provinciale Staten van Zuid-Holland.

Steyvers Kristof is hoofddocent aan de vakgroep politieke wetenschappen. Hij doceert er comparatieve politicologie, partijen en partijsystemen en vergelijkende lokale politiek. Hij behoort tot de onderzoeksgroep Centrum voor Lokale Politiek waar hij werkt rond thema's als lokaal politiek leiderschap, partijen en verkiezingen op lokaal vlak, hervormingen aan het lokaal bestuur, de democratische verankering van lokale netwerkverbanden en stedelijke politiek. Dit vaak vanuit een vergelijkend perspectief.

Suykens Mark is ere-algemeen directeur Vereniging van Vlaamse Steden en Gemeenten.

Vandenwijngaert Geert is adviseur bij Ethias.

Van Loock Raymond is directeur van de Vereniging van Vlaamse Provincies.

Van Schuylenbergh Piet is directeur afdeling OCMW's Vereniging van Vlaamse Steden en Gemeenten.

Verhelst Tom is als postdoctoraal onderzoeker verbonden aan het Centrum voor Lokale Politiek van de Universiteit Gent. Hij schreef een proefschrift over de rol en positie van de gemeenteraad en de gemeenteraadsleden in België. Zijn huidig onderzoek heeft hoofdzakelijk betrekking op de functie van lokale besturen in het Europese multilevel governance systeem en de Europeanisering van lokale besturen. In het bijzonder richt hij zich op de vraag hoe lokale besturen invloed kunnen uitoefenen op Europese besluitvorming.

Vuijk Ronald is bestuurskundige. Hij was wethouder in de gemeente Delft en in de gemeente Midden-Delfland. Daarna was hij Tweede Kamerlid. Op dit moment bereidt Vuijk een proefschrift voor over de bestuurderskracht van portefeuillehouders financiën.

De democratische kwaliteit van gemeenteraadsverkiezingen

Marcel Boogers

1. Inleiding

Gemeenteraadsverkiezingen horen ertoe bij te dragen dat het lokale beleid overeenkomt met de beleidsvoorkeuren van inwoners. Dat is immers de democratische functie van verkiezingen. De gedachte hierachter is dat als kiezers zich uitspreken over de beleidsprestaties en verkiezingsbeloften van partijen en kandidaten, de samenstelling van de gemeenteraad en het college van burgemeesters en wethouders (in Vlaanderen: burgemeester en schepenen) beter aansluit bij de wensen en behoeften van de kiezers. In de praktijk is de democratische kwaliteit van gemeenteraadsverkiezingen echter minder sterk, niet alleen in Nederland maar ook in veel andere landen zoals Vlaanderen. Kiezers gaan minder vaak stemmen voor lokale verkiezingen en laten zich in hun stemgedrag ook (en vaak: vooral) leiden door hun oordelen over de landelijke politiek. Gemeenteraadsverkiezingen worden in de internationale literatuur daarom aangeduid als 'second order elections': als tweederangsverkiezingen.[1] Dit staat op gespannen voet met de toegenomen taken en bevoegdheden van het lokaal bestuur.[2] De gemeente is een eerste overheid geworden, terwijl er nog steeds sprake zou zijn van tweederangsverkiezingen. In deze bijdrage zullen we de democratische kwaliteit van lokale verkiezingen nader analyseren en een aantal mogelijke verbeteringen bespreken. We focussen ons hierbij vooral op de situatie in Nederland. Waar mogelijk en relevant zullen ook vergelijkingen met Vlaanderen worden getrokken.

---

1 Lelieveld, H., R van der Does (2014), Hoe tweederangs zijn lokale verkiezingen – een analyse van de Nederlandse gemeenteraadsverkiezingen 2010 vanuit het perspectief van second-order elections. In: Res Publica, 54 (3), pp.12-31; Boogers, M. (2010), Lokale politiek in Nederland: de logica en dynamiek van plaatselijke politiek. Den Haag: Boom; Marien, S., R. Dassonneville & M. Hooghe, 'How Second Order Are Local Elections? Voting Motives and Party Preferences in Belgian Municipal Elections'. In: Local Government Studies, 41 (6), pp.898-916.

2 Boogers, M., L. Salome (2014), Gemeenteraadsverkiezingen 2014: wie stemt, wat en waarom? Amersfoort: BMC; C. Jefferey (2006), 'Devolution and Local Government'. In: Publius: The Journal of Federalism, Volume 36 (1), pp.57-73.

2. OPKOMST EN STEMGEDRAG BIJ GEMEENTERAADSVERKIEZINGEN

2.1. Opkomst

De opkomst bij gemeenteraadsverkiezingen is sinds de afschaffing van de opkomstplicht in 1970 in Nederland gedaald tot ongeveer 54% bij de laatste twee gemeenteraadverkiezingen. Dit in tegenstelling tot de opkomst bij landelijke verkiezingen, die steeds boven de 75% ligt. Over het algemeen wordt een lage opkomst als een probleem ervaren. Als bijna de helft van de kiezers niet komt stemmen zou dat de legitimiteit van het gemeentebestuur in gevaar brengen. Niet alleen omdat niet-stemmen een uiting zou zijn van onvrede en politiek cynisme, maar ook omdat er hierdoor minder aandacht zou zijn voor de belangen van groepen die minder gaan stemmen. De veronderstelling die aan deze gedachte ten grondslag ligt, is dat niet-stemmers zich duidelijk onderscheiden van mensen die wel gaan stemmen. Als niet-stemmers een dwarsdoorsnede zouden vormen van de samenleving zou een lage verkiezingsopkomst namelijk een minder groot probleem zijn. Onderzoek laat zien dat niet-stemmers zich inderdaad onderscheiden naar leeftijd (jonger) en opleidingsniveau (lager opgeleid).[3] Belangrijker is dat niet-kiezers ook andere beleidsvoorkeuren hebben en anders oordelen over de lokale politiek.[4] De lage opkomst bij gemeenteraadsverkiezingen levert daarmee een aantal democratische problemen op. In de eerste plaats leidt een lagere opkomst tot een onder- en oververtegenwoordiging van bepaalde beleidswensen en politieke voorkeuren. Verkiezingen geven zo een enigszins vertekend beeld van de electorale voorkeuren van inwoners. Een ander probleem is dat niet-stemmen in enige mate een uiting is van politieke onvrede en onverschilligheid. Kiezers die geen vertrouwen hebben in de lokale politiek maken minder gebruik van hun stemrecht en datzelfde geldt ook voor mensen die niet politiek geïnteresseerd zijn of de beslissingen van het gemeentebestuur niet relevant vinden; de tevredenheid over het lokaal bestuur heeft geen invloed op de opkomst.[5] Vlaanderen kent dit probleem vanwege de opkomstplicht niet, al stijgt het aantal ingeschreven kiezers dat uiteindelijk niet gaat stemmen.[6]

---

3 Den Ridder, J., P. Dekker (2016), 'Politieke participatie'. In: Democratie dichterbij – Lokaal kiezersonderzoek 2016. Den Haag: BZK.

4 Boogers, M., L. Salome (2014), Gemeenteraadsverkiezingen 2014: wie stemt, wat en waarom? Amersfoort: BMC; Boogers, M. J. Van Ostaaijen, L. Slagter (2011), Lokale kiezers: lokale keuzes? Onderzoek naar de achtergronden en de betekenis van het stemgedrag bij de gemeenteraadsverkiezingen van 2010. Tilburg: TiU.

5 Den Ridder, J., P. Dekker, 'Politieke participatie'. In: Democratie dichterbij – Lokaal kiezersonderzoek 2016; Boogers, M., L. Salome (2014), Gemeenteraadsverkiezingen 2014: wie stemt, wat en waarom? Amersfoort: BMC; Boogers, M. J. Van Ostaaijen, L. Slagter (2011), Lokale kiezers: lokale keuzes? Onderzoek naar de achtergronden en de betekenis van het stemgedrag bij de gemeenteraadsverkiezingen van 2010. Tilburg: TiU.

6 http://vlaanderenkiest.be/verkiezingsresultaten-detail.

2.2. Stemgedrag

Wat de democratische kwaliteit van gemeenteraadsverkiezingen verder vermindert, is dat oordelen over de lokale politiek geen erg grote rol speelt in het lokale stemgedrag. Ongeveer 60% van de kiezers laat zich in meer of mindere mate leiden door opvattingen over de landelijke politiek.[7] Dat blijkt ook duidelijk uit de gemeentelijke verkiezingsuitslagen, die overal ongeveer hetzelfde patroon kennen. Als partijen in landelijke peilingen op winst staan, winnen ze ook in nagenoeg alle gemeenten, ongeacht de tevredenheid over het gevoerde beleid of het enthousiasme over verkiezingsbeloften. Partijen die in een gemeente verliezen, verliezen in bijna alle gemeenten. Lokale verkiezingen zijn daarmee in sterke mate genationaliseerd. Niet alleen door de verkiezingsdeelname van landelijke politieke partijen, maar vooral door de grote invloed van landelijke electorale trends.

2.3. Lokale politieke groeperingen

Een contra-indicatie voor deze nationalisering van lokale verkiezingen is de opmars van lokale politieke groeperingen. Tot de jaren 1990 waren deze partijen vooral vertegenwoordigd in het katholieke zuiden van Nederland (Noord-Brabant, Limburg en delen van Gelderland), maar daarna wisten ze ook in de rest van het land door te breken.[8] Inmiddels zijn deze lokale groeperingen gezamenlijk het best vertegenwoordigd in gemeenteraden.

Dit succes van lokale partijen kent vele vaders. In de eerste plaats kunnen lokale partijen zich doorgaans gemakkelijker profileren op lokale thema's. Bij het uitdragen van hun standpunten over plaatselijke issues worden deze partijen niet gehinderd door een partijpolitiek ideologisch profiel dat de aandacht hiervan afleidt. Casestudie-onderzoek laat zien dat lokale partijen zich hierdoor duidelijker kunnen profileren op plaatselijke onderwerpen.[9] In de tweede plaats blijken lokale partijen beter in staat om met aansprekende kandidaten – die goed geworteld zijn in het plaatselijke verenigingsleven – een eigen achterban op te bouwen. Waar traditionele (landelijke) politieke partijen hun maatschappelijke worteling vooral nog zoeken in hun ledenorganisatie (wat door een afkalvend ledenbestand steeds moeilijker wordt), richten lokale partijen zich over het algemeen meer op het tot stand brengen van een persoonlijke band tussen kiezers en politici.[10] Onderzoek laat zien dat dit voor kiezers het verschil maakt.[11] Tot slot zijn lokale politieke groeperingen

---

7 Boogers, M., L. Salome (2014), Gemeenteraadsverkiezingen 2014: wie stemt, wat en waarom? Amersfoort: BMC; Boogers, M. J. Van Ostaaijen, L. Slagter (2011), Lokale kiezers: lokale keuzes? Onderzoek naar de achtergronden en de betekenis van het stemgedrag bij de gemeenteraadsverkiezingen van 2010. Tilburg: TiU.

8 M. Boogers, P. Lucardie, G. Voerman, Lokale politieke groeperingen: belangenbehartiging, protest en lokalisme (Tilburg/Groningen, 2006).

9 Boogers, M., J. Van Ostaaijen (2011), Lokale kiezers, lokale keuzes? Onderzoek naar de achtergronden en de betekenis van het stemgedrag bij de gemeenteraadsverkiezingen van 2010. In: Bestuurswetenschappen 54 (6), pp.35-54

10 G. Voerman, M. Boogers, Rekrutering van kandidaten voor de gemeenteraadsverkiezingen in 2006, 2010 en 2014: kandidaatstellingsproblemen vergeleken en verklaard (Groningen/Enschede, 2015).

11 Marien, S., R. Dassonneville & M. Hooghe, 'How Second Order Are Local Elections? Voting Motives and Party Preferences in Belgian Municipal Elections'. In: Local Government Studies, 41 (6), pp.898-916.

ook onderhevig aan landelijke politieke ontwikkelingen. Kiezers blijken op een lokale politieke groepering te stemmen uit onvrede over de landelijke politiek. De overstap naar een andere landelijke partij is dan vaak te groot, de stap naar een minder ideologisch geprofileerde lokale partij niet. Op die manier kunnen lokale partijen meeliften op een algemene onvrede over de politiek.[12]

3. De democratische kwaliteit van gemeenteraadsverkiezingen nader geduid

3.1. Kiezers beschikken niet over voldoende en duidelijke informatie

Onderzoek laat zien dat er een aantal mechanismen te onderscheiden zijn in lokale verkiezingscampagnes en lokale verkiezingen die ertoe leiden dat de democratische kwaliteit ervan onder druk komt te staan. Het eerste mechanisme gaat over de informatievoorziening aan de kiezers, waardoor kiezers bij gemeenteraadsverkiezingen niet gaan stemmen of zich laten leiden door landelijke politieke ontwikkelingen of hun oordeel over individuele politici. Er is sprake van een beperkte mediaberichtgeving over lokale politieke aangelegenheden, waardoor het voor kiezers moeilijk is om zich een goed oordeel te vormen over de lokale politiek. Omdat nieuwsmedia meer aandacht besteden aan landelijke politieke onderwerpen laten kiezers hun keuze bij de gemeenteraadsverkiezingen vooral hiervan afhangen. De geringe media-aandacht voor lokale politiek maakt het in verhouding tot de landelijke politiek moeilijker om zich hierover te informeren en geeft daarnaast ook voeding aan het idee dat lokale politiek veel minder relevant is. Om beide redenen blijft een aanzienlijk deel van de inwoners bij gemeenteraadsverkiezingen thuis. Deze conclusie wordt onderstreept door internationaal onderzoek waaruit blijkt dat de kwaliteit en kwantiteit van mediaberichtgeving over de lokale politiek in belangrijke mate bijdraagt aan de hoogte van de verkiezingsopkomst.[13] Dit mechanisme wordt versterkt door het gegeven dat de beperkte informatie die de kiezer krijgt over de lokale politiek, vaak ook nog verwarrend en onduidelijk is. Dat komt omdat het in de lokale politiek ontbreekt aan duidelijke oriëntatiepunten waarmee de kiezers hun politieke positie kunnen bepalen en waarmee ze de beleidsprestaties en plannen van partijen en politici kunnen plaatsen.[14] Bij de landelijke verkiezingen is het ideologisch profiel, de 'merknaam' van een landelijke politieke partij een belangrijk oriëntatiepunt. In de lokale politiek zorgen deze oriëntatiepunten juist voor verwar-

---

12 Otjes, S. (2018), Pushed by national politics or pulled by localism? Voting for independent local parties in the Netherlands. In: Local Government Studies 23 (1), pp.1-24.

13 Filla, J., Johnson, M. (2010) Local News Outlets and Political Participation. Urban Affairs Review, 45(5) pp.679-692.

14 In de politicologische literatuur worden deze oriëntatiepunten 'information shortcuts' genoemd. Zie o.a.: Lupia, A. (1992), Busy Voters, Agenda Control and the Power of Information. In: American Political Science Review, 86, pp.390-401.

ring omdat ze verbonden zijn met landelijke politieke tegenstellingen die er in de gemeente nauwelijks toe doen. Zo kunnen plaatselijke controverses over het gemeentelijke beleid niet eenvoudig worden teruggevoerd op de partijpolitieke tegenstellingen tussen CDA, PvdA, VVD of GroenLinks. Omgekeerd kunnen de plannen en beleidsprestaties van lokale politici en bestuurders niet meteen worden herleid tot de ideologische beginselen van hun politieke partijen. Partijpolitieke oriëntatiepunten houden dus nauwelijks verband met de plaatselijke vraagstukken die voor kiezers van belang zijn, waardoor ze zich gaan vervreemden van de lokale politiek. Dit kan zich uiten in cynisme en apathie, waardoor kiezers minder gemotiveerd zijn om te gaan stemmen. Een andere reactie is dat kiezers zich bij gemeenteraadsverkiezingen gaan richten op datgene waar de partijpolitieke oriëntatiepunten wél betrekking op hebben: de landelijke politiek. Tot slot kunnen kiezers op zoek gaan naar duidelijker oriëntatiepunten. Soms worden die gevonden bij lokale politieke partijen die zich wat duidelijker kunnen profileren op lokale tegenstellingen; soms worden die gevonden in de persoonlijke kwaliteiten van individuele politici.

3.2. Lokale politieke keuzes worden niet duidelijk aan de kiezers voorgelegd

Het tweede mechanisme heeft betrekking op de wijze waarop politieke keuzes aan de kiezer worden voorgelegd en de gevolgen die dat heeft voor de geneigdheid om te gaan stemmen bij gemeenteraadsverkiezingen. Het eerste deel van dit mechanisme vloeit uit het vorige mechanisme voort: politieke partijen kunnen zich maar moeilijk profileren op lokale politieke onderwerpen. Lokale politiek heeft weinig van doen met partijpolitiek, waardoor lokale vraagstukken waar de kiezer zich mee bezighoudt moeilijk langs partijpolitieke lijnen kunnen worden gepolitiseerd.[15] De vraag over concrete keuzes die in de gemeente spelen (wel of niet investeren in een theater, wel of niet bezuinigen op zorgvoorzieningen) worden hierdoor bij de verkiezingen niet duidelijk aan de kiezer voorgelegd. Zelfs als een landelijke partij zich hier wel duidelijk over uitspreekt, zullen de kiezers deze partij vooral herkennen aan haar landelijke profiel. Dit alles leidt ertoe dat plaatselijke meningsverschillen en belangentegenstellingen onvoldoende en onduidelijk worden gepolitiseerd, waardoor kiezers er zich in onvoldoende mate over kunnen uitspreken. Zoals al is aangegeven, komt dit de betrokkenheid bij en het vertrouwen in de lokale politiek niet ten goede. Dat lokale vraagstukken onvoldoende en onduidelijk worden gepolitiseerd, heeft daarnaast ook te maken met het complexe karakter van gemeentelijke besluitvormingsprocessen, waar vaak ook andere overheden, bedrijven en instellingen betrokken zijn. Inwoners krijgen hierdoor het gevoel geen grip meer te hebben op de ontwikkeling van hun gemeente, waardoor zij zich gaan vervreemden en afkeren van de lokale politiek.

Beide elementen van dit mechanisme versterken elkaar. Pogingen om de bevolking zich te laten uitspreken over de gewenste ontwikkeling van de gemeente zullen

[15] Benjamin Barber (2013), If Mayors Ruled the World: Dysfunctioning Nations, Rising Cities New Haven: Yale University Press; A. Skare (1996), Jo mer lokalpolitikk, dess mindre partipolitikk: om partienes rolle I lokalpolitikken. In: Norsk statsvitenskapelig tidsskrift 12 (4), pp.239-268.

worden bemoeilijkt door het gegeven dat deze vraag zich lastig langs partijpolitieke scheidslijnen laat politiseren. Omgekeerd zullen pogingen om de politieke tegenstellingen rond een stedelijke ontwikkeling helder voor het voetlicht te brengen, worden gecompliceerd door de veelheid van gemeentelijke, regionale, provinciale en zakelijke belangen die hierbij een rol spelen.

4. Democratische kwaliteit van gemeenteraadsverkiezingen verbeterd

4.1. Verminder het partijpolitieke karakter van verkiezingen

Uit de bovengenoemde achtergronden van het lokale stemgedrag kunnen een aantal denkrichtingen worden afgeleid voor de versterking van de democratische kwaliteit van lokale verkiezingen. De eerste denkrichting heeft betrekking op het partijpolitieke karakter van lokale verkiezingen. Zoals de hiervoor besproken onderzoeken al aangeven, houdt de lokale politiek voor kiezers weinig verband met partijpolitiek. Dit heeft tot gevolg dat kiezers thuisblijven, dan wel zich laten leiden door landelijke politieke overwegingen of een keuze maken voor een protestpartij of lokale partij. Om de democratische kwaliteit van gemeenteraadsverkiezingen te vergroten, is het dus van belang het partijpolitieke karakter ervan te verminderen en het lokale karakter te versterken. De meest verregaande optie is om landelijke politieke partijen te verbieden of te ontmoedigen om onder eigen naam aan de lokale verkiezingen deel te nemen. In meerdere landen is dit al de praktijk. In Griekenland wordt alleen door lokale partijen aan de lokale verkiezingen deelgenomen (die overigens wel openlijk worden gesteund door landelijke politieke partijen).[16] In grote delen van de VS en in Canada nemen geen partijen maar individuele kandidaten aan de verkiezingen deel. Politici worden hier niet beoordeeld op hun politieke kleur, maar op hun ideeën en kwaliteiten. Onderzoek naar de effecten van niet-partijpolitieke verkiezingen in de VS laat zien dat de opkomst wat lager is, maar dat de kiezers zich hier wel meer laten leiden door lokale politieke overwegingen dan in gemeenten waar landelijke politieke partijen deelnemen.[17] Voor Nederland zou gekozen kunnen worden voor een verkiezingsdeelname van landelijke partijen onder een lokale vlag, hetgeen in Vlaanderen bij lokale verkiezingen vrij gebruikelijk is.[18] Door met een eigen lokale naam aan de gemeenteraadsverkiezingen deel te nemen, komen de standpunten over lokale onderwerpen en de kwali-

16 Louglin, J. (2001), Greece: between Henosis and decentralization. In: J. Loughlin (ed.), Subnational democracy in the European Union: challenges and opportunities. Oxford: Oxford University Press, pp.271-189.

17 Schaffner, B.F., M. Streb, G. Wright (2001), Teams without uniforms: the nonpartisan ballot in state and local elections. In: Political research Quarterly, vol 54, nr.7, pp.7-30.

18 Heyerick, A. (2016), Independent Relics or Heralds of Party Decline? The Role of Non-National Lists in Local Politics. Gent: UGent.

teiten van lokale politici beter uit de verf. De samenstelling van de gemeenteraad wordt hierdoor – anders dan nu het geval is – een betere afspiegeling van plaatselijke politieke voorkeuren, waarmee raadsleden een duidelijker mandaat van de kiezer krijgen. Omdat de deelnemende politieke partijen duidelijker keuzes presenteren over de lokale vraagstukken die de kiezer bezighouden, voelt deze zich weer meer betrokken bij de lokale politiek, hetgeen de verkiezingsopkomst ten goede komt en het politiek mandaat van de gemeenteraad verder versterkt.

4.2. Versterk lokale politieke groeperingen

In het verlengde van het voorgaande kan worden gedacht aan een meer gelijke verdeling van de partijfinanciering door de Rijksoverheid over landelijke partijen en lokale politieke groeperingen. Omdat partijfinanciering voorbehouden is aan partijen die in het parlement vertegenwoordigd zijn, zijn lokale politieke groeperingen nu uitgesloten van landelijke financiering. Deze ongelijkheid wringt nog meer omdat lokale politieke groeperingen inmiddels het best vertegenwoordigd zijn in gemeenteraden.

4.3. Geef personen de ruimte

Een laatste conclusie is dat persoonlijke kwaliteiten van bestuurders voor veel kiezers het verschil kunnen maken bij de gemeenteraadsverkiezingen. Om de betekenis van lokale verkiezingen te versterken, kan meer ruimte worden gegeven aan de profilering van personen. De meest vergaande optie is om op lokaal niveau te experimenteren met een districtenstelsel. Het gegeven dat kiezers zich in enige mate laten leiden door hun band met kandidaten wordt hier dan als uitgangspunt genomen bij de vormgeving van de verkiezingen.[19] Het spreekt voor zich dat dit vergaande consequenties zal hebben voor de wijze waarop politieke partijen zich momenteel manifesteren in de lokale politiek. Een minder vergaande optie om personen meer de ruimte te geven, is een verdere verlaging van de voorkeursdrempel voor gemeenteraadsverkiezingen. In Nederland dient een kandidaat minimaal de helft van de kiesdeler te hebben behaald om met voorkeurstemmen (dus onafhankelijk van de volgorde van de kandidatenlijst) gekozen te worden. Die drempel kan worden verlaagd. Op die manier worden individuele kandidaten meer dan nu het geval is gestimuleerd om een eigen band met kiezers op te bouwen. De meest eenvoudige manier om het persoonlijke element in de lokale politiek te verstevigen, is door te investeren in de versterking van de vertegenwoordigende rol van raadsleden.[20] Daarvoor is het allereerst noodzakelijk dat raadsleden meer tijd krijgen om contacten op te bouwen en te onderhouden met inwoners, organisaties, bedrijven en instellingen. Met een meer efficiënte vergaderstructuur en informatievoorziening kan fors worden bezuinigd op de voorbereidingstijd voor vergaderingen en op

[19] Kummeling, H.R.B.M., H. van der Kolk (2002), Lokale kiesstelsels vergeleken: over de vormgeving, het gebruik en deconsequenties van lokale kiesstelsels. Den Haag: VNG-uitgeverij.

[20] Raad voor het openbaar bestuur (2016), 15,9 uur: de verbindende rol van het raadslid in een vitale Democratie. Den Haag: Rob.

het aantal vergaderuren. Raadsleden houden hierdoor meer tijd over voor maatschappelijke contacten. Ten tweede kan bij de rekrutering van raadskandidaten meer rekening worden gehouden met de mate waarin zij geworteld zijn in de samenleving en over een eigen lokaal netwerk beschikken. Ook dat versterkt de vertegenwoordigende rol van raadsleden. Tot slot kan worden gewerkt aan een professionalisering van de vertegenwoordigende rol van raadsleden en – in het verlengde hiervan – een culturele herwaardering hiervan. Door raadsleden te leren hoe ze concrete vragen en problemen van inwoners (die meestal onder de uitvoerende verantwoordelijkheid van wethouders vallen) op een geloofwaardige manier kunnen verbinden met meer algemene vraagstukken (die betrekking hebben op de kaderstellende en de controlerende rol van de raad), kan worden voorkomen dat ze van detaillisme, cliëntelisme of populisme worden beschuldigd als ze de geluiden van de straat in de raad laten doorklinken. Op die manier kan de meest essentiële functie van de gemeenteraad – die van vertegenwoordiging – uit een sfeer van negativisme en (zelf-) kritiek worden gehaald, waarmee de persoonlijke band tussen kiezers en gekozenen meer ruimte krijgt.

De Nederlandse gemeenteraadsverkiezingen

Peter Castenmiller

1. Inleiding

Eén keer per twaalf jaar vinden de gemeenteraadsverkiezingen in Nederland en België in hetzelfde jaar plaats. 2018 is zo'n jaar. In het voorjaar gaan de Nederlanders naar de stembus, na de zomer de Belgen. In beide landen staan de verkiezingen voor de gemeenteraden in de schaduw van de landelijke politieke verhoudingen.[1] Gangbaar worden in beide landen deze verkiezingen aangeduid als 'second order elections'. Hiermee wordt in het algemeen bedoeld dat mensen deze verkiezingen als minder belangrijk ervaren, letterlijk als 'tweederangsverkiezingen'. In Nederland, waar geen opkomstplicht geldt, blijkt het mindere belang om te beginnen uit het feit dat relatief veel mensen niet de moeite nemen om de gang naar de stembus te maken. Als ze zich daar wel toe weten aan te zetten, laten ze hun keuze voor een belangrijk deel bepalen door overwegingen naar aanleiding van de landelijke politieke verhoudingen. Ook kan het zijn dat ze, juist omdat ze de verkiezingen toch als minder belangrijk ervaren, anders stemmen dan ze gewend zijn. Juist door dergelijke meer 'frivole' keuzen kennen gemeenteraadsverkiezingen bijzondere patronen en opmerkelijke uitslagen.
De gemeenteraadsverkiezingen in Nederland kennen wel degelijk hun eigen bijzonderheden. Deze worden in deze bijdrage belicht.[2]

Deze bijdrage begint met het schetsen van de situatie na de Tweede Wereldoorlog. In de jaren na 1945 was het electoraat aanvankelijk zeer trouw aan de partij waarmee de kiezer zich op grond van geloof en sociale positie in de maatschappij het meest verwant voelde. Dat gold zowel voor de landelijke verkiezingen als die voor de gemeenteraad.[3]

De politieke en maatschappelijke verhoudingen begonnen in de jaren zestig van de twintigste eeuw te schuiven. Toch had dit voor de situatie in de lokale politiek aanvankelijk weinig betekenis. Zeker, de aard van de lokale politieke verhoudingen was gedurende de jaren zeventig en tachtig van de vorige eeuw aan verandering

---

1 Hennau,S., R. van der Does en J. Ackaert, Domineren Brussel en Den Haag ook de Dorpsstraat? Nationale en lokale determinanten van het succes van nationale partijen bij de Nederlandse en Vlaamse gemeenteraadsverkiezingen. In: Res Publica, 2017/13, pp.329-356.

2 Deze bijdrage bevat geen gedetailleerde gegevens van de diverse uitslagen van de gemeenteraadsverkiezingen. Ze zijn voor alle verkiezingsjaren na de Tweede Wereldoorlog beschikbaar in een door de Nederlands Kiesraad beheerde online database. Alle verwijzingen in dit artikel naar concrete uitslagen zijn gebaseerd op deze database. Deze database is beschikbaar via www.verkiezingsuitslagen.nl.

3 Zie onder meer Koole, R. en G. Voerman, De Partijorganisatie in 'de eeuw van de massa'. In: Andeweg, R.B. en M. Leyenaar, Alle Stemmen Tellen! Amsterdam, Amsterdam University Press, 2017. Zie eveneens in dezelfde bundel: W. van der Brug en Ph. Van Praag, Ontwikkeling, bevriezing en ontdooiing van het partijstelsel.

onderhevig. Maar aan de oppervlakte was daar weinig van te zien en bleven de electorale verhoudingen betrekkelijk stabiel.

Een eerste groot draaipunt voor de lokale politiek ligt bij de gemeenteraadsverkiezingen van 1990. Sinds 1970 was in Nederland de opkomstplicht bij verkiezingen afgeschaft. Hoewel de opkomst bij de gemeenteraadsverkiezingen vanaf dat jaar altijd ruim achterbleef bij de Tweede Kamerverkiezingen, had die zich tot 1990 op een alleszins aanvaardbaar niveau gehandhaafd. In 1990 daalde de opkomst echter scherp, van 73% in 1986 naar 62% in 1990. En dat niet alleen, vooral de PvdA leed bij de raadsverkiezingen van 1990 een gevoelig verlies. Al met al was er blijkbaar iets veranderd.

Een tweede draaipunt volgt dan al snel, in 2002. Bij die verkiezingen boekt Leefbaar Rotterdam, onder leiding van de dan nog in leven zijnde Fortuyn, een spectaculaire winst. Ook elders behalen vergelijkbare (lokale) partijen opmerkelijke winsten. Vanaf 2002 is er op lokaal niveau sprake van een steeds onoverzichtelijker wordend, 'versplinterd' partijlandschap.

In deze bijdrage worden de hierboven kort geïntroduceerde uitgangssituatie en ontwikkelingen beschreven. De bijdrage wordt afgesloten met een vooruitblik naar de komende verkiezingen.

2. De uitgangssituatie

Kort na de Tweede Wereldoorlog was er in Nederland enige tijd sprake van een streven om het partijlandschap grondig te herzien. Gedurende de oorlog was de gedachte ontstaan dat het verdeelde partijlandschap in de jaren 1930 bijgedragen had aan een beperkte weerbaarheid tegen het fascisme en een als te gering ervaren verzet tegen de Duitse bezetters.

De totstandkoming van de Partij van de Arbeid (PvdA) was daar een uiting van. In deze partij gingen de vooroorlogse sociaal-democraten (SDAP) en de vrijzinnig liberalen (VDB) samen verder. Na korte tijd bleek dat deze samenwerking voor sommige liberalen toch een brug te ver was; zij traden uit de PvdA en richtten de VVD op. De katholieke partij veranderde van naam (van Rooms-Katholieke Staatspartij in Katholieke Volkspartij – KVP), maar verder veranderde er bij de confessionele partijen weinig. In essentie was het met het streven naar verandering al snel gedaan. Dat bleek al bij de eerste verkiezingen na de Tweede Wereldoorlog, de gemeenteraadsverkiezingen van 1946. In vergelijking met de gemeenteraadsverkiezingen van de jaren 1930 gaf de uitslag van 1946 blijk van een redelijke mate van continuïteit. Opmerkelijk was wel dat de Communistische Partij van Nederland (CPN), gebaseerd op de terechte reputatie van een actieve verzetspartij gedurende de Tweede Wereldoorlog en mede vanwege de nog grote sympathie voor de Russische 'bevrijders', een relatief hoog percentage stemmen behaalde (10,8%).[4] Deze

4 Bij de laatste gemeenteraadsverkiezingen voor de Tweede Wereldoorlog, in 1939, behaalde de Communistische Partij Holland 3,3% van de stemmen.

electorale voorspoed van de CPN was eenmalig. Toen meer en meer duidelijk werd dat de Sovjet-Unie zich in Oost-Europa veeleer gedroeg als een bezetter dan als een bevrijder en de koude oorlog tot ontwikkeling kwam, nam de steun voor de CPN sterk af.

In essentie betekende dit dat zowel op landelijk als op lokaal niveau de traditionele partijen van de sociaal-democraten (PvdA), de confessionele partijen (KVP, ARP en CHU) en de liberalen (VVD) grotendeels de dienst uitmaakten. Op de dominante positie van de grote landelijke partijen was op lokaal niveau in deze periode wel een uitzondering. De provincies Noord-Brabant en Limburg kenden in die tijd een zeer groot aandeel inwoners met een katholieke achtergrond. In deze provincies zou de KVP in menige gemeente vrij eenvoudig de absolute meerderheid hebben kunnen behalen. Echter, in deze provincies namen aan de raadsverkiezingen vrij veel 'lokale partijen' aan de gemeenteraadsverkiezingen deel. Zij vertegenwoordigden dan het belang van een specifiek dorp of kern binnen de gemeente of waren gevormd rond een lokaal bekend en aansprekend persoon. In deze gemeenten behaalden ze vaak hoge aantallen stemmen.

In figuur 1 is het aandeel stemmen dat de grote 'bestuurderspartijen' in de periode 1946-1986 gezamenlijk behaalden weergegeven. Daaruit wordt duidelijk dat deze partijen, vermoedelijk ten gevolge van de maatschappelijke ontwikkelingen in de jaren 1960, tijdelijk te kampen hadden met een dalende populariteit. Maar al snel weten ze zich daarvan te herstellen, om terug te keren op een niveau waarbij ze gezamenlijk bijna driekwart van de stemmen behalen.

Figuur 1. Totaal aandeel stemmen op CDA (KVP, ARP, CHU), PvdA en VVD 1946-1986

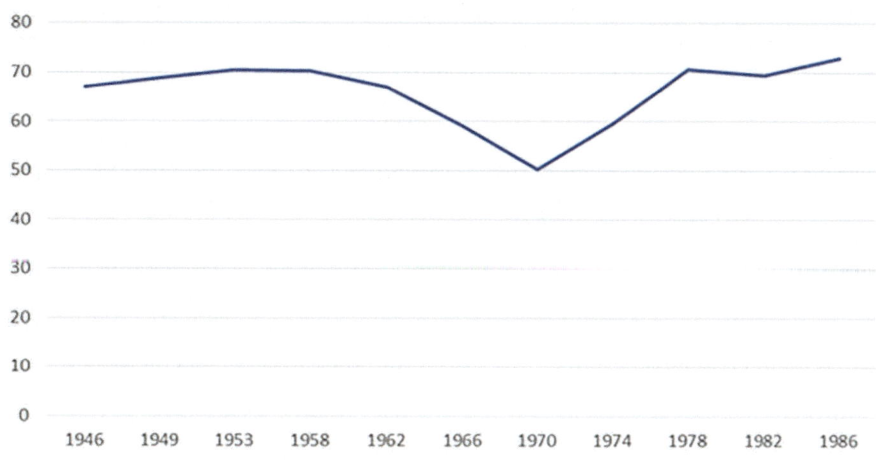

Dit herstel van de grote partijen had een bijzondere oorzaak. De PvdA was aan het begin van de jaren 1970 van karakter veranderd. Daar waar de PvdA voorheen de partij was van en voor de arbeiders, geleid door een dicht bij deze arbeiders staande elite, traden eind jaren 1960 veel goed opgeleide jongeren tot deze partij toe. Zij verenigden zich onder de naam 'Nieuw-Links'. Zij stonden een meer activistische en polariserende stijl van politiek bedrijven voor. Dat impliceerde dat in alle geledingen van de maatschappij de PvdA moest proberen meer invloed te krijgen. Naast maatschappelijke organisaties en onderwijsinstellingen gold dat ook het lokale bestuur. Nu is het Nederlandse lokale bestuur van oudsher een overwegend uitvoerende bestuurslaag, waarbij enkele door de rijksoverheid aan gemeenten opgedragen taken[5] van groot belang zijn. Daardoor speelde de politieke component in de dagelijkse uitvoering van het beleid geen dominante rol. Tot de jaren 1970 was het in de Nederlandse lokale politiek niet ongebruikelijk dat partijen louter op basis van hun omvang in de raad een aantal wethoudersposten claimden in het dagelijks bestuur van de gemeente, het College van Burgemeester en Wethouders; een claim die veelal door de partijen onderling gehonoreerd werd. De Nieuw-Linksstroming binnen de PvdA wilde hier verandering in brengen.[6] In plaats van de gebruikelijke 'afspiegelingscolleges' streefde zij naar zogenaamde 'programmacolleges'. Daarmee wordt bedoeld dat partijen zich zouden verenigen op een politiek programma. Hierdoor ontstonden, vooral in de grotere gemeenten, coalities van de PvdA, aangevuld met GroenLinks (PPR, PSP, CPN) of D66. Tegelijkertijd werden dan andere grotere partijen als het CDA of de VVD gepasseerd voor wethoudersposten. In het streven naar algehele versterking van hun maatschappelijke positie ging de PvdA ook meer en meer meedoen met gemeenteraadsverkiezingen in Noord-Brabant en Limburg. Dit maakte het voor de VVD en de KVP (later het CDA) noodzakelijk om zich ook meer actief met de verkiezingen in deze provincies te bemoeien, daar waar ze het voorheen 'overgelaten' hadden aan lokale (katholieke) partijen. Hierdoor liep in deze provincies de steun voor de lokale partijen in snel tempo terug.[7]

Er was een tweede reden waarom deze bestuurderspartijen gedurende de jaren 1970 en 1980 gezamenlijk weer een sterke positie verworven in de gemeenteraden. Ook dit had te maken met de door de PvdA nagestreefde polarisatie. Deze strategie had de PvdA in 1973 in een landelijk kabinet met KVP, ARP en D66 gebracht. In dit kabinet waren de verhoudingen tussen de PvdA en de confessionele partijen permanent gespannen. Elke verkiezing na 1973, of dat nu voor Provinciale Staten of voor de gemeenteraden was, werd daarmee een populariteitspoll voor de aan dit kabinet deelnemende partijen. Bovendien spon de VVD garen bij de felle oppositie tegen dit kabinet, hetgeen ook op lokaal niveau uitgebuit werd. Deze effecten deden zich nog sterker voor toen de PvdA ondanks een forse electorale winst bij de Tweede Kamerverkiezingen van 1977 niet terugkeerde in het kabinet. Deze ontwikkeling leidde tot de strategie om vanuit een sterke positie in gemeenteraden (en daarmee in colleges van Burgemeester en Wethouders) de oppositie tegen opeenvolgende[8] kabinetten van CDA en VVD te versterken. Daarmee zette

---

5 Dat betreft vooral de uitvoering van de sociale zekerheid en de verzorging van het basisonderwijs.

6 Zie met name de bundel 'Naar een Socialistische Gemeentepolitiek', onder redactie van M. van den Berg, P. Janssens en E. Kalk. Deventer, Kluwer, 1974.

7 Zie voor deze ontwikkeling met name: Dittrich, K.L.L.M., Partij-Politieke Verhoudingen in Nederlandse Gemeenten, een analyse van de gemeenteraadsverkiezingen 1962-1974. Leiden, Universiteit Leiden, 1978.

8 In essentie was er vanaf december 1978 tot en met november 1989 sprake van een landelijke coalitie van CDA en VVD, met een korte onderbreking in de periode van september 1981 tot en met mei 1982, toen het CDA, de PvdA en D66 een weinig succesvolle poging tot samenwerking deden. Na het vertrek van de PvdA uit dit kabinet in mei 1982 bleef een kabinet van CDA en D66 nog tot november 1982 aan.

de PvdA steeds zwaar in op de gemeenteraadsverkiezingen, en konden het CDA en de VVD daarbij niet achterblijven. De gemeenteraadsverkiezingen werden daarmee een arena voor verlengde landelijke politiek. In het geweld van deze grote partijen konden de kleinere landelijke partijen zich met moeite staande houden. Dat gold eveneens voor de lokale politieke partijen. Maar dat veranderde bij de verkiezingen van 1990.

3. Sleutelmoment 1990

Voorafgaand aan de gemeenteraadsverkiezingen van maart 1990 waren op landelijk niveau de verhoudingen ingrijpend veranderd. Het kabinet Lubbers II, een coalitie van CDA en VVD, was in het najaar van 1989 door interne meningsverschillen binnen de VVD gevallen. Daarmee had de VVD vooralsnog als betrouwbare regeringspartner voor het CDA afgedaan. Na de Tweede Kamerverkiezingen van september 1989 was in november 1989 een kabinet bestaande uit CDA en PvdA aangetreden. Vier maanden na de start van dit kabinet volgden de gemeenteraadsverkiezingen.

In 1986 hadden de gemeenteraadsverkiezingen slechts negen weken vóór de Tweede Kamerverkiezingen plaatsgevonden. Daarmee stond de campagne voor deze lokale verkiezingen helemaal in het teken van de nationale verkiezingen, en werd de uitslag als een belangrijke graadmeter voor de landelijke politieke verhoudingen beschouwd. Deze omstandigheid had de opkomst naar 73,0% gestuwd. Sinds de afschaffing van de opkomstplicht was alleen bij de verkiezingen van 1978 de opkomst slechts een paar tienden van procenten hoger geweest (73,3%).[9]

Op de dag van de verkiezingen van 1990 zelf werd de betrekkelijk lage opkomst van 62,3%, meer dan tien procentpunten lager dan in 1986, als een schok ervaren. In sommige van de grotere gemeenten naderde de opkomst de 50%. Daarnaast viel het aandeel van de PvdA in de stemmen voor de gemeenteraden terug van 29% in 1986 naar 22% in 1990. De VVD kreeg de rekening gepresenteerd voor de kabinetscrisis en de interne meningsverschillen. Het aandeel stemmen van deze partij bij de gemeenteraadsverkiezingen daalde van 16% in 1986 naar 13,5% in 1990. Alleen het CDA steeg licht van 28% naar 29%. Al met al daalde het aandeel van de grote partijen van 73% naar 64,5%. Van de toegenomen electorale ruimte profiteerden niet alleen D66 (waarvan het aandeel meer dan verdubbelde), maar ook nieuwkomer SP[10] en de kleine linkse partijen EVP, PPR, PSP en CPN, die op het punt stonden om samen verder te gaan onder de naam GroenLinks. Eveneens nam het aandeel van lokale partijen weer toe, van 14,1% naar 17,5%. In die laatste

---

9 De gemeenteraadsverkiezingen van 1978 hadden geheel in het teken gestaan van de mislukte kabinetsformatie tussen CDA en PvdA en het aantreden van een CDA/VVD-kabinet.
De volledige reeks van opkomstcijfers bij de gemeenteraadsverkiezingen vanaf 1946 is in bijlage 2 opgenomen.

10 Deze partij deed in lang niet alle gemeenten aan de raadsverkiezingen mee, waardoor als de uitslagen van alle gemeenten bij elkaar opgeteld worden, deze winst minder zichtbaar is.

groep viel op dat nu ook in menige andere provincie dan Noord-Brabant en Limburg lokale partijen goede uitslagen behaalden.

In de analyses die volgden op deze uitslagen overheerste de opvatting dat de PvdA afgestraft was vanwege de toegenomen 'arrogantie van de macht' binnen deze partij. De door progressieve partijen gedomineerde gemeenten hadden zich in de afgelopen jaren geprofileerd als 'kernwapenvrije gemeente'. Zij hadden zich solidair verklaard met de anti-apartheidsbeweging in Zuid-Afrika en zij waren stedenbanden aangegaan met gemeenten in Nicaragua. Maar aan aandacht voor het lokale ondernemersklimaat, voor een veilige leefomgeving of voor toenemende spanningen vanwege de multiculturele samenleving had het de PvdA, zo werd gesteld, ontbroken. In een door enkele van de grotere gemeenten (waar de PvdA nog steeds sterk aanwezig was, zowel in de raden als in de colleges) mogelijk gemaakt onderzoek, werd dit beeld bevestigd.[11] In deze onderzoeken gaven vele respondenten aan zich niet te herkennen in hun lokaal bestuur. Binnen de PvdA leidde dit tot de nodige zelfkritiek en vele goede voornemens om 'meer het stadhuis uit te gaan'. Vele lokale besturen spraken de ambitie uit om meer ruimte te geven voor inspraak en betrokkenheid van inwoners. In de jaren daarna nam de aandacht voor 'interactieve beleidsvorming' en 'coproductie van beleid' sterk toe.[12]
Bij de gemeenteraadsverkiezingen van 1994 was er veel aandacht voor opkomstbevordering. De opkomst herstelde zich echter maar weinig, van 62,3% in 1990 naar 64,3%. In essentie was dit een verwaarloosbare stijging, mede gezien het feit dat deze verkiezingen weer plaatsvonden enkele weken vóór de Tweede Kamerverkiezingen in datzelfde jaar. Immers, als gemeenteraadsverkiezingen plaatsvinden korte tijd vóór de Tweede Kamerverkiezingen, heeft dit meestal een positief effect op de opkomst.

De vele goede voornemens en beloften tot beterschap van de PvdA vertaalden zich niet in een goede uitslag bij de gemeenteraadsverkiezingen. Het aandeel stemmen daalde fors verder, van 22% naar 16,9%. Ook regeringspartij CDA had te maken met een afnemende populariteit. Deze partij kreeg, in de aanloop naar de Tweede Kamerverkiezingen, te maken met grote interne problemen rond de opvolging van hun politiek leider, Lubbers, die ondertussen 7 jaar premier was. Bij de raadsverkiezingen van 1994 daalde het aandeel stemmen van het CDA van 29% naar 21,6%. De VVD profiteerde van het malheur van het CDA en steeg van 13,5% naar 15,4%. Het totaal aandeel stemmen van de grote drie partijen daalde al met al flink verder, van 64,5% naar 53,9%. Binnen twee verkiezingen was het aandeel van de drie grote partijen gedaald van bijna driekwart van de stemmen naar nog net meer dan de helft.

Wederom zat D66 in de lift, evenals de lokale partijen. De electorale opmars van de lokale partijen, die ook nu weer goed standhielden 'boven de grote rivieren', werd alom gezien als een bevestiging van de veronderstelling dat de PvdA, het CDA en

---

11 Tops, P.W. en anderen, Lokale Democratie in zeven grote gemeenten. Delft, Eburon, 1991.

12 Zie: Pröpper, I. en D. Steenbeek, De aanpak van interactief beleid. Bussum, Coutinho, 1999; M. Leyenaar en P. Castenmiller, Democratie is meer dan kiezen. In: Andeweg, R.B. en M. Leyenaar (red.), Alle Stemmen Tellen! Amsterdam, Amsterdam University Press, 2017.

de VVD zich te zeer lieten leiden door landelijke politieke overwegingen en te weinig aandacht hadden voor de specifieke lokale problemen.

Bij de verkiezingen van 1998 profiteerden VVD en PvdA licht van de populariteit van het eerste 'paarse kabinet', een coalitie van PvdA, VVD en D66. Het CDA was nog niet uit de interne strubbelingen, waardoor het aandeel van deze partij bij de gemeenteraadsverkiezingen nog wat verder daalde. Het aandeel van de grote drie partijen bleef bij de gemeenteraadsverkiezingen van 1998 wel boven de 50% (om precies te zijn: 56,6%). Bij de verkiezingen van 1998 viel verder op dat de opkomst weer daalde, naar 59,5%; nog onder de opkomst van 1990.

Deze periode van de gemeenteraadsverkiezingen (1990-1998) kenmerkt zich daarmee door een sterk dalende opkomst en een eveneens sterk afnemend aandeel stemmen op CDA, PvdA en VVD. Van deze electorale teruggang profiteren dan vooral D66 en de lokale partijen, die zich ook manifesteren in gebieden waar ze voorheen nauwelijks voet aan de grond hadden. Er was echt wel iets veranderd.

4. Na Fortuyn; sleutelmoment 2002

Het jaar 2002 is in de Nederlandse politiek een memorabel jaar. In 2001 deed met veel bombarie Pim Fortuyn zijn intrede in de politieke arena. Dit veranderde rigoureus de politieke verhoudingen. Daar waar de grote partijen zich opmaakten voor een traditionele wedstrijd 'tegen elkaar', kregen ze te maken met een onverwachte tegenstander, die zich bovendien niet hield aan gangbare omgangsvormen, gewoonten en gebruiken. Vooral de PvdA kreeg geen enkele vat op de persoon Fortuyn en de partij die zich om hem heen vormde. De eerste testcase waren de gemeenteraadsverkiezingen van 2002, waar de PvdA in hun traditionele bolwerk Rotterdam een dramatisch verlies leed ten opzichte van de door Pim Fortuyn aangevoerde partij Leefbaar Rotterdam. De partij rond Fortuyn bestond nog te kort om zich in andere gemeenten op vergelijkbare wijzen te presenteren, al profiteerde menige partij met 'Leefbaar' in de naam (soms volstrekt onverwacht) van de populariteit van Fortuyn.[13]

Het CDA had zich eindelijk hersteld van de interne sores. Bovendien kreeg deze partij van Fortuyn minder de wind van voren dan de 'paarse partijen' (PvdA, VVD en D66). Het CDA kon zich bij de raadsverkiezingen redelijk handhaven, maar zowel de PvdA als de VVD leden weer een verlies. Daardoor kwam het aandeel stemmen van CDA, PvdA en VVD gezamenlijk nu dicht bij de 50%. Ook D66 verloor bij deze verkiezingen. Lokale partijen deden het buitengewoon goed. Hun aandeel steeg

[13] De meest opmerkelijke illustratie hiervan was de partij Leefbaar Den Haag, die op geen enkele wijze gelieerd was aan de beweging van Fortuyn. Deze partij verwierf vanuit het niets vier zetels in de Haagse raad. Pas na de verkiezingen bleek dat deze partij bestond uit soms enigszins vreemde om niet te zeggen verwarde mensen, die onderling direct grote problemen kregen, waarbij op een zeker moment zelfs sprake was van een handgemeen tussen twee (voormalige) fractiegenoten van deze partij. Bij de verkiezingen van 2006 verloor deze partij weer alle zetels.

van 21,8% in 1998 naar 25% in 2002. Ondertussen stemde dus één op de vier kiezers bij gemeenteraadsverkiezingen op een lokale partij.

De redelijk stabiele uitslag voor het CDA in 2002 bleek een uitzondering. Van 20,5% in 2002 daalde het aandeel stemmen naar 16,8% in 2006 en 14,8% in 2010, om uiteindelijk in 2014 uit te komen op 14,4%. Bovendien blijkt dat deze partij in de grotere gemeenten binnen de Randstad electoraal gezien steeds meer een marginale positie bekleedt.[14]

De uitslagen van de PvdA bij de gemeenteraadsverkiezingen vertonen ten opzichte van het CDA een wat grilliger patroon, al is de trend toch onmiskenbaar dalend. Deze dalende trend wordt louter verstoord door een vrij forse positieve uitschieter van 23,6% van de stemmen bij de raadsverkiezingen van 2006. Maar in de jaren daarna zakt het aandeel eerst naar 15,6% (2010) om in 2014 uit te komen op een krappe 10%. Ook de VVD kent overwegend een teruglopend stemmenaandeel, van 15,8% in 2002, naar 13,9% in 2006, 15,7% in 2010 en 12,2% in 2014. In 2014 is het aandeel van de 'grote' drie gedaald naar 36,8%, ruim onder de 50%. Hoewel niet in een constante lijn stijgt het aandeel stemmen op lokale partijen naar bijna 30% in 2014.

In figuur 2 is nu de hele reeks aangegeven van het totale aandeel stemmen op CDA, PvdA en VVD sinds 1946.

Figuur 2. Aandeel stemmen op CDA, PvdA en VVD, 1946 – 2014

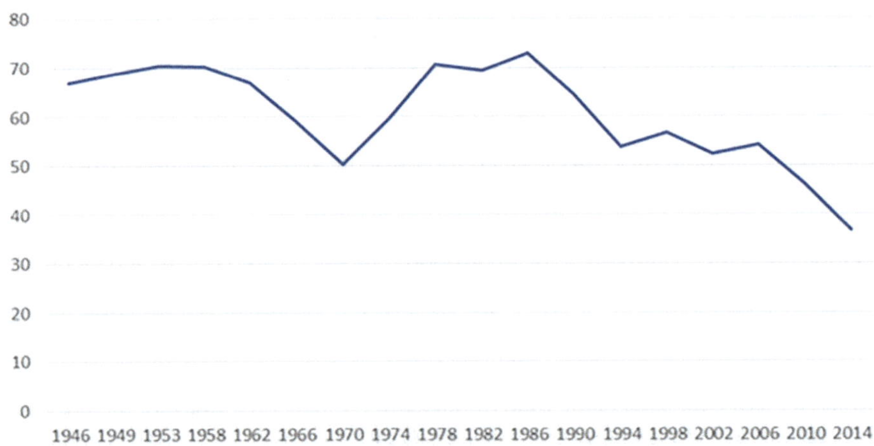

Verder valt in de periode 2002 – 2014 op dat de opkomst blijft dalen, naar 54% in 2014 (zie bijlage 2).

[14] Zie bijlage 3.

5. Tussenbalans

Deze bijdrage begon met de stelling dat gemeenteraadsverkiezingen in veel West-Europese landen kunnen worden beschouwd als 'second order-elections'. Weliswaar kennen de gemeenteraadsverkiezingen in Nederland een eigen patroon, toch voldoen deze verkiezingen aan veel van de gebruikelijke kenmerken van 'tweederangsverkiezingen'. De meest duidelijke uiting daarvan is de opkomst bij de gemeenteraadsverkiezingen. Deze ligt stelselmatig vele procentpunten lager dan bij verkiezingen voor de Tweede Kamer.

Een volgende indicatie voor het 'second order' karakter van de gemeenteraadsverkiezingen is dat deze door de deelnemende partijen geregeld als graadmeter voor de landelijke politieke verhoudingen werden en worden beschouwd. Zeker tot en met 1986 was dit een expliciete strategie van de PvdA, maar ook daarna is dit zeer gebruikelijk gebleven.[15]

Verder blijkt uit diverse onderzoeken dat stemmers bij gemeenteraadsverkiezingen zich maar weinig laten leiden door overwegingen die direct gerelateerd zijn aan de politiek in hun gemeente.[16] Al met al doet het er weinig toe of het nu om landelijke of lokale verkiezingen ging. In het verleden profiteerden de grote bestuurderspartijen CDA, PvdA en VVD hiervan. In de nadagen van de verzuiling slaagden deze partijen er in om hun sterke electorale positie bij de gemeenteraadsverkiezingen lang te handhaven, dankzij de toegenomen polarisatie tussen deze partijen. Hierdoor werden de landelijke tegenstellingen ook in de lokale arena uitgevochten. Vanaf 1990 viel de bodem uit deze strategie, toen eerst de PvdA en het CDA weer gezamenlijk bleken te kunnen regeren. Vervolgens bleek het zelfs mogelijk dat de PvdA en de VVD gezamenlijk een kabinet konden vormen. Daarmee was de polarisatie een lege huls geworden, en voelden kiezers zich vrij om op zoek te gaan naar alternatieven voor deze partijen. Vanaf 1990 valt dan vooral het hoge tempo op waarmee de kiezers op lokaal niveau het CDA, de VVD en de PvdA de rug toekeren. In 2002 krijgt dit tempo nog eens een extra impuls.

Een bijzonder effect van het teruglopende aandeel stemmen van deze partijen is dat met name het CDA, en in mindere mate de VVD, het karakter krijgen van een regionale partij. In bijlage 3 is dat, op basis van het aandeel zetels in gemeenteraden inzichtelijk gemaakt. De machtsbasis van het CDA ligt meer en meer in de kleinere gemeenten buiten de Randstad.[17] De VVD is vooral sterk in de kleinere gemeenten binnen de Randstad. Van de drie grote partijen vertoont de PvdA over het hele land heen een meer gelijkmatig patroon. Tegelijkertijd heeft deze partij zijn

[15] Enkele illustraties hiervan zijn dat de fractievoorzitter van de VVD in de Tweede Kamer, van Aartsen, na de raadsverkiezingen van 2006 aftrad omdat het aandeel stemmen van de VVD onder de 15% was gekomen. Voor de aankomende raadsverkiezingen van 2018 geldt dat menige partij heeft gesteld deze verkiezingen als een testcase te zien voor de populariteit van het pas aangetreden kabinet van VVD, CDA, D66 en ChristenUnie, en in het bijzonder voor de weinig populaire aangekondigde maatregelen van dit kabinet zoals de afschaffing van de dividendbelasting en de afschaffing van het raadgevend referendum.

[16] Zie onder meer: Tilburg, M.F.J. van, Lokaal of Nationaal, het lokale karakter van de gemeenteraadsverkiezingen in Nederlandse gemeenten. Den Haag, VNG-uitgeverij, 1993; Castenmiller, P., Onverschillige Democratie, Den Haag, VNG-uitgeverij, 2001. Meer, T. van der en H. vander Kolk (red.), Democratie Dichterbij, Lokaal Kiezersonderzoek 2016. Den Haag, Ministerie van Binnenlandse Zaken en Koninkrijksrelaties, 2016.

[17] Tot de Randstad worden de dichtbevolkte provincies Utrecht, Noord-Holland en Zuid-Holland gerekend.

voorheen electoraal schier onaantastbare positie in de grote gemeenten binnen de Randstad verloren aan D66 en in mindere mate GroenLinks. Verder is eerder in deze bijdrage gesteld dat traditioneel lokale partijen relatief veel stemmen behalen in de kleinere gemeenten buiten de Randstad. In essentie is dat nog steeds zo, maar het valt op dat zij ook in andere delen van het land, grote of kleine gemeenten, in de lift zitten.

De ontwikkelingen in de steun voor lokale partijen lijken het uitgangspunt te weerleggen dat de uitslag van de gemeenteraadsverkiezingen vooral wordt beïnvloed door landelijke overwegingen en verhoudingen. Daar is op zichzelf wat voor te zeggen. Maar het is in ieder geval duidelijk dat de positie van de grote bestuurderspartijen en die van de lokale partijen communicerende vaten zijn, zoals duidelijk zichtbaar is in de navolgende figuur.

Figuur 3. Aandeel stemmen op CDA, PvdA en VVD, en het aandeel stemmen op lokale partijen 1946-2014

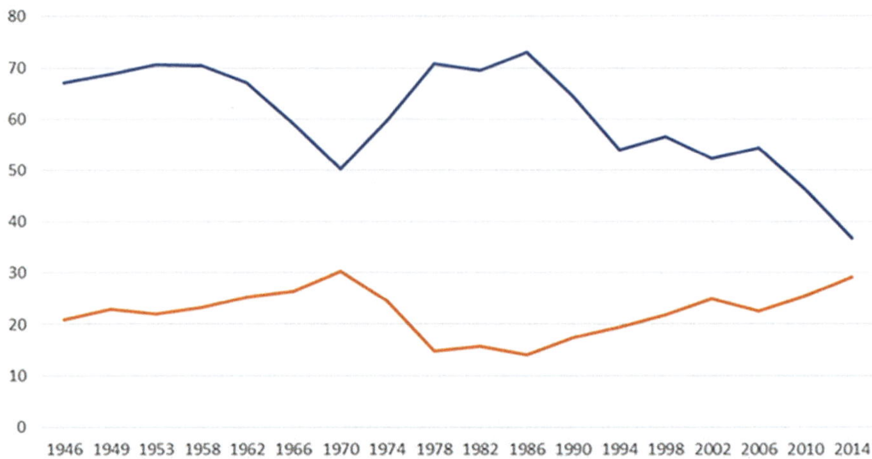

De discussie kan dan nog zijn of lokale partijen louter profiteren van de teloorgang van deze partijen of dat ze daar de oorzaak van zijn. Dat laatste is toch weinig waarschijnlijk aangezien blijkt dat ook in arena's waar niet tot nauwelijks 'niet-landelijke' politieke partijen actief zijn het CDA, de PvdA en de VVD evenzeer in electorale steun sterk teruglopen. Dat geldt zowel voor de verkiezingen voor provinciale staten als voor de Tweede Kamerverkiezingen zelf. Wel is het zo dat deze ontwikkeling zich op lokaal niveau wat duidelijker manifesteert. Vermoedelijk komt dit omdat de kiezers zich, in het bewustzijn dat deze verkiezingen er minder toe doen, eerder een uitstapje naar zo'n lokale partij veroorloven.

Vanaf 2014 wordt in Nederland gesproken over een 'versplinterd partijlandschap'. Er zijn geen partijen meer die vanwege hun omvang een dominante positie innemen. Hoewel D66 en GroenLinks profiteren van de toegenomen electorale ruimte slagen deze partijen er weinig in om zich op een stabiel hoog electoraal niveau te handhaven. Voor de PVV geldt dit op landelijk niveau wel, maar deze partij heeft er bewust voor gekozen om tot 2014 slechts in twee gemeenten, Den Haag en Almere, deel te nemen aan de lokale verkiezingen. Hierdoor is de PVV op lokaal niveau geen speler van betekenis. Zoals al vermeld nemen lokale partijen gezamenlijk wel een sterke electorale positie in. Echter, de categorie 'lokale partijen' bestaat uit een optelling van vele, onderling vaak sterk verschillende partijen en partijtjes. In de praktijk leidt dit er toe dat er momenteel vele gemeenten zijn waar tussen de 8 à 12 partijen in een gemeenteraad vertegenwoordigd zijn.[18] Niet alleen heeft dit ongemakkelijke effecten op de vergaderduur, het is vooral lastig om tot werkbare meerderheden te komen. Een complicatie daarbij is dat het aantal wethouders een in de wet vastgelegd maximum kent. Daardoor zijn er soms meer partijen voor een meerderheid nodig dan dat er beschikbare wethoudersposten zijn.

6. Een vooruitblik naar de gemeenteraadsverkiezingen van 2018

Het doen van voorspellingen is altijd lastig; de ervaring leert dat wetenschappers het wat dit betreft er niet beter van afbrengen dan andere mensen. Vooruitkijken naar de uitslag van 2018 is daarom een gewaagd avontuur, vooral omdat deze bijdrage zal verschijnen kort voor de gemeenteraadsverkiezingen in Nederland.

Het lijkt niet al te gedurfd om te voorspellen dat de 'versplintering' zal aanhouden, en vermoedelijk zich nog sterker zal manifesteren. Bij de Tweede Kamerverkiezingen van 2017 behaalden D66 en GroenLinks aansprekende resultaten, maar blijkens de opiniepeilingen is er geen zekerheid dat dit ook in maart 2018 het geval zal zijn. Tegelijkertijd is het niet aannemelijk dat CDA, VVD en de PvdA de weg naar boven zullen terugvinden. Dat kan alleen maar betekenen dat andere partijen hiervan zullen profiteren. De lokale partijen zullen vast wel weer meer dan 30% van de stemmen halen. Daarnaast nemen dit jaar landelijke partijen zoals de PVV, Denk (een partij die zich richt op allochtonen) en Forum voor Democratie (rechts-populistische partij) in meer gemeenten aan de raadsverkiezingen deel. Ook dat zal bijdragen aan de versplintering. Direct na de verkiezingen zal dit de collegevorming vermoedelijk sterk belasten. Het is in Nederland gebruikelijk dat in de raad verkozen partijen proberen tot een beleidsprogramma te komen dat kan rekenen op de steun van een meerderheid in de raad. Alleen al het gegeven dat daar meer partijen voor nodig zijn, vormt een complicatie in die onderhandelingen. Als eenmaal een meerderheid van de partijen overeenstemming heeft over een programma, is het gebruikelijk dat elk van die partijen beloond wordt met één of meer wethouderszetels. Zoals eerder opgemerkt is het aantal beschikbare wethoudersposten beperkt. Nu er zoveel partijen nodig zijn om tot een meerderheid te komen, wordt de verdeling van de wethoudersposten een extra uitdaging.

---

[18] Een gemiddelde gemeenteraad telt in Nederland tussen de 20 à 30 zetels. In gemeenten met meer dan 100.000 inwoners zijn er 39 raadszetels, de grote vier gemeenten kennen een raad van 45. In Den Haag, met 45 zetels, zijn er vlak voor de verkiezingen van 2018 15 partijen in de raad aanwezig.

Als de puzzel van de onderhandelingen en de verdeling van wethoudersposten is opgelost, is het de vraag hoe stabiel in de periode daarna de colleges van Burgemeester en Wethouders zullen zijn. In Nederland komt het, veel meer dan in Vlaanderen, voor dat wethouders het vertrouwen van de (meerderheid van de) gemeenteraad verliezen en daarom gedwongen worden om af te treden. In de afgelopen jaren zat gemiddeld één op de vier wethouders de totale raadsperiode niet uit. Naarmate coalities bestaan uit meer partijen, hebben zij de neiging minder stabiel te zijn. In dat licht is te verwachten dat het aantal tussentijdse bestuurscrises zal toenemen.

Bijlage 1. Volledige naam en typering van gebruikte afkortingen voor politieke partijen

Afkorting	Volledige naam	Typering en bijzonderheden
ARP	Anti-Revolutionaire Partij	De ARP was een christendemocratische, protestantse partij, opgericht in 1879. In 1980 ging de ARP met KVP, CHU op in het CDA
CHU	Christelijk-Historische Unie	De CHU was een christendemocratische politieke partij, die vooral aanhang had onder Nederlands-Hervormden, opgericht in 1908. In 1980 ging deze partij op in het CDA.
CPN	Communistische Partij van Nederland	De naam CPN is na de Tweede Wereldoorlog ontstaan (1946), maar vanaf 1909 bestonden er voorgangers van deze partij
CU	ChristenUnie	De ChristenUnie is een christelijke partij, met op sociaal en ecologisch gebied progressieve en op ethisch gebied behoudender standpunten. De partij ontstond in januari 2000 als samenwerkingsverband tussen GPV (Gereformeerd Politiek Verbond) en de RPF (Reformatorische Politieke Federatie). Per 1 januari 2004 zijn de partijen gefuseerd.
D66	Democraten 66	Opgericht in 1966 als een hervormingsgezinde sociaal-liberale partij.
EVP	Evangelische Volkspartij	De EVP was een progressief-christelijke partij (opgericht in 1981). In 1991 hief de partij zich op om op te gaan in GroenLinks
GL	GroenLinks	Progressieve partij, in 1991 ontstaan uit een fusie van EVP, PPR, PSP en CPN
KVP	Katholieke Volkspartij	De KVP was een christendemocratische partij, die, hoewel zij voor iedereen openstond, vrijwel uitsluitend aanhang had onder de katholieken. De partij was in 1945 de opvolger van de vooroorlogse RKSP. In 1990 fuseerde zij met ARP en CHU tot CDA
PPR	Politieke Partij Radikalen	De Politieke Partij Radikalen (PPR) was een radicaal-christelijke partij, opgericht in 1968 en in 1990 gefuseerd met CPN, EVP en PSP tot GroenLinks
PSP	Pacifistisch/Socialistische Partij	De Pacifistisch-Socialistische Partij (PSP), opgericht in 1957, was een pacifistische partij, die tevens streefde naar hervorming van de maatschappij in socialistische zin. In 1990 fuseerde de partij met PPR, EVP en PSP tot GroenLinks
PvdA	Partij van de Arbeid	De Partij van de Arbeid (PvdA) is een progressieve, sociaaldemocratische partij. De partij werd opgericht in 1946 als een voortzetting van de vooroorlogse SDAP, VDB en de Christelijk-Democratische Unie (CDU).
PVV	Partij voor de Vrijheid	Rechts-populistische partij, opgericht in 2006
RKSP	Rooms-Katholieke Staatspartij	De RKSP was de voorloper van de KVP en werd formeel op 3 juni 1926 opgericht.
SDAP	Sociaal-Democratische Arbeiderspartij	Vanaf 1894 tot na de Tweede Wereldoorlog (zie PvdA) de grootste sociaaldemocratische partij

Afkorting	Volledige naam	Typering en bijzonderheden
SGP	Staatkundig Gereformeerde Partij	De SGP is een behoudende christelijke (reformatorische) partij – opgericht in 1918, die strikt volgens Bijbelse normen politiek wil bedrijven.
VDB	Vrijzinnig-Democratische Bond	De Vrijzinnig-Democratische Bond VDB was een links-liberale partij, die in 1901 werd opgericht. In zekere zin is zij als voorloper van D66 te beschouwen. In 1946 ging de partij op in de PvdA
VVD	Volkspartij voor Vrijheid en Democratie	Rechts liberale partij, opgericht in 1948

Bron: www.parlement.com

BIJLAGE 2. OPKOMST BIJ DE GEMEENTERAADSVERKIEZINGEN VANAF 1946

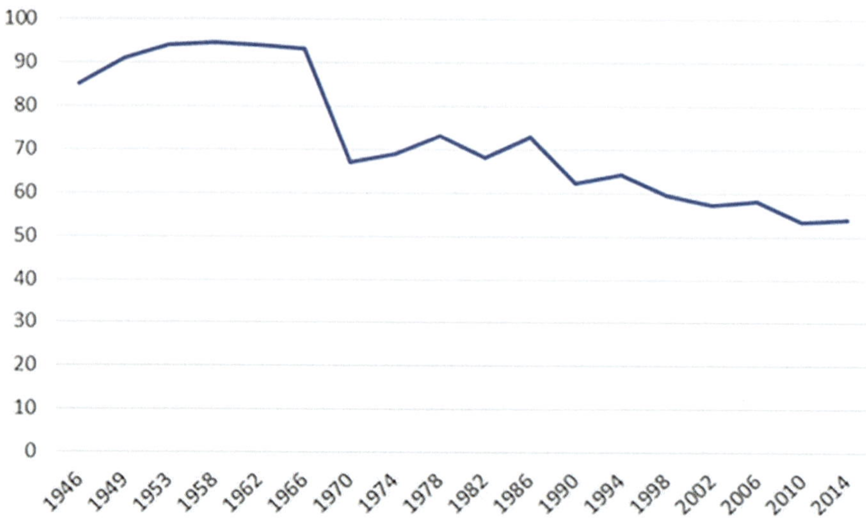

De verkiezingen van 1970 waren de eerste waarbij de opkomstplicht was afgeschaft. Dit verklaart de scherpe daling in dat jaar. Na 1970 is de geleidelijke daling in opkomst, met uitschieters in 1978 en in 1986, goed zichtbaar.

Bijlage 3. Aandeel raadszetels van enkele politieke partijen, uitgesplitst naar regio

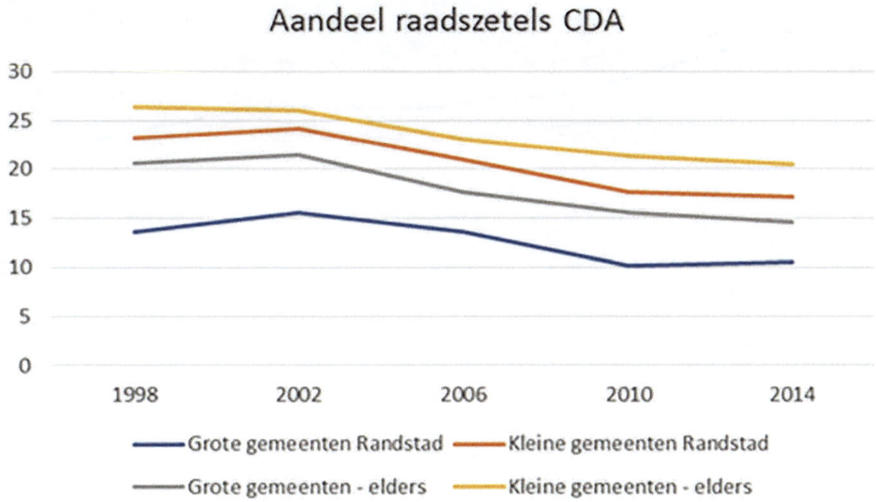

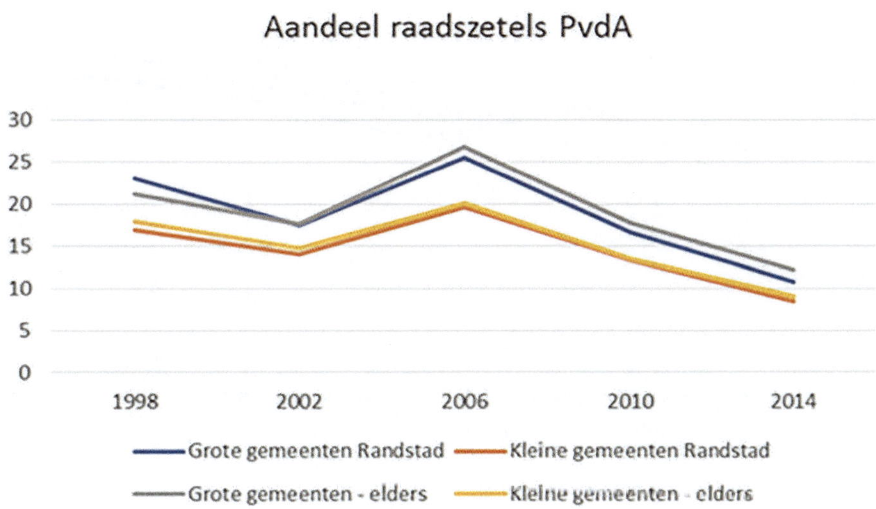

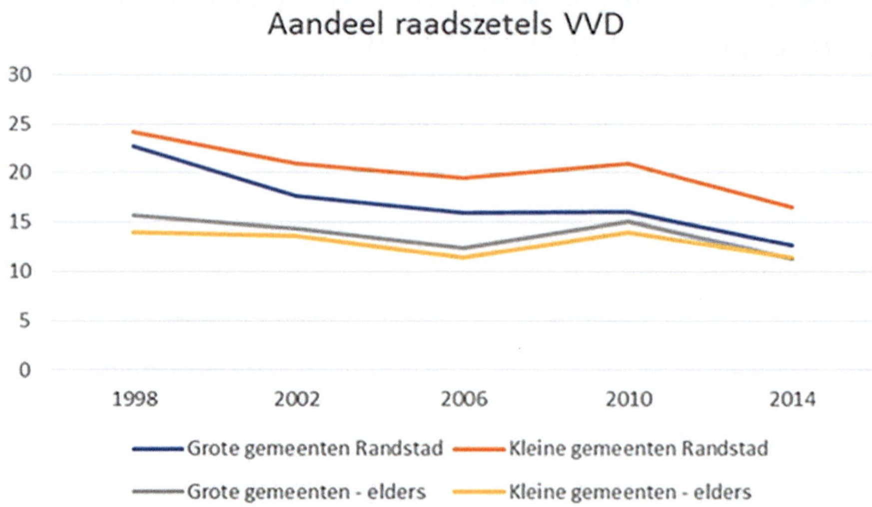
Aandeel raadszetels VVD
30
25
20
15
10
5
0
1998
2002
2006
2010
2014
Grote gemeenten Randstad
Kleine gemeenten Randstad
Grote gemeenten - elders
Kleine gemeenten - elders

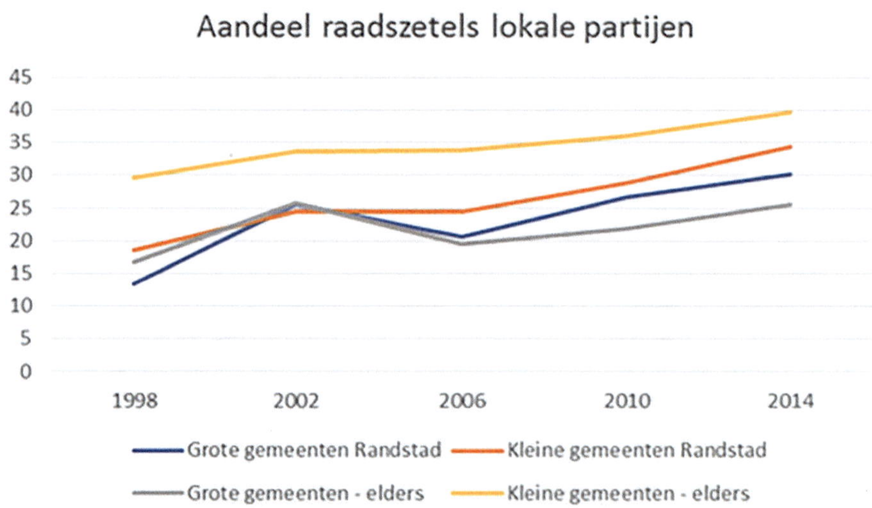
Aandeel raadszetels lokale partijen
45
40
35
30
25
20
15
10
5
0
1998
2002
2006
2010
2014
Grote gemeenten Randstad
Kleine gemeenten Randstad
Grote gemeenten - elders
Kleine gemeenten - elders

COLLEGEVORMING IN NEDERLANDSE GEMEENTEN: CONTEXT, PROCES, ROLVERDELING EN RESULTATEN[1]

Bas Denters

1. INLEIDING

Afgezien van het inmiddels ruim 25 jaar oude proefschrift van Pieter Tops (1990; hoofdstuk 9), twee gevalsbeschrijvingen (Korsten 1998 en Van Schendelen 2004) en een onderzoek naar de beschrijving van de collegevorming in Overijsselse gemeenten na de raadsverkiezingen van 2006 (Denters 2010) is er geen systematisch vergelijkend onderzoek naar de collegevorming in de Nederlandse gemeenten. Deze bijdrage schetst de sterk veranderde politieke context waarbinnen de collegevorming in Nederlandse gemeenten vorm krijgt en beschrijft vervolgens het verloop en de reultaten van de collegevorming, Het onderzoek waarop deze beschrijving is gebaseerd is uitgevoerd kort na de in maart 2014 gehouden raadsverkiezingen.

Dit onderzoek, dat is uitgevoerd door de vakgroep Bestuurskunde van de Universiteit Twente in samenwerking met de Vereniging van Griffiers en Raadslid NU, wil voorzien in deze kennislacune. Het onderzoek is uitgevoerd door middel van een korte digitale vragenlijst. Hoewel het onderzoek plaats vond tijdens de zomermaanden van 2014 (vakantieperiode) heeft 71% van de griffiers (de ambtelijk ondersteuners van de gemeenteraad) in de 380 aangeschreven gemeenten meegewerkt aan het onderzoek.

2. DE SAMENSTELLING VAN DE COLLEGES VAN BURGEMEESTER EN WETHOUDERS

De samenstelling van Nederlandse colleges van burgemeester en wethouders wordt bepaald door de uitkomst van twee los van elkaar staande procedures.

In de eerste plaats wordt de voorzitter van B&W, de burgemeester, voor een periode van zes jaar benoemd door de Koning op voordracht van de Minister van Binnenlandse Zaken en Koninkrijksrelaties. Aan die voordracht gaat een uitgebreid

---

[1] Dit is een bewerking van een kort verslag van de onderzoeksbevindingen dat is gepubliceerd op de website van de Nederlandse vereniging van raadsleden: http://www.raadslid.nu/sites/www.raadslid.nu/files/redactie/collegevorming.pdf

proces vooraf. Het proces start bij het ontstaan van een burgemeestersvacature. Een vacaure kan ontstaan om allerlei redenen: als de burgemeester de pensioengerechtigde leeftijd bereikt, een andere betrekking aanvaardt of bij arbeidsongeschiktheid of bij diens overlijden. Maar er kunnen ook politieke redenen zijn: als de burgemeester niet langer het vertrouwen geniet van de gemeenteraad. Na het ontstaan van een vacature volgt overleg tussen de fractievoorzitters uit de gemeenteraad en de Commissaris van de Koning van de provincie waar de vacature zich voordoet. Dit overleg mondt uit in een profielschets. Na de openstelling van de vacature kunnen kandidaten solliciteren. Op basis van de profielschets en de sollicitatiebrieven maakt de Commissaris van de Koning een eerste selectie van geschikte kandidaten. Vervolgens bepaalt een vertrouwenscommissie uit de gemeenteraad zijn voorkeur voor één van de geselecteerde kandidaten. Na een gesprek van de voorkeurskandidaat met de minister van Binnenlandse Zaken en Koninkrijksrelaties volgt de benoeming door de Koning. Bij de benoeming wordt eigenlijk altijd de voorkeur van de vertrouwenscommmissie gevolgd. Na een eerste benoeming kan de burgemeester één of meerdere malen worden herbenoemd. Ook in die procedure heeft de gemeenteraad een doorslaggevende stem. Omdat vacatures zich eigenlijk op elk willekeurig moment kunnen voordoen en vanwege de zesjarige ambtstermijn van de burgemeester, loopt de procedure van de benoeming van de burgemeester niet synchroon met de benoeming van de andere leden van het college.

Wethouders worden namelijk – in beginsel voor een periode van vier jaar – benoemd door de gemeenteraad direct aansluitend op de eens per vier jaar gehouden gemeenteraadsverkiezingen. In deze bijdrage staat het proces van de benoeming van de wethouders centraal. In het proces van de benoeming van zowel de burgemeesters en de wethouders speelt de gemeenteraad een cruciale rol. De uitkomsten van beide processen wordt zodoende in belangrijke mate bepaald door de politieke samenstelling van de gemeenteraad. Daarom staan we eerst stil bij de sterk veranderde context waarin de colleges worden samengesteld.

3. De veranderde politieke verhoudingen in gemeenteraden

Vanaf het einde van de Tweede Wereldoorlog waren de politieke verhoudingen ruim twintig jaar min of meer in beton gegoten. In het verzuilde Nederland stemden kiezers trouw op de partij die het eigen deel der natie vertegenwoordigde. Op basis van de bevolkingsstatistieken kon daarom voorafgaand aan de raadsverkiezingen vrij nauwkeurig worden voorspeld met hoeveel zetels de zuilpartijen (de partij der katholieken, de protestants-christelijke partijen, de liberale partij en de sociaaldemocratische partij) in de raad vertegenwoordigd zouden zijn. Het verzuilde karakter van het stemgedrag – ook bij lokale verkiezingen – zorgde voor lokale politieke arena's die zich kenmerkten door een hoge mate van politieke stabiliteit. Bovendien was er in veel gemeenten sprake van een duidelijke concentratie van politieke macht bij de grote landelijk opererende zuilenpartijen.

In de daaropvolgende decennia zijn deze verhoudingen ingrijpend veranderd. Deze ontwikkelingen kunnen we goed illustreren aan de hand van de ontwikkelingen in de grootste gemeenten (met meer dan 100.000 inwoners). In toenemende mate kenmerkt het lokale politieke landschap zich in deze gemeenten door een aantal samenhangende trends. De Nederlandse kiezers zijn op drift geraakt. De voorspelbaarheid van weleer heeft plaatsgemaakt voor een steeds sterkere kiezersvolatiliteit, waardoor van de ene verkiezingen naar de volgende, grote mutaties in de steun voor partijen konden optreden (Boogers, Denters en Reussing 2010).

Naast een afname van politieke stabiliteit kenmerkten de afgelopen decennia zich ook door politeke versplintering. Het effectieve aantal politieke partijen (Laakso & Taagepera 1979) is na de hoogtijdagen van de verzuiling gestaag toegenomen (Boogers, Denters en Reussing 2010). Tegelijkertijd brokkelde de macht van de grootste partijen in de raad af. Zo zien we in de 100.000+ gemeenten een afbrokkeling van de dominantie van de grootste partij in de raad (zie figuur 1): kon bij de eerste naoorlogse verkiezingen de grootste partij in de steden gemiddeld genomen nog rekenen op ruim 40% van de stemmen, in 2014 was de steun voor de grootste partij gedaald naar minder dan 20%.

Figuur 1: Percentage op grootste partij in de raad uitgebrachte stemmen in Nederlandse gemeenten met meer dan 100.000 inwoners (1946 – 2014)

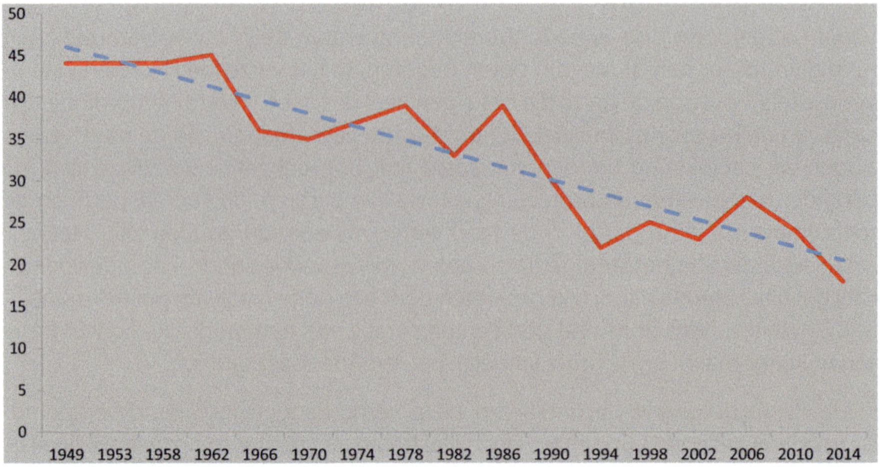

Bron: Databestand Nederlandse Grote Steden

Tegelijkertijd nam ook de steun voor de traditionele middenpartijen uit de verzuilingsperiode af (zie figuur 2).

Figuur 2: Stemmenaandeel voor de traditionele middenpartijen in gemeenten met meer dan 100.000 inwoners (1946-2014)

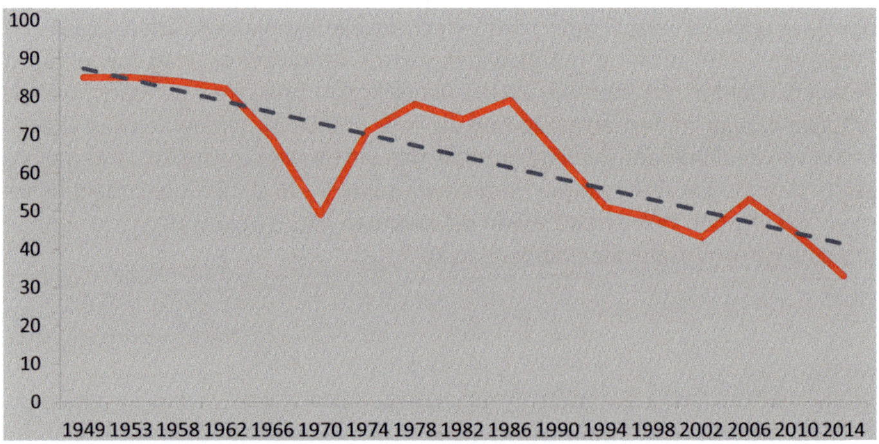

Bron: Databestand Nederlandse Grote Steden

Tot 1996 konden die partijen in de grote steden nog rekenen op samen meer dan 80% van de stemmen In 2014 was dit gedaald naar een historisch dieptepunt (minder dan 40%). Ondertussen is de steun voor lokale lijsten – ook in de steden waar deze niet-landelijk opererende partijen van oudsher nauwelijks voet aan de grond kregen – sterk gestegen. Figuur 3 toont dat ook in een flink aantal van de grootste gemeenten de steun voor de plaatselijke politieke groeperingen substantieel is.

Figuur 3: Percentage uitgebracht op plaatselijke politieke groeperingen in gemeenten met > 100.000 inwoners (1946-2014). Bron: Databestand Nederlandse Grote Steden

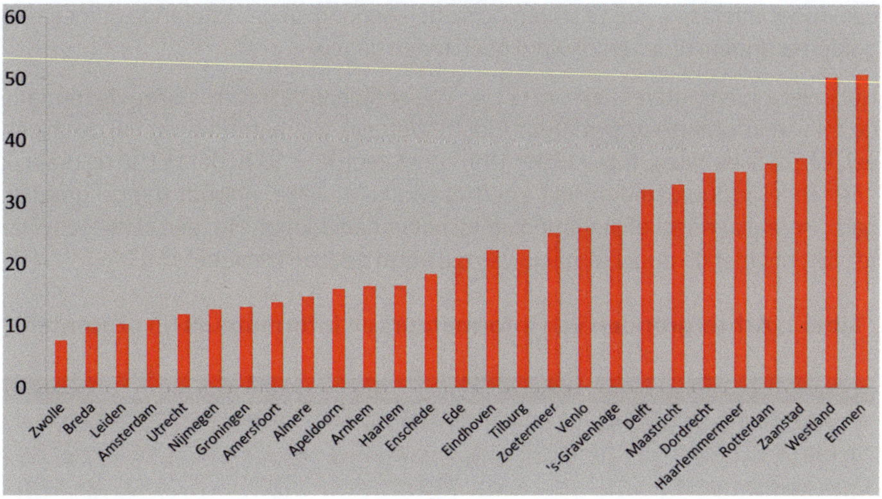

Wat betekenen deze ontwikkelingen voor de vorming van de colleges na de verkiezingen?

4. COLLEGEVORMING: FASERING EN BETROKKEN ACTOREN

In de Gemeentewet is over het proces van collegevorming weinig vastgelegd. Het blijft bij de bepaling dat de benoeming van de wethouders plaatsvindt door de raad in een vergadering van die raad in zijn nieuwe samenstelling. Om die reden is er bij de invulling van de formatie voor de lokale betrokkenen een grote mate van vrijheid. Hoe gaan de gemeenten om met deze vrijheid?

In aansluiting op wat in Nederland in de landelijke politiek gangbaar is, kan men in de formatie van colleges doorgaans een informatie- en de formatiefase onderscheiden. In de fase van de informatie wordt, op basis van een globale verkenning van programmatische verschillen en overeenkomsten tussen partijen, gekeken welke partijen met elkaar zitting gaan nemen in het nieuwe college. In de fase van de formatie wordt vervolgens gekeken op welk meer uitgebreid programma de partijen zich verbinden, hoeveel wethouders elk van de partijen levert, wie deze posities gaat bezetten en hoe de portefeuilleverdeling in het college eruit gaat zien. Dat is een onderscheid wat in de meeste gemeenten wordt gevolgd, maar niet overal!

In 80% van de Nederlandse gemeenten wordt voorafgaandelijk aan de formatie een verkennende fase ingelast. In 53 gemeenten (20%) was dit niet het geval. In 23 gemeenten werd het gezien de uitslag en de coalitievoorkeuren van de belangrijkste partijen niet nodig geacht om een informatiefase in te lassen. In twaalf gevallen heeft de grootste partij (soms na een korte verkenningsronde) het initiatief gelijk naar zich toegetrokken en besloten zonder informatie aan de slag te gaan. In acht gevallen besloot de zittende coalitie direct aan te sturen op voortzetting van de samenwerking en in drie gevallen besloot een beperkt aantal partijen – zonder een informatiefase – aan te sturen op samenwerking. In de resterende gemeenten golden er andere redenen of werd geen reden gegeven.

Het is vervolgens interessant om te zien wie er tijdens de informatie en de formatie de rol van informateur/formateur speelt. Wettelijk zijn betrokkenen vrij om hierin een keuze te bepalen. Tops (1990: 159) constateerde in 1990 dat zich in de praktijk "een redelijk duurzame norm" heeft ontwikkeld welke inhoudt dat de grootste partij in zetelaandeel of stemmenaantal het initiatief krijgt. Nu, een kwarteeuw later, lijkt het met de duurzaamheid van die norm gedaan (zie tabel 1).

Tabel 1: Achtergronden van informateurs en informateurs (in procenten)

	Informateur	Formateur
Grootste partij	51,0	58,7
Andere partij	1,0	4,3
Onafhankelijke derde	38,8	21,3
Burgemeester / secretaris	0,5	0,9
Combinatie [1]	6,3	12,6
Anders	2,4	2,2
N	**206**	**230**

[1] Bij combinaties gaat het om een meer dan één (in)formateurs met een verschillende achtergrond. Daarnaast zijn er ook nog gevallen waarin er meer dan één (in)formateurs optreden die eenzelfde achtergrond hebben (bijvoorbeeld twee onafhankelijken).

In iets meer dan de helft van de gemeenten waarin er een informatiefase is, kwam de informateur uit de gelederen van de grootste partij. Maar in bijna veertig procent was de informateur een onafhankelijke buitenstaander. In circa één op de tien gemeenten treedt er meer dan één informateur op. Meestal gaat het dan om personen met een verschillende achtergrond, bijvoorbeeld vertegenwoordigers van de grootste partij en een andere partij (4 maal); of een vertegenwoordiger van de grootste partij met een onafhankelijke externe persoon (6 maal), maar soms hebben ze ook dezelfde achtergrond, bijvoorbeeld een tandem van onafhankelijken (4 maal). In vier gevallen fungeert de raadsgriffier als mede-informateur.

In de formatiefase treedt in 59% van de gemeenten een vertegenwoordiger van de grootste partij in de raad op als formateur. In deze fase is de rol van de onafhankelijke buitenstaanders echter nog geenszins uitgespeeld. In meer dan een vijfde van de gemeenten (21,3%) is de formateur een onafhankelijke derde. In de formatiefase treedt in ongeveer één op de tien gemeenten (12,6%) een formateurs-duo of zelfs trio op. Meestal (21 maal) gaat het hierbij om informateurs afkomstig uit verschillende toekomstige collegefracties. In zeven gevallen bestaat het duo uit een vertegenwoordiger van de grootste fractie en een onafhankelijke derde. In één geval vond de formatie plaats onder regie van een onafhankelijke derde en de griffier.

We zien verder dat met toenemende gemeentegrootte het percentage gemeenten met een onafhankelijke informateur toeneemt. Als men een informatiefase inlast, werkt 32% van de gemeenten met minder dan 20.000 inwoners met een informateur; in gemeenten tussen 20.000 – 50.000 inwoners is dat 38%; in gemeenten met 50.000 – 100.000 inwoners is dat 50% en in de 100.000+ gemeenten: 58%. Voor de onafhankelijke formateur zien we een vergelijkbaar patroon: in gemeenten minder dan 20.000 inwoners is er in 16% van de gemeenten een onafhankelijke formateur; in de categorie 20.000-50.000 is dit 23%; in de groep 50.000-100.000 31% en in de 100.000+ gemeenten werkte men in 45% van de gemeenten met een onafhankelijke formateur.

Dit is opmerkelijk. In de laatste decennia van de vorige eeuw stond de lokale politiek in de grote steden sterk in het teken van de politisering. Met name onder invloed van de in de grote steden van oudsher sterke sociaaldemocraten was er sprake van een heuse "strijd" om de colleges, waarbij de grootste partij (veelal) de regie strak in handen nam en aanstuurde op een college waarin men de eigen invloed op de samenstelling en het programma van het college trachtte te maximaliseren. Vanwege de inmiddels meer complexe politieke verhoudingen in de grote steden en de minder dominante positie van de sociaaldemocraten (of enige andere partij) in de steden, drukt de grootste partij in de raad daar inmiddels veel minder nadrukkelijk een stempel op de collegevorming dan voorheen.

5. INVLOED VAN DE BESTUURLIJKE DRIEHOEK

Niettemin ligt het zwaartepunt in de collegevorming uiteraard bij de in de raad vertegenwoordigde politieke partijen en hun fracties. Burgemeesters, gemeentesecretarissen en raadsgriffiers hebben in dit proces naar verwachting geen of slechts een beperkte rol. Voor de burgemeester is uiteraard bepaald (artikel 35.2 Gemeentewet) dat deze "wordt geïnformeerd over de uitkomsten van de collegeonderhandelingen" en "alsdan in de gelegenheid [wordt] gesteld zijn opvattingen over voorstellen ten behoeve van het collegeprogramma kenbaar te maken". Dat bekent uiteraard niet dat de burgemeester ook altijd gebruik hoeft te maken van deze mogelijkheid. Omgekeerd sluit de betreffende bepaling geenszins uit dat de eerste burger niet ook nog op andere manieren kan trachten invloed uit te oefenen op het proces. Uiteraard geldt dat ook voor de gemeentesecretaris (de hoogste ambtenaar van de gemeente) en de griffier (die verantwoordelijk is voor de ambtelijke ondersteuning van de gemeentraad). Hier staan we stil bij de invloed van de burgemeester, de gemeentesecretaris en de griffier tijdens de collegevorming (samen ook wel aangeduid als de *bestuurlijke driehoek*).

Daarbij richten we ons op de invloed van deze functionarissen op de beslissingen over WIE-vragen:

- Welke partijen gaan het college vormen?
- Wie worden de wethouders?

èn op WAT-vragen:

- Wat gaat het college doen? (programma).
- Wat is de portefeuille van de wethouders? (portefeuillehouder)

De bepaling van de feitelijke invloed van actoren is een lastige zaak en vraagt om intensief onderzoek. In dit onderzoek beperken we ons noodgedwongen tot de percepties van invloed door één van de betrokkenen, namelijk de griffier. Het bevragen van de griffiers heeft voor- en nadelen. Een voordeel is dat griffiers doorgaans goed zijn ingelicht en daarom een redelijk accuraat beeld kunnen schetsen. Een nadeel is dat door de betrokkenheid de percepties niet in overeenstemming hoeven te zijn met de feitelijke invloed van de spelers. Er kan sprake zijn van allerlei toevallige en systematische vertekeningen. Niettemin is het interessant om te zien hoe de griffiers de invloed van de bestuurlijke driehoek inschatten.

Figuur 4: Percepties van invloed bestuurlijke driehoek op partijpolitieke en personele samenstelling van college (gemiddelde scores; N varieert tussen 206-235)

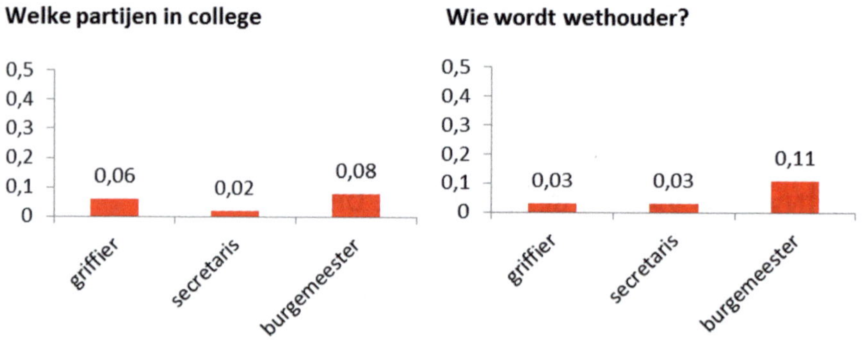

Deze invloed is in de ogen van de griffiers tamelijk beperkt. De schaal in de figuur is gemaximeerd op 1.00. Bij deze waarde is de gepercipieerde invloed "(tamelijk) groot". In figuur 4 zien we dat de invloed van de driehoek op de partijpolitieke en personele samenstelling van het college gemiddeld nauwelijks uitkomt boven de 0,10. Dit wijst erop dat de leden van de driehoek overwegend "geen" en slechts af en toe "enige" invloed hebben.

Figuur 5: Percepties van invloed bestuurlijke driehoek op coalitieprogramma en portefeuilleverdeling (gemiddelde scores; N varieert tussen 206-235)

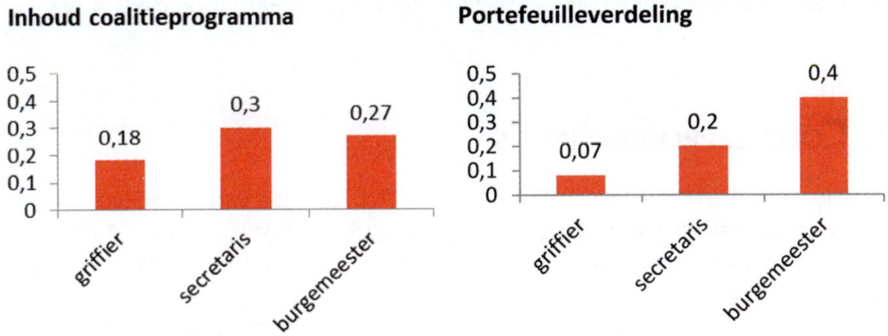

Dat beeld verandert iets als we gaan kijken naar de vraag naar de inhoud van het collegeprogramma en de taakverdeling binnen het college (figuur 5). De griffiers schetsen een beeld waarin de gemeentesecretaris en de burgemeester regelmatig "enige" invloed hebben op het collegeprogramma en de verdeling van de portefeuilles. De griffiers schetsen hun eigen rol als meer bescheiden.

6. De resultaten: collegeprogramma's en collegesamenstelling

Zoals we eerder zagen, kenmerkte de periode na de Tweede Wereldsoorlog zich op lokaal niveau door een grote mate van politieke stabiliteit. De electorale steun voor de traditionele zuilpartijen was groot en stabiel.

Die stabiliteit vertaalde zich in de meeste gemeenten ook naar de samenstelling van de colleges. In de meeste gemeenten werd in de regel gekozen voor brede afspiegelingscolleges, waarin *alle grote partijen* uit de raad ook wethouderszetels bezetten. Tops (1990: 70-89) geeft aan dat tot aan het begin van de jaren 1970 de centrale (landelijke) partijorganen van alle belangrijke zuilpartijen de wenselijkheid van collegevorming op basis van afspiegeling onderschreven. Pas daarna werd onder invloed van de de PvdA dit principe ter discussie gesteld en pleitte men met name in sociaaldemocratische kring voor programmacolleges op smalle basis. Dergelijke colleges zouden gebaseerd moeten worden op (a) een collegeprogramma, waarin duidelijke politieke keuzes worden gemaakt. Vervolgens zou het college (b) moeten worden samengesteld uit enkel wethouders van partijen uit de raad die bereid waren dit programma uit te voeren. De feitelijke invloed van de veranderende opvattingen binnen de PvdA was evenwel beperkt. Enerzijds werd ook door de andere partijen de wenselijkheid geaccepteerd om colleges te baseren op een programma-akkoord (uitgangspunt a). Maar anderzijds was er weinig animo voor het tweede uitgangspunt van de sociaaldemocraten. Daarom concludeert Tops dat de vorming van breed samengestelde colleges (op basis van het afspiegelingsprincipe) ook na de jaren 1970 "een dominant en bestendig kenmerk van de coalitievorming" (Tops 1990: 113) bleef vormen. Dat geldt voor zowel kleine als grote gemeenten. Enkel in gemeenten waar linkse partijen sterk zijn vertegenwoordigd treft men dergelijke brede colleges wat minder frequent aan (Tops 1990: 112).

7. Collegeprogramma's

Zoals Tops al constateerde is sedert de jaren 1970 het idee van collegevorming op basis van een beleidsakkoord algemeen geaccepteerd. Dat is ook in 2014 nog het geval. In de onderzochte gemeenten zegt 86% van de griffiers dat het college is gebaseerd op een min of meer uitgebreid schriftelijk akkoord. De omvang en de mate van detaillering van het akkoord verschilt (zie figuur 6). Veelal gaat het om tamelijk uitvoerige documenten. De gemiddelde omvang bedraagt circa 15 pagina's. Soms is de omvang beperkt (minimum omvang is 2 pagina's) maar er zijn ook lijvige programma's van meer dan vijftig A4-tjes (maximum: 55).

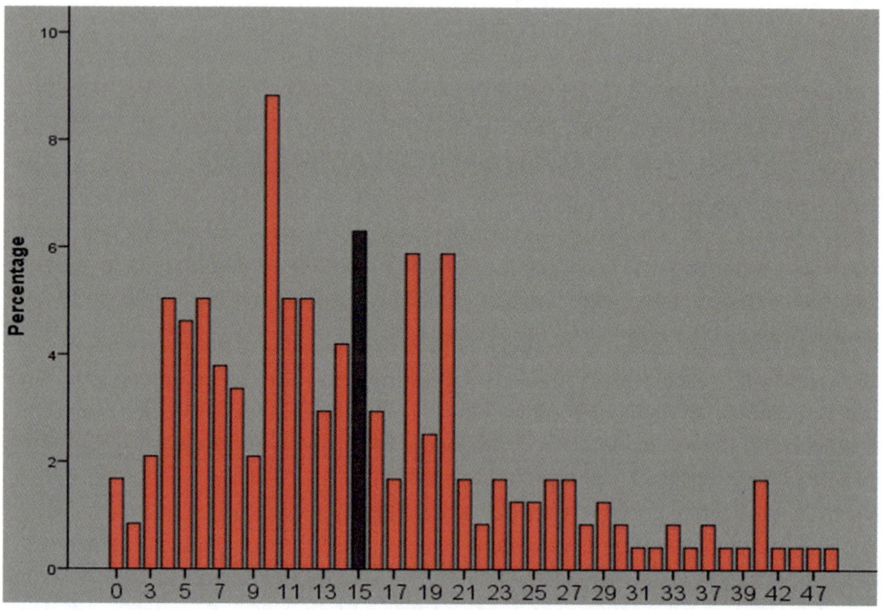

Figuur 6: Omvang van collegeakkoorden in Nederlandse gemeenten in 2014 (N=238)

Uit nadere analyses blijkt dat de omvang van akkoorden toeneemt met de gemeentegrootte. Figuur 7 toont dat de omvang van de akkoorden gestaag toeneemt met de omvang van de gemeenten. In de grootste gemeenten (met meer dan 100.000 inwoners) zijn de akkoorden bijna dubbel zo dik als in de kleinste gemeenten (met minder dan 20.000 inwoners). Voor een deel heeft dit waarschijnlijk te maken met de grotere complexiteit van de beleidsagenda in de grotere gemeenten. Voor een ander deel hebben deze verschillen in omvang waarschijnlijk ook te maken met de grotere fragmentatie van de politieke verhoudingen in de raden van de stedelijke gemeenten.

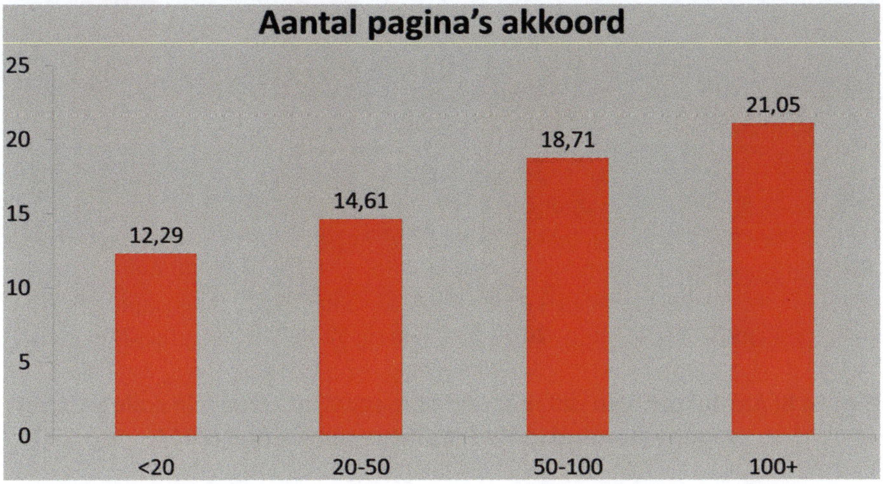

Figuur 7: Omvang van collegeakkoord naar gemeentegrootte (N=238)

Het lijkt alsof er in 2014 sprake is van een voortzetting van de voorkeur voor breed samengestelde colleges. Dat is vooral het geval in de grootste gemeenten, waar door de fragmentatie in de gemeenteraden en de afbrokkeling van de dominantie van de traditionele middenpartijen in veel gemeenten coalities bestaande uit wethouders van vier of meer collegepartijen totstandkomen. In de kleinere en middengrote gemeenten is de omvang van de coalities beperkter (zie figuur 8).

Overigens blijkt uit aanvullende gegevens dat het politieke draagvlak voor de colleges vaak nog breder is dan blijkt uit de figuur. In een groot aantal gemeenten steunen niet alleen de in het college vertegenwoordigde partijen het collegeakkoord, maar kan dat programma ook rekenen op de steun van andere fracties (34%) of soms zelfs alle fracties in de raad (6%; N=238).

Het is hierbij wel van belang om te onderkennen dat de achtergronden van brede steun voor colleges anders zijn dan ten tijde van de verzuiling. Toen was de keuze voor brede colleges gebaseerd op steun voor het principe van de afspiegeling, ook als er geen getalsmatige noodzaak was. Nu ligt dat anders. Thans is de vorming van breed samengestelde colleges, bestaande uit veel partijen, geboren uit noodzaak. Om in de huidige verhoudingen een meerderheidscollege te formeren is het op veel plaatsen eenvoudigweg onvermijdelijk dat men een beroep moet doen op vier of meer partijen.

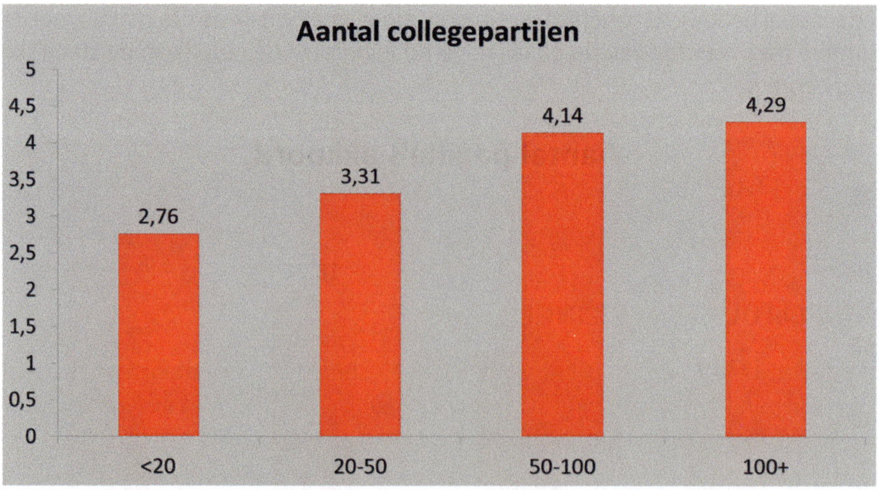

Figuur 8: Aantal partijen dat met één of meer wethouders in college is vertegenwoordigd in Nederlandse gemeenten (2014)

8. BESLUIT

In deze bijdrage werd ingegaan op de collegevorming in Nederlandse gemeenten in 2014. Achtereenvolgens is de context waarin deze collegevorming plaatsvond geschetst en werd stilgestaan bij het collegevormingsproces en de rol van de belangrijkste actoren. Ten slotte werden de belangrijkste resultaten van het proces van collegevorming (het collegeakkoord en de partijpolitieke steun voor de colleges) behandeld.

In maart 2018 vinden nieuwe raadsverkiezingen plaats en is het collegevormingsspel "opnieuw op de wagen". Dit is niet de plaats voor speculaties omtrent de uitkomsten van dit spel. Wel zal het interessant zijn om te zien hoe recente ontwikkelingen gaan doorwerken in het proces van coalitievorming.

- Zal de opmars van onafhankelijke niet-partijgebonden informateurs en formateurs zich doorzetten?
- Het belang van collegeakkoorden staat meer en meer ter discussie. Enerzijds wordt er gewezen op de beperkte betekenis van een dergelijk akkoord gezien de grote dynamiek in het lokaal bestuur; waardoor een akkoord al achterhaald is voor de inkt goed en wel is gedroogd. Anderzijds is het gemeentebestuur voor het uitvoeren van het akkoord afhankelijk van externe partners, die niet bij de totstandkoming van het akkoord zijn betrokken en zich daar ook niet aan gebonden zullen voelen. Om die reden zien sommige gemeenten reeds af van de traditionele akkoorden of volstaan ze met een zeer globaal akkoord. De vraag is of die tendens zich in 2018 zal doorzetten.

- We zien ook dat door de partijpolitieke fragmentatie het steeds moeilijker wordt om met het beschikbare aantal wethouders een meerderheidscollege te vormen. Dat zal er waarschijnlijk toe leiden dat in steeds meer gemeenten de collegepartijen voor en/na de verkiezingen moeten gaan zoeken naar politieke steun van andere partijen. In 2014 was dat al in bijna veertig procent van de gemeenten het geval. De vraag is hoe dit zich na de verkiezingen en de collegevorming na maart 2018 zal ontwikkelen.

Literatuurverwijzingen

Boogers, M., Denters, B., & Reussing, R. (2010). Bestuur in beweging: veranderingen in het lokale politiek-bestuurlijke landschap. *Bestuurswetenschappen, 64*(3), 6-28.

Denters, B. (2010). Collegevorming in Overijsselse gemeenten: proces, rolverdeling en resultaten. *Bestuurswetenschappen, 64*(2), 86-98.

Korsten, A. F. A. (1998). De lokale formateur bij bestuurlijke coalitievorming. In: W. Derksen (Ed.), *Politiek voor bestuurders. Tien essays over de toekomst van de lokale politiek* (pp.87-100). Den Haag: VNG Uitgeverij.

Laakso, M., & Taagepera, R. (1979). The 'effective' number of parties: a measure with applications to Western-Europe. *Comparative Political Studies, 12* 3-27.

Schendelen, M. P. C. M. v. (2004). "Katholieke" of "Protestantse" coalitievorming: de formatie van het Rotterdams college in 2002. In: G. Voerman (Ed.), *DNPP Jaarboek 2003* (pp.249-273). Groningen: Rijksuniversiteit Groningen.

Tops, P. W. (1990). *Afspiegeling en afspraak: coalitietheorie en collegevorming in Nederlandse gemeenten (1946-1986).* 's-Gravenhage: VUGA.

De kwaliteit van een sterke, gezaghebbende gemeenteraad

Henk Bouwmans

1. Inleiding

Nog geen vijftig procent van de inwoners kent een raadslid. Die boodschap werd mij vlak voor de gemeenteraadsverkiezingen van 2014 voorgehouden door een journalist van een landelijk dagblad in Nederland.[1] De verwachting was dat teleurstelling en treurigheid de reactie zou tekenen. Niets was minder waar. Als het waar is dat vijftig procent van de inwoners een raadslid kent, is dat alleen maar heel positief. Want vijftig procent is een enorm hoog cijfer, zeker wanneer je weet dat uit publiciteitsonderzoeken in het verleden is gebleken dat met betrekking tot de bekendheid van fractievoorzitters in de Tweede Kamer – toch niet de minst onzichtbare Kamerleden – een cijfer van tien procent al enorm hoog is.

Wanneer de mate van bekendheid van gemeenteraadsleden zo enorm hoog is, is dat niet alleen negatief, zoals de desbetreffende krant dat toen deed met de kop "Helft kiezers kent geen enkele lokale politicus", maar kan dat ook net zo goed positief worden geduid op weg naar de gemeenteraadsverkiezingen van 21 maart 2018. In Nederland wordt er in 335 van de 380 gemeenten een nieuwe gemeenteraad gekozen. Het gaat om ongeveer 7950 raadszetels in gemeenteraden.

Angst dat die zetels niet bezet gaan worden, is er ten onrechte. In de aanloop naar de raadsverkiezingen is het al vanaf de zomer van 2017 een thema dat de media bezig houdt: zijn er voldoende kandidaten voor de nieuwe gemeenteraad? In 2014 was er een ruime keuze: in Vlieland waren er voor die 9 raadszetels 28 kandidaten om uit te kiezen. In Amsterdam had de kiezer voor de 45 te vergeven raadszetels de keuze uit 580 kandidaten. Het antwoord zal ook dit keer zijn: meer dan voldoende!

Desondanks ligt de legitimatie van de gemeenteraad als hoogste bestuursorgaan onder vuur. De opkomst bij verkiezingen is sinds de afschaffing van de stemplicht in de jaren 1970 stelselmatig gedaald. De gemiddelde opkomst was in 2014 54%. Grote steden scoren laag, dorpen (nog) hoog. De laagste opkomst bij deze raadsverkiezingen was in Schiedam: 42,6%. De hoogste opkomst in Schiermonnikoog: 85,3%.[2] De opkomst bij de sindsdien gehouden herindelingsverkiezingen in 2015, 2016 en 2017 liep terug van 45,43% in 2015 naar 41,17% bij de herindelingsverkiezingen van 22 november 2017 in Fryslân, Groningen en Gelderland.

---

1 Algemeen Dagblad (2014). Helft kiezers kent geen enkele lokale politicus, 18 maart 2014.
2 Zie Kiesraad: https://www.verkiezingsuitslagen.nl/

Bestuurders (!) reageren bezorgd. "Zoals het nu is, kan het in ieder geval niet langer, er is een groot probleem met de politieke representatie van bepaalde bevolkingsgroepen. (..) Daarnaast zijn er ook problemen met de vertegenwoordiging van bepaalde wijken. (..) Dat leidt er toe dat zaken die spelen in deze wijken te weinig aandacht krijgen in de raad", aldus Annemarie Jorritsma, toenmalig burgemeester van Almere en tevens voorzitter van de Vereniging van Nederlandse Gemeenten.[3] De gebrekkige legitimatie is een probleem en dwingt om naar andere wijzen van representatie te kijken, aldus Johan Remkes, commissaris van de Koning van de provincie Noord-Holland in zijn nieuwjaarstoespraak van 12 januari 2018.[4]

Vrijwel in één adem met het gebrek aan legitimiteit wordt het gebrek aan kwaliteit van de gemeenteraad gehekeld. Burgemeesters, tevens voorzitter van de gemeenteraad, hebben er een handje van om informeel te klagen over de kwaliteit van hun gemeenteraadsleden. Raadsleden zelf vinden de kwaliteit van hun collega's ook een probleem. Bijna de helft van de raadsleden rekent het niveau van de gemeenteraad naast de werkdruk tot de meest negatieve elementen van het raadswerk.[5]

"Gemeenteraden zijn sterk in zichzelf gekeerd, raadsleden maken te veel (onderling) ruzie en de omgangsvormen zijn in nogal wat gemeenten niet goed. (.) Op tal van plekken vervullen raden hun rol niet goed door op de stoel van colleges te willen zitten (Bloemendaal) of door slechte verhoudingen tussen raadsfracties te laten voortbestaan".[6]

De discussie over de kwaliteit van de gemeenteraad is niet nieuw. Wie zich verdiept in het verleden ziet bijvoorbeeld dat het bestuur van de stad Den Haag honderd jaar geleden de kwaliteit van zijn gemeenteraad hekelde. Voor de vorige gemeenteraadsverkiezingen in Nederland leidde de zorgen over de kwaliteit van de raad in 2013 tot een geruchtmakende boodschap: De gemeenteraad heeft geen toekomst, een publicatie waarin diverse bestuurskundigen en bestuurders hun zorgen kenbaar maakten over de rol en de werkwijze van de gemeenteraad. Die publicatie bevatte een dubbele boodschap want de conclusie was namelijk ook dat er voor de lokale democratie zonder gemeenteraad geen toekomst is.[7]

Voor het bestuur van de Nederlandse Vereniging voor Raadsleden, Raadslid.Nu,[8] was die boodschap *a blessing in disguise.* Als algemene belangenbehartiger voor raadsleden en voor gemeenteraden werd de nieuwe leus van de vereniging, om

---

3 Ministerie van Binnenlandse Zaken en Koninkrijksrelaties, Decentrale volksvertegenwoordiging anno 2015. Belevingsonderzoek onder decentrale volksvertegenwoordigers, 14 december 2015, p.12.

4 Provincie Noord-Holland, nieuwjaarstoespraak Johan Remkes 2018, https://www.noord-holland.nl/Bestuur/Gedeputeerde_Staten/Leden_Gedeputeerde_Staten/Johan_Remkes/Personalia/Speeches/Nieuwjaarstoespraak_Johan_Remkes_2018

5 Raadsledenonderzoek, overzicht resultaten. Raadslid.Nu, Nederlandse Vereniging voor Raadsleden, NOS, 11 december 2017, p.7.

6 Korsten, Arno F.A., Abma, Klaas, Gemeentebesturen en lokale democratieën: kracht en zwakten, 25 november 2017.

7 Loots, Jasper en Peeters, Piet-Hein, De gemeenteraad heeft geen toekomst. Waarom stemmen op 19 maart 2014? Pepijn BV, november 2013.

8 Raadslid.Nu, Nederlandse Vereniging voor Raadsleden is in juni 2005 opgericht en was daarmee de laatste algemene beroeps- en belangenvereniging die ontstond voor de bestuurlijke en ambtelijke actoren in de lokale democratie. In 2003 werd de Vereniging van Griffiers opgericht en in 2004 de Wethoudersvereniging. Het Nederlands Genootschap van Burgemeesters is opgericht in 1955 en de Vereniging voor Gemeentesecretarissen is opgericht in 1947.

zichzelf te herpositioneren: een sterke Raad doet er toe! Het wil zeggen dat voor een gezonde toekomst van de lokale democratie een sterke gemeenteraad is gewenst die bestaat bij de gratie van raadsleden die krachtig, zelfbewust en met trots voor de eigen zelfstandige rol en positie van de gemeenteraad – en daarmee voor de inwoners – opkomen. Dat is geen eenvoudige opgave want het vergt dat de gemeenteraad zichzelf eigenstandig manifesteert. Bovendien wordt er ook meer ongehoorzaamheid en lef[9] van raadsleden gevraagd om zelfbewust te kiezen voor een versterking van de rol als volksvertegenwoordiger en zich minder te laten leiden door het braaf volgen van de regeltjes en procedures binnen het stadhuis. Waar dat toe heeft geleid en hoe dat een bijdrage heeft betekent voor de kwaliteit van het raadswerk wordt geschetst in deze bijdrage.

2. Trots

In de zomer van 2017 mocht ik een bijeenkomst leiden voor raadsleden, griffiers en burgemeesters over het aanzien van de gemeenteraad. Beter gezegd: hoe trots zijn raadsleden, griffiers en burgemeesters op de gemeenteraad? Zijn raadsleden zelf trots op de gemeenteraad. De antwoorden waren uiteenlopend:[10]

- "Ik ben niet altijd trots. Soms staan oppositie en coalitie behoorlijk tegenover elkaar. Dan luisteren ze niet naar elkaar. (..) Dat is jammer omdat tegenstellingen doorwerken richting de bevolking";
- "Wel trots. Ik zie goede discussies in de raad. Er wordt best naar elkaar geluisterd. Respect hebben voor een andere mening is belangrijk";
- "Niet zo trots. Onlangs zei een inwoner tegen mij: 'Tot dit moment dat ik met u sta te praten, heeft de politiek nog nooit geluisterd.'"
- "Trots. Oppositie en coalitie gaan constructief met elkaar om. Er is een opbouwende sfeer. Er is daadkracht. Belangrijker vind ik dat we vanuit de geluiden van buiten hier politiek bedrijven en dat de buitenwacht de raad ervaart als verbindend. Alleen: ik heb alleen niet altijd het idee dat de buitenwereld trots is op de politiek in Nederland. We hebben dus nog veel uit te leggen."

Zes bijeenkomsten zijn er gehouden om met raadsleden, burgemeesters en griffiers te spreken over het aanzien van de gemeenteraad. Zestig procent van de raadsleden vindt dat het aanzien van de gemeenteraad is afgenomen. Bijna de helft vindt dat het aanzien van een raadslid (sterk) is afgenomen, dat bleek al uit een onderzoek onder raadsleden zoals dat eind 2014 is gehouden op initiatief van de Nederlandse Vereniging voor Raadsleden.[11]

Vraag je raadsleden naar het aanzien van de raad is het oordeel anders dan wanneer inwoners daarnaar wordt gevraagd. Burgers geven het cijfer 6,3 terwijl raads-

9 Wagemans, Mathieu. De Robotisering van Raadsleden, een pleidooi voor vernieuwing van de lokale politiek. Leudal, januari 2018. Zie ook: http://www.raadslid.nu/content/%E2%80%9Craadsleden-moeten-minder-gehoorzamen%E2%80%9D.

10 Zie: Trots op de Raad, Samenspel in het Aanzien van de Raad, Eindrapportage, december 2017, p.38.

11 Cachet, dr. A. (Lex), Verkaik, N.C.M. (Niek), Aanzien of Afzien? Een essay over het aanzien van het raadslidmaatschap. Raadslid.Nu, Ned. Vereniging voor Raadsleden, Den Haag, 12 januari 2015.

leden hun eigen raad het rapportcijfer 6,8 geven. Er is dus sprake van een discrepantie tussen het zelfbeeld van raadsleden en het oordeel van burgers over de raad. Cachet en Verkaik, de auteurs van het essay over het aanzien van het raadslidmaatschap, analyseren dat het aanzien van de raad is afgenomen doordat de raad niet vanzelfsprekend gezaghebbend is, doordat de nadruk ligt op schandalen, door het grote aantal politieke crises en doordat de raad door complexe regelgeving en regionalisering van gemeentelijke taken problemen niet meer kan oplossen. Om het aanzien van de gemeenteraad te verbeteren, adviseren zij dat duidelijker moet worden gecommuniceerd wat de gemeenteraad wel en wat de gemeenteraad niet kan doen. Zij doen ook een aantal aanbevelingen om op de wijze van "goed en verstandig communiceren" het aanzien van de gemeenteraad te verbeteren:

- Meer ondersteuning van de griffie en meer scholing plus uitbreiding van zelfstandige, onafhankelijke communicatie voor de raad bij de griffie;
- De raad dient het politieke en inhoudelijke debat over bijvoorbeeld de nieuwe gemeentelijke taken naar zich toe te trekken en proactief het initiatief te nemen;
- Burgers mogen niet worden afgescheept met de boodschap dat de raad ergens niet over gaat; burgers moeten niet worden opgezadeld met de vraag wie het juiste adres is voor hun problemen;
- De raad moet tijdig duidelijk maken aan burgers wat zij wel en niet van de raad kunnen verwachten;
- Raadsvergoeding wordt door raadsleden weliswaar niet als het belangrijkste probleem ervaren, maar een debat over de passende vergoeding van raadsleden is zeker voor kleinere gemeenten nodig;
- Een zakelijker politiek debat dient het aanzien van de raad; burgers houden niet van politieke ruzies en eindeloze herhalingen;
- Het aanzien van de raad en van raadsleden is gebaat bij een terughoudende rol van het parlement;
- Bij integriteitsschendingen moet snel en drastisch worden ingegrepen;
- Het is de hoogste tijd voor een evaluatie van de dualisering gericht op de effecten ervan op de raad, raadsleden en het aanzien van de gemeenteraad.

De noodzaak om aan de slag te gaan met de aanbevelingen en de wensen van raadsleden zelf om korter te vergaderen en voor meer en betere ondersteuning is het meest urgent. "Aanzien is van groot belang omdat het een zichzelf versterkend (dan wel ondermijnend) mechanisme is. Een raad die hoog aanzien geniet zal minder moeite hebben om op niveau nieuwe raadsleden te werven dan een raad die dergelijk aanzien ontbeert. Een kwalitatief minder goede raad zal vervolgens nog meer aanzien verliezen en op die manier ontstaat al snel een negatieve, neerwaartse spiraal. Ten slotte zal het aanzien van de raad mede bepalen hoe sterk de feitelijke positie van de raad is ten opzichte van de andere gemeentelijke bestuursorganen en ten opzichte van andere partners in de gemeente', concluderen Cachet en Verkaik.

Tegen deze achtergrond werden de genoemde zes bijeenkomsten gehouden, respectievelijk in Capelle aan den IJssel, Goirle, Heerenveen, Amstelveen, Heumen en

Ommen. Tijdens elk van de bijeenkomsten gaven bestuurskundigen[12] een reflectie op het thema. Zij gaven uiteenlopende adviezen die variëren van: zoek inhoudelijke overeenstemming met burgers, wordt kwaliteitsbewaker van de lokale democratie, meer uitleggen en meer directe democratie, subsidieer de lokale pers en spreidt de lokale verkiezingen over een jaar uit, per provincie een ander kiesstelsel en richt je als raad op je specifieke deskundigheid: gebruik je voelhorens in de samenleving en zoek nieuwe vormen om het debat met de samenleving te voeren.

Sommige raadsleden bleken best trots te zijn als er goed wordt gediscussieerd in de raad, als er respect is voor een andere mening, als coalitie en oppositie constructief met elkaar omgaan. Maar trots zijn heeft ook te maken met het zelfbewustzijn van de raad. Professionalisering van de raad is daarom wenselijk. "Een trotse raad zorgt goed voor zichzelf."[13]

3. Kloof

In de aanloop naar de raadsverkiezingen van 2014 werd de beschikbaarheid van voldoende kandidaten een thema in de campagne. Aanleiding daarvoor was een onderzoek onder ruim tweehonderd griffiers, in opdracht van het televisieprogramma Nieuwsuur.[14] In zeker twintig gemeenten zouden er in 2014 partijen niet met de verkiezingen meedoen omdat ze geen kandidaat-raadsleden konden vinden. Jan Mans, die in acht gemeenten burgemeester is geweest, ventileerde op basis daarvan zijn bezorgdheid over de kwaliteit van raadsleden. "Als je moeilijk kandidaten kan krijgen, heb je als gemeenteraad een probleem. Je zou een groot reservoir aan mensen moeten hebben die er tijd en energie in willen steken maar dat zie je dus niet meer", zei Mans in de eerste zondagse uitzending van Nieuwsuur. De toenmalige minister van Binnenlandse Zaken, minister Ronald Plasterk, wijtte het probleem aan het aanzien van de politiek.

Het thema, een gebrek aan voldoende kandidaten, was daarmee een onderwerp in de campagne maar uiteindelijk zou het niet zo'n vaart lopen. In 2014 waren er uiteindelijk 150 kandidaten gemiddeld per gemeente, en dat kwam uit op een totaal van ongeveer 57000 kandidaten die op de kieslijsten voor de raadsverkiezingen van 2014 stonden.

Ook in de huidige campagne, op weg naar de raadsverkiezingen van 21 maart 2018, is het vraagstuk of er voldoende (bekwame) kandidaten zijn opnieuw opgedoken. Politieke partijen klagen, nog meer dan in 2014, dat het moeilijk is om voldoende kandidaten te vinden. Er zijn grote landelijke partijen in steden met meer dan honderdduizend inwoners die met moeite 25 kandidaten bereid hebben ge-

---

12 Niels Karsten (Tilburg Universiteit), Linze Schaap (Tilburg Universiteit), Bart-Jan Heine (Thorbecke Academie), Geerten Waling (Universiteit Leiden), Monique Leyenaar (Radboud Universiteit) en Bas Denters (Universiteit Twente) Zie: Trots op de Raad, Samenspel in het Aanzien van de Raad, Eindrapportage, december 2017, pp.16-19.

13 Zie: Trots op de Raad, Samenspel in het Aanzien van de Raad, Eindrapportage, december 2017, p.13.

14 Tekort aan kandidaten voor gemeenteraden, NRC, 6 januari 2014.

vonden om op de kandidatenlijst te gaan staan. En van die 25 kandidaten is er dan nauwelijks een twaalftal serieus bereid om direct na de verkiezingen of later als vervanger ook echt zitting te nemen in de gemeenteraad. Gevreesd wordt wanneer raadsleden wethouder worden of om andere reden tussentijds de raad verlaten er te weinig kandidaten beschikbaar zijn om de opengevallen plekken op te vullen. Het doembeeld: lege raadszetels. In de huidige bijna afgelopen raadsperiode 2014-2018 kwam het twee keer voor dat een raadszetel tijdelijk niet was bezet omdat niemand de zetel wilde opvullen. In beide gevallen betrof het een landelijke partij, ChristenUnie respectievelijk PvdA, die gedurende een aantal maanden met een zetelloze vertegenwoordiging in de betreffende gemeenteraad aanwezig waren.[15]

Waarom willen inwoners raadslid worden? Als je inwoners er naar vraagt, is de belangstelling verre van enthousiast. Vanuit de zorgen in 2014 over het aanzien van de politiek is er toen na de raadsverkiezingen onderzoek gedaan onder raadsleden[16] en inwoners hoe ze naar de politiek kijken.

Inwoners hebben maar een beperkte belangstelling om politiek actief te worden, zo bleek toen: geen van de geënquêteerde inwoners ging zich zeker kandidaat stellen bij de volgende verkiezingen, iets minder dan 1% zei dat waarschijnlijk wel te gaan doen en iets minder dan 5% zei dat misschien wel, misschien niet te gaan doen. Inwoners hebben, zo bleek uit hetzelfde onderzoek, vooral geen beeld van wat decentrale volksvertegenwoordigers doen.[17]

Raadsleden worden raadslid omdat zij hun talenten willen inzetten en/of verder willen ontwikkelen (75%), hun netwerk willen uitbreiden (58%), een plezierige invulling van hun (vrije) tijd willen (51%) en omdat zij een opstap zoeken voor een loopbaan in de politiek (16%).[18] Het leukste aan het raadswerk is het vertegenwoordigen van burgers: van de raadsleden geeft 75% aan dat zij voldoening halen uit het vertegenwoordigen van burgers. Uit de twee andere hoofdtaken, kaders stellen voor het beleid en controleren van het beleid van het college van burgemeester en wethouders halen raadsleden respectievelijk 58% en 37% voldoening.[19]

Waarom hebben raadsleden zich ooit kandidaat gesteld om als volksvertegenwoordiger voor de inwoners van hun gemeente politiek actief te worden? Bijdragen aan de samenleving en voor burgers opkomen. Dáár doen decentrale volksvertegenwoordigers het voor. Het levert ze morele werkdruk, èn voldoening. En al

15 Raadszetel ChristenUnie Vianen blijft leeg, http://www.raadslid.nu/content/raadszetel-christenunie-vianen-blijft-leeg. In de Zeeuwse gemeente Kapelle bleven twee raadszetels van de PvdA enige maanden onbezet, zie: https://www.pzc.nl/nieuws/stoelendans-zonder-deelnemers-om-pvda-zetels-kapelle~a47f3f60/

16 In dit artikel spreken we voor het gemak van raadsleden. Het betreffende onderzoek van het ministerie van Binnenlandse Zaken en Koninkrijksrelaties, Decentrale volksvertegenwoordiging anno 2015. Belevingsonderzoek onder decentrale volksvertegenwoordigers, 14 december 2015, onderzocht het aanzien van gemeenteraadsleden, Statenleden (provincies) en algemeen bestuursleden (waterschappen).

17 Ministerie van Binnenlandse Zaken en Koninkrijksrelaties, Decentrale volksvertegenwoordiging anno 2015. Belevingsonderzoek onder decentrale volksvertegenwoordigers, 14 december 2015, p.13.

18 Zie tabel 3.4 Positief oordeel over individuele baten van het ambt in: bijlage Resultaten belevingsonderzoek.

19 Wijnen, P. van, Hulsen, M. Het aanzien van het politiek ambt – Een belevingsonderzoek onder decentrale volksvertegenwoordigers. November 2015. Ministerie van BZK, Overheid in Nederland. Zie ook: http://www.raadslid.nu/content/burgers-vertegenwoordigen-geeft-raadsleden-meeste-voldoening.

doende ervaren ze een groeiende ontplooiing.[20] Dat beeld kwam naar voren uit het genoemde in 2014 en 2015, het begin van de nu aflopende gemeenteraadsperiode, gehouden belevingsonderzoek.

Die aandacht voor het aanzien van het raadslidmaatschap vertaalde zich uiteindelijk in door het ministerie van Binnenlandse Zaken geïnitieerde kennismakingsbijeenkomsten van Pro Demos onder de titel Politiek Actief. In de periode 2014-2017 hebben zo'n zesduizend burgers deelgenomen aan deze in zo'n tweehonderd gemeenten gehouden bijeenkomsten. Die boden dus de kans om te horen en te ontdekken of het raadslidmaatschap wat voor de geïnteresseerde was. Hoeveel van deze belangstellenden uiteindelijk op de kandidatenlijsten terecht zijn gekomen, was begin 2018 nog onduidelijk.

De aandacht om gemotiveerd te kandideren als raadslid kreeg in het najaar van 2017, zo vlak voor het einde van de raadsperiode, een extra impuls met de aandacht op de landelijke en regionale tv-stations voor een raadsledenonderzoek waarin raadsleden de vraag opnieuw is gesteld waarom zij ooit raadslid zijn geworden.[21] De antwoorden lagen in dezelfde lijn, maar zijn de moeite waard om hier te noemen, waarbij moet worden opgemerkt dat raadsleden meerdere antwoorden konden geven:

1. Ik wilde graag een bijdrage leveren aan de (lokale) samenleving - 90%
2. De lokale politiek leek mij interessant - 36,2%
3. Ik vond dat ik binnen mijn partij verantwoordelijkheid moest nemen - 25,7%
4. Ik hou ervan om invloed te hebben - 15,1%
5. Ik wilde graag een concreet onderwerp aanpakken - 9,1%
6. Lokale politiek leek mij een goede politieke leerschool - 7,2%

Opvallend is dat in beide onderzoeken het leveren van een bijdrage aan de lokale samenleving en het voor inwoners opkomen hoog scoort. De politieke rol is niet onbelangrijk maar speelt geen hoofdrol in de keuze om raadslid te worden. Dat valt in datzelfde onderzoek ook terug te zien in de beoordeling wat raadsleden positieve elementen van het raadswerk vinden:

1. Mogelijkheid om (voor burgers) resultaten te behalen - 78,2%
2. Het contact met burgers - 65,1%
3. De sfeer in de fractie - 56,1%
4. De sfeer in de raad - 34,5%

Het beeld uit dit onderzoek bevestigt ook de uitkomst uit het Nationaal Raadsledenonderzoek: raadsleden besteden naar hun zin te veel tijd aan vergaderen in het gemeente- en stadhuis en zouden veel liever meer tijd besteden aan het contact met hun inwoners, de volksvertegenwoordigende rol van de raad.[22] In 2017 beste-

[20] Ministerie van Binnenlandse Zaken en Koninkrijksrelaties, Decentrale volksvertegenwoordiging anno 2015. Belevingsonderzoek onder decentrale volksvertegenwoordigers, 14 december 2015.

[21] Raadsledenonderzoek, overzicht resultaten, Raadslid.Nu, Nederlandse Vereniging voor Raadsleden i.s.m. NOS, 11 december 2017.

[22] Nationaal Raadsledenonderzoek 2017, Daadkracht in samenwerking met Raadslid.Nu, Nijmegen 2017, Vijfde trendonderzoek naar de tijdsbesteding en werkzaamheden van raadsleden. Het Nationaal Raadsledenonderzoek is eerder uitgevoerd in 2007, 2009, 2012 en 2014. Zie ook: http://www.raadslid.nu/content/nationaal-raadsledenonderzoek-2017.

den raadsleden 64% van hun tijd aan bestuurlijke activiteiten (in het gemeentehuis) en 33% aan volksvertegenwoordigende activiteiten. De tijdsbesteding van raadsleden komt hierdoor nog lang niet in de buurt van de aanbeveling van de Stuurgroep Evaluatie Dualisering Gemeentebestuur om minimaal 50% van de tijd aan volksvertegenwoordigende activiteiten te besteden. Uit dit onderzoek bleek dat raadsleden gemiddeld 16 uur per week aan het raadswerk besteden. Het meest opvallende was dat voor ruim een derde deel van de raadsleden het raadswerk het beste als voltijdse functie kan worden gedaan. Vooral raadsleden uit grote gemeenten (met meer dan honderdduizend inwoners) en uit gemeenten met dertig- tot vijftigduizend inwoners zijn zelfs uitgesproken voorstander van een voltijdse invulling van het raadslidmaatschap.

Of daarmee de kloof tussen bestuurlijke activiteiten van het raadslid en de volksvertegenwoordigende rol in stad en dorp kan worden gedicht, is een onbeantwoorde vraag. In de campagne voor de raadsverkiezingen van 2018 is de keuze tussen lekenbestuur of voltijds raadslidmaatschap vooralsnog geen thema (geweest).

4. De baas

Als raadslid ben je de baas, althans samen met je collega-raadsleden in de gemeenteraad. De gemeenteraad is in de Nederlandse lokale politiek-bestuurlijke verhoudingen het hoogste bestuursorgaan.[23] De gemeenteraad heeft het recht om gevraagd en ongevraagd alle informatie te krijgen van het college van burgemeester en wethouders: zij (het college en elk van zijn leden) geven de raad alle inlichtingen die de raad voor de uitoefening van zijn taak nodig heeft (artikel 169 lid 2) en: zij geven de raad mondeling of schriftelijk de door een of meer leden gevraagde inlichtingen, tenzij het verstrekken ervan in strijd is met het openbaar belang (artikel 169 lid 3). In de praktijk betekent het dat de raad – zeker sinds de introductie van de i-pad – alles krijgt toegestuurd. Alle documenten, rapporten, brieven worden als het ware over de schutting gegooid. Er zijn raadsleden die zich daarmee tot taak stellen alles te willen lezen, maar die komen er ondanks allerlei cursussen in snellezen achter dat dit geen oplossing biedt. Daarom wordt ook naar de griffier gekeken: of hij er niet voor kan zorgen dat de informatiestroom wat overzichtelijker wordt. De oplossing ligt echter bij de gemeenteraad zelf: die bepaalt hoe hij de informatie wenst te ontvangen, en/of en op welke wijze hij bijvoorbeeld op een A4-tje kort en kernachtig de hoofdkwesties in beeld gebracht krijgt.

De gemeenteraad is dus formeel de baas. In de politiek-bestuurlijke verhoudingen zie je dat het beste terug in de vertrouwensrelatie tussen de raad enerzijds en de burgemeester respectievelijk de wethouder(s) anderzijds. Wanneer een burgemeester het vertrouwen verliest van (de meerderheid van) de gemeenteraad rest zijn vertrek. Wanneer een wethouder niet langer meer het vertrouwen geniet van

[23] Nederlandse Grondwet, artikel 125 lid 1: Aan het hoofd van de provincie en de gemeente staan provinciale staten onderscheidenlijk de gemeenteraad. Hun vergaderingen zijn openbaar, behoudens bij de wet te regelen uitzonderingen.

de (meerderheid van) de gemeenteraad is er geen andere route dan de uitgang. Wethouders zijn in functie zolang hen het vertrouwen wordt gegund, wanneer dat niet meer het geval is, komt de wethouder ten val.[24]

Als de gemeenteraad de baas is, wordt dat zo dan ook gevoeld? Het antwoord op deze vraag is ontkennend. Krap de helft van de raadsleden beschouwt de gemeenteraad ook daadwerkelijk als het hoogste en meest invloedrijke bestuursorgaan.[25] Raadsleden geven aan dat, hoewel zij theoretisch gezien de Raad als hoogste orgaan zien, de praktijk weerbarstig is. Dit komt op de eerste plaats door het uit het oog verliezen van de rollen die raadsleden dienen te vervullen.[26]

Hans Egtberts, raadslid in Duiven: 'Als "hoogste orgaan" zou de gemeenteraad haar drie kerntaken, kaderstelling, controle en volksvertegenwoordiging, serieus moeten nemen. In mijn optiek is de gemeenteraad van Duiven soms te veel bezig met de details en verliest zij daardoor én de kaderstelling én haar volksvertegenwoordigende taak: door op punten en komma's te gaan besturen raakt de inwoner van Duiven, Groessen en Loo soms vervreemd van de lokale politiek.' Eline van der Vorm, gemeenteraadslid in Dordrecht, wijst de vinger op de invloed en rol van regionale samenwerking: 'Gemeenschappelijke regelingen hebben verregaande bevoegdheden, en die bestuurlijke inrichting ondermijnt soms de positie van de gemeenteraad.'

Raadsleden geven als verklaring dat de raad niet als het hoogste bestuursorgaan wordt beschouwd vanwege de opstelling van het college van burgemeester en wethouders. Het college heeft een kennisvoorsprong. Tim Simons, raadslid in Drimmelen: 'Je hebt altijd te maken met mensen die een gigantische informatievoorsprong op jou hebben. Ambtenaren en wethouders zijn dagelijks bezig met hun beleid, terwijl jij als raadslid in de avonduren naast je werk aan de slag moet.'

Raadsleden[27] vinden dat wethouders de meeste invloed hebben op het gemeentelijk beleid, meer dus dan de gemeenteraad zelf. Ook de wethouders en burgemeesters vinden dat zij zelf meer invloed hebben op het gemeentelijk beleid dan de gemeenteraad als hoogste bestuursorgaan. De top-6 volgens raadsleden ziet er als volgt uit (met tussen haakjes de score volgens de burgemeesters en wethouders):

1. Wethouders 38% (52%, volgens collegeleden)
2. Gemeenteraad 35% (33%, volgens collegeleden)
3. Ambtelijke organisatie 19% (8%, volgens collegeleden)
4. Burgemeester 4% (3%, volgens collegeleden)
5. Gemeentesecretaris 1% (0%, volgens collegeleden)
6. Griffier 0% (0%, volgens collegeleden).

Politieke machts- en blokvorming in de gemeenteraad om tot coalities voor colleges te komen lijken dus niet bij te dragen aan het versterken van de positie van de gemeenteraad. Nodig is meer bewustzijn van de raad als assemblee (het collectief).

---

24 Aardema, Harrie, Korsten, Arno, Riezebos, Kees, Van Dam, Mark, De Vallende Wethouder, Een onderzoek naar de vertrekredenen van onvrijwillig teruggetreden wethouders in de bestuursperiode 2006-2010.

25 Raadslid.Nu, Rol en positie van de gemeenteraad, 7 september 2017. http://www.raadslid.nu/content/versterking-rol-en-positie-raad-vraagt-extra-opleiding-en-ondersteuning

26 http://www.raadslid.nu/content/zeven-op-de-tien-raadsleden-zien-raad-als-hoogste-bestuursorgaan en Raadsleden van de week over de raad als hoogste politieke orgaan, Raadslid.Nu, 19 januari 2016.

27 Raadslid.Nu, Rol en positie van de gemeenteraad, 7 september 2017, zie: http://www.raadslid.nu/content/versterking-rol-en-positie-raad-vraagt-extra-opleiding-en-ondersteuning.

"De raad is volksvertegenwoordiging en tevens hoogste publieke gezagsorgaan binnen de grenzen van de gemeente. Die gezamenlijkheid op een kwalitatieve manier hoog houden, dient een hoger belang", aldus Eigeman.[28] Deze sloot daarmee aan op eerdere gelijksoortige betogen van Van den Berg.[29] Hij spreekt in de eerste plaats van de raad als instituut waarbij de raad zich gedraagt als een eenheid, meestal tegenover het college van Burgemeester en Wethouders. Die eenheid kan ook optreden tegenover de gezamenlijke belangenorganisaties of media. Daarnaast opereert de raad in de arena, beraadslaagt en besluit zij langs de lijnen van partijfracties en de partijpolitieke loyaliteit. Afhankelijk van hun organisatie en van de eigen plaats van de raad, kunnen partijbesturen een sterk disciplinerende en sturende rol spelen jegens hun raadsleden. Ten slotte spreekt Van den Berg over de marktplaats. Een bestel van parlementariërs, in al dan niet formeel georganiseerde groepen, dwars door de fracties heen en gebaseerd op gedeelde maatschappelijke belangen. Zij zijn meer of minder nauw verbonden met organisaties en instellingen buiten het stadhuis.
Duidelijk is wel dat de gemeenteraad een belangrijke rol heeft te vervullen, want bij alle wensen voor meer burgerparticipatie en meer vernieuwing is en blijft er aan het einde van de dag behoefte aan de gemeenteraad. Deze boodschap was terug te vinden in het Lokaal Kiezersonderzoek 2016: Een meerderheid van de Nederlanders wil een grotere invloed van burgers via directere democratie (gekozen burgemeester, lokale referenda) en vaker meepraten over beleid. Zo vindt 63% van de Nederlanders dat zij mogen meepraten over de belangrijkste beslissingen in gemeenten. Een ruime meerderheid (56%) vindt ook dat wanneer burgers meepraten de gemeenteraad uiteindelijk moet beslissen.[30]

Het is een wens die tot uitdrukking brengt dat de raad in elke gemeente het hoogste publieke platform is. En dat schept wel verplichtingen: "Het gaat over belangrijke zaken. Democratische vernieuwing, bestuurlijke legitimatie in een nieuwe outfit. Vernieuwde autoriteit door gemeenteraden die op zoek gaan naar het maatschappelijk initiatief, naar dorpsgemeenschappen en stadsbuurten die zaken zelf willen en kunnen regelen. Niet door los te laten maar door ruimte te maken en te verbinden. Dat kan betekenen dat de (lokale) overheid de vraag durft te stellen waar zij zelf hindermacht is. Niet om zichzelf weg te definiëren, juist niet. Wel om haar rol scherper te maken. Dat vraagt gemeenteraden en gemeenteraadsleden die zich goed moeten kunnen toerusten, die passende kennis en competenties kunnen verwerven. Dat vergt een dagelijks bestuur en een organisatie die zich bewust is van die noodzaak."[31]

---

[28] Eigeman, Jean. Fonds toerusting gemeenteraadsleden. Investeren in democratische impact voor kennisontwikkeling en toerusting van raadsleden, Raadslid.Nu, December 2016-Januari 2017, p.14.

[29] J.Th.J. van den Berg, Eén parlement in vier gedaanten. In: W.J. van Noort e.a. (red.), Organiseren op een breukvlak. Zes opstellen over organisaties in verleden, heden en toekomst. Amsterdam 1993, pp.65-79.

[30] Democratie Dichterbij, Lokaal Kiezersonderzoek 2016, Stichting KiezersOnderzoekNederland, September 2016. Zie ook: http://www.raadslid.nu/content/raad-sluitstuk-van-burgerparticipatie.

[31] Eigeman, Jean. Fonds toerusting gemeenteraadsleden. Investeren in democratische impact voor kennisontwikkeling en toerusting van raadsleden. Raadslid.Nu, December 2016-Januari 2017, p.3.

5. LOYALITEIT

Raadslid ben je in de eerste plaats namens jezelf. Het raadslidmaatschap is individueel, ook al ben je lid van een politieke partij, een fractie. Je bent individueel gekozen, ook al is de geldende praktijk vaak dat je wanneer je geen lijsttrekker bent op de bagagedrager van de lijsttrekker/stemmenkanon bent meegelift.
Eenmaal lid van de gemeenteraad ben je als raadslid raadslid voor jezelf, maar je bent ook lid van een fractie, vaak ook lid van een coalitie of een oppositie en dan ben je ook nog lid van de gemeenteraad.[32]

Figuur 1: Waar ligt de loyaliteit van individuele gemeenteraadsleden?

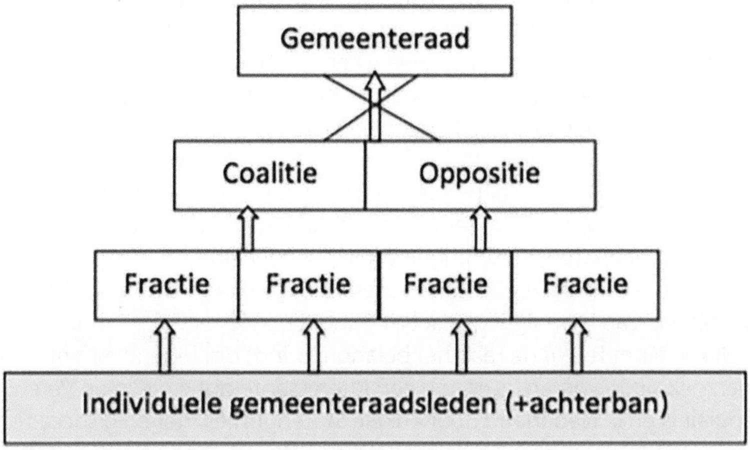

De interessante vraag is waar de loyaliteit van een raadslid ligt. Het raadsledenonderzoek in 2017 over de rol en positie van de gemeenteraad gaf daarover een duidelijke indicatie. Op de vraag welke van de volgende aspecten vindt u als raadslid het meest belangrijk in uw functioneren, kwam naar voren dat loyaliteit aan de eigen fractie (45%) en de loyaliteit aan de eigen opvattingen (41%) veruit het belangrijkste zijn. Slechts voor 9% van de raadsleden is loyaliteit aan de gemeenteraad het meest belangrijke in het functioneren. Loyaliteit aan de coalitie was slechts voor 4% van de raadsleden het meest belangrijk.[33]

Het is de moeite waard met deze uitkomsten in het achterhoofd het essay van Van Ostaaijen[34] te lezen. Hoe hard ben je als raad naar het college? Ben je in staat als raad om je hard op te stellen naar het college om bijvoorbeeld informatie te verga-

---

32 Ostaaijen, van, Julien. Hard naar het college, zacht naar de samenleving. Op zoek naar een nieuwe verbindende rol van de gemeenteraad. Tilburgse School voor Politiek en Bestuur, Tilburg University, Raadslid.Nu, april 2016, p.10.

33 Raadslid.Nu, Rol en positie van de gemeenteraad, 7 september 2017, zie: http://www.raadslid.nu/content/versterking-rol-en-positie-raad-vraagt-extra-opleiding-en-ondersteuning

34 Ostaaijen, van, Julien. Hard naar het college, zacht naar de samenleving. Op zoek naar een nieuwe verbindende rol van de gemeenteraad. Tilburgse School voor Politiek en Bestuur, Tilburg University, Raadslid.Nu, april 2016

ren? Van Ostaaijen schrijft dat het meestal niet zo'n vaart loopt en dat raadsleden niet zo assertief zijn.

De keuze is simpel: in je informatievoorziening beperk je jezelf als raad tot dat wat het college respectievelijk de individuele leden als gesprekspartner beschikbaar stellen. Daarbij fungeert de eigen fractie en eigen partij als belangrijkste andere bron van informatie. Of je kiest als raad voor het organiseren van je eigen informatievoorziening via je eigen hulptroepen. De raad beschikt over diverse hulptroepen die hij zelf kan aansturen. De griffier is de belangrijkste en verdient meer ondersteuning.[35] De raad heeft daarbij als werkgever zelf de belangrijkste rol.[36] De raad is ook opdrachtgever van de accountant en voor de rekenkamer.
De rekenkamer wordt over het algemeen nog niet beschouwd als een belangrijke, actieve bron van informatie[37] of als een goede partner van de griffie.[38] Volgens Van Ostaaijen[39] is dat evenzeer vreemd als spijtig want juist voor een taak waar het raden regelmatig aan tijd en kennis ontbreekt – een bepaald goed onderwerp uitspitten en uitzoeken – kunnen rekenkamers een nuttige bijdrage leveren. Helaas worden rekenkamers door gemeenteraden nog te weinig gezien als partners. (..) Naast stevig 'casusonderzoek', waarbij documenten lezen, interviews houden, schrijven en wederhoor al snel leiden tot een proces van een half jaar, zou de raad soms ook gebaat kunnen zijn bij wat kortere termijn onderzoeken, wat dichter op de actualiteit en eventueel het daarover uitbrengen van (niet-politiek) advies, bijvoorbeeld in de vorm van scenario onderzoek. Gemeenteraden, griffiers en rekenkamers zouden elkaar volgens Van Ostaaijen wat actiever moeten opzoeken.
En afhankelijk van het feit of de raad het belangrijk vindt om tegenover het college eigen onderzoek uit te voeren, is er nog een interessante optie die in de Verenigde Staten populair is en in Nederland door enkele Statengriffies met enig succes is beproefd: een eigen onderzoeker op de griffie die korte, scherpe onderzoeksvragen kan uitzoeken voor de volksvertegenwoordiging.[40] Het maakt, zo leren de voorbeelden in Drenthe en Limburg, de positie van de volksvertegenwoordiging sterker.
Daarnaast beschikt de raad over andere hulptroepen zoals cliëntenraden, onderzoeksinstituten, planbureaus, raad van commissarissen, adviesbureaus, ad-hoc commissies, brancheorganisaties, rijkstoezichthouders, burgers, ambtenaren, journalisten, belangenorganisaties en wmo- en participatieraden.[41]

---

[35] Cachet, dr. A. (Lex), Verkaik, N.C.M. (Niek), Aanzien of Afzien? Een essay over het aanzien van het raadslidmaatschap. Raadslid.Nu, Ned. Vereniging voor Raadsleden, Den Haag, 12 januari 2015.

[36] De raad als werkgever van de griffie(r). Raadsledenonderzoek over de werkgeversfunctie van de gemeenteraad. Raadslid.Nu, Den Haag, November 2017.

[37] Castenmiller, P., Van Dam, M., Peters, K. Stichting Decentraal Bestuur, 2013, p.20.

[38] Van de Berg T. & Castenmiller P., Griffier en Rekenkamer, een bijzondere relatie. Jaarboek Vereniging van Griffiers 2015, Delft, Eburon, pp.107-108.

[39] Ostaaijen, van, Julien. Hard naar het college, zacht naar de samenleving. Op zoek naar een nieuwe verbindende rol van de gemeenteraad. Tilburgse School voor Politiek en Bestuur, Tilburg University, Raadslid.Nu, april 2016, p.21.

[40] Nettie Engels, Versterking van de informatiepositie van Statenleden: het voorbeeld van Drenthe en Limburg In: Werk in uitvoering, De griffier en democratie, Jaarboek 2017, Vereniging van Griffiers, pp.85-101.

[41] Schram, Jorgen, Twist, van, Mark, Steen, van der, Martijn. Raad en hulptroepen. Hefbomen ter versterking van de controlerende taak van de gemeenteraad. Raadslid.Nu. NSOB, Nederlandse School voor Openbaar Bestuur, 2017, p.21.

Een categorie moet hier expliciet worden onderstreept: de inwoners. De raad kan in zijn rol als controleur van het gemeentebestuur niet alleen rekenkamers en auditcommissies inschakelen maar ook inwoners en media. De participatie van inwoners moet niet beperkt blijven tot het maken van beleid en burgerinitiatieven, maar burgers kunnen ook een rol hebben als controleur. 'De participatieladder moet daarom worden uitgebreid met een zevende trede die over controleren gaat'.[42]

Terug naar de loyaliteit als raadslid. Wie behartigt de belangen van de raad als collectief? Het meest voor de hand liggend is natuurlijk de gemeenteraad zelf. Daarnaast kan er nadrukkelijk worden gekeken naar de burgemeester in zijn rol als voorzitter van de gemeenteraad. Maar de burgemeester voelt meestal een grote verantwoordelijkheid voor het functioneren van het college.[43] Voor zover Van Ostaaijen daar in zijn onderzoek antwoord op kreeg, was er geen algemene lijn maar werden afwisselend de volgende personen en instanties genoemd: de gemeenteraad zelf, het presidium/agendacommissie, de fractievoorzitters, de burgemeester, de griffier. "Dat niet als vanzelfsprekend één duidelijk persoon of duidelijke instantie als verantwoordelijk wordt gezien of zich over het algemeen zo voelt, is niet onlogisch. De gemeenteraad is immers een politiek orgaan dat deels zijn bestaansrecht ontleent aan verdeeldheid. Als het echter gaat om het positioneren van de gemeenteraad als geheel ten opzichte van bijvoorbeeld de samenleving of het college, kan dat wel een probleem zijn. (..) Het gebeurt slechts in uitzonderlijke gevallen dat de gemeenteraad gezamenlijk en eensgezind een vuist maakt. Meestal gaat het dan om vergaande vormen van slecht bestuur. (..) Positievere voorbeelden zijn dat enkele raden experimenteren met raadsbrede programma's. (..) Ook dat is een manier om de raad als eenheid meer te profileren en voor het voetlicht te brengen."[44]

Van Ostaaijen wijst daarbij ook op de spanning tussen enerzijds een politieke gemeenteraad waarin het uitvergroten van verschil centraal staat en anderzijds een gemeenteraad waarin vooral de eenheid wordt benadrukt. Voor die politieke gemeenteraad wensen inwoners herkenbaarheid en dat vereist een (deel van de) gemeenteraad die zich duidelijk politiek uitspreekt over lokale thema's.[45] Daarbij past een gemeenteraad die wethouders stevig controleert en niet schroomt deze weg te sturen.

Het tweede gaat volgens Van Ostaaijen meer om een gemeenteraad die eensgezind is en zich meer op de achtergrond houdt en als hij zich profileert dat toch vooral in gezamenlijkheid doet. Dat sluit dan weer aan op onderzoek dat laat zien dat inwoners vooral niet gediend zijn van politieke spelletjes.[46]

---

42 Schram, Jorgen, Twist, van, Mark, Steen, van der Martijn. Kansrijk maar kwetsbaar. Burgeraudits als nieuwe vorm van burgerparticipatie. Raadslid.Nu. NSOB, Nederlandse School voor Openbaar Bestuur, 2016, p.10.

43 Ostaaijen, van, Julien. Hard naar het college, zacht naar de samenleving. Op zoek naar een nieuwe verbindende rol van de gemeenteraad. Tilburgse School voor Politiek en Bestuur, Tilburg University, Raadslid.Nu, april 2016, p.9.

44 Idem, p.9.

45 Boogers, M.J.G.J.A., Van Ostaaijen, J.J.C. Lokale kiezers, lokale keuzes? Onderzoek naar de achtergronden en de betekenis van stemgedrag bij de gemeenteraadsverkiezingen van 2010, Bestuurswetenschappen, 65 (6), p.17-39.

46 Den Ridder, J., Dekker, P. Meer democratie, minder politiek? Een studie van de publieke opinie in Nederland. Den Haag (2015), Sociaal en Cultureel Planbureau.

In zijn essay doet Van Ostaaijen de suggestie dat de belangen van de gemeenteraad ook behartigd kunnen worden door de vicevoorzitter van de raad. In beginsel is de raadsnestor de vicevoorzitter van de raad, tenzij de raad aan het begin van de periode één van de raadsleden tot vicevoorzitter heeft gekozen. Een meerderheid van de gemeenteraden maakt gebruik van de wettelijke mogelijkheid een vicevoorzitter te benoemen.[47]

6. SPAGAAT

De belangrijkste rol voor een raadslid is het vertolken als volksvertegenwoordiger van emoties en opinies van de inwoners. Of is dat toch het beschikken over de vakinhoudelijke kennis op beleidsonderwerpen? In de marge van een aantal bijeenkomsten in 2015 in Oss en Apeldoorn werd raadsleden dit dilemma voorgelegd. Een krappe meerderheid gaf de voorkeur aan kennis van beleidsonderwerpen boven het vertegenwoordigen van ideeën en emoties van inwoners. Het hier geschetste dilemma gaat over de spagaat van de volksvertegenwoordiger die op straat en in wijken zichtbaar en aanwezig wil zijn maar die ook in het stadhuis en/of gemeentehuis invloed en betekenis wil hebben.

Achter dit dilemma zitten een aantallen rollen van het raadslid verscholen, die van bestuurder, ombudsman en verbinder. "De opvatting van het raadslid dat vooral bestuurder is, is dat het electorale mandaat hem of haar in staat stelt namens de samenleving te spreken. Die samenleving hoeft dan vervolgens niet meer bij elk afzonderlijk onderwerp opnieuw te worden geraadpleegd. Het raadslid is prima in staat alle belangen zelf af te wegen. De inbreng van inwoners wordt hierbij overigens wel verwelkomd, maar liefst zoveel mogelijk op een manier die past bij de politieke of bestuurlijke processen, dus via politieke partijen, als fase in het beleidsproces of via inspraak of spreekrecht".[48] De rol van ombudsman vereist herkenbaarheid in de samenleving. Raadsleden vinden over het algemeen dat zij die rol goed vervullen.

De rol van het raadslid als verbinder laat in de analyse van Van Ostaaijen[49] zien dat het raadslid meer is dan een doorgeefluik van één of enkele meningen: "De verbinder haalt ook veel informatie uit de samenleving, maar zoekt actiever en is minder geïnteresseerd in individuele problematiek of opmerkingen over een collegevoorstel. De verbinder is vooral geïnteresseerd in wat er in het algemeen in (delen van) de samenleving leeft. Bovendien gebruikt de verbinder de informatie op een andere manier. Niet zozeer om een individueel probleem op te lossen of om op collegevoorstellen te reageren, maar om er als raadslid (en als raad) een bredere door

[47] Karsten, Niels, Zuydam, Sabine. Hoeder van de raad of functie zonder inhoud? Een beschouwing op het vicevoorzitterschap van de gemeenteraad. Tilburg University, in opdracht van Raadslid.Nu, 2017. Zie ook: http://www.raadslid.nu/content/vicevoorzitter-meer-dan-stand-voor-burgemeester.

[48] Ostaaijen, van, Julien. Hard naar het college, zacht naar de samenleving. Op zoek naar een nieuwe verbindende rol van de gemeenteraad. Tilburgse School voor Politiek en Bestuur, Tilburg University, Raadslid.Nu, april 2016, p.13.

[49] Idem, p.14.

(een deel van) de samenleving gedragen agenda van op te stellen en het college op te leggen." Om deze rol goed te kunnen uitvoeren, is het een vereiste dat raadsleden zoveel mogelijk in alle haarvaten van de lokale samenleving zijn vertegenwoordigd en daar actief ophalen wat er speelt.
Het mooiste is natuurlijk wanneer je als raadslid niet alleen sterk bent in de wijk en het dorp maar ook slim en handig bent in het stadhuis of gemeentehuis. Een voorbeeld daarvan is: hoe ga je als raadslid om met initiatieven? Je kunt dat als raadslid overlaten aan het college maar je kunt als raadsleden gezamenlijk, en dus als raad, ook zelf het initiatief nemen:[50]

Tabel 1: Verschillende rollen van de gemeenteraad bij kaderstellen

Het college neemt het initiatief	**1**	**De gemeenteraad krijgt zonder daar vooraf intensief bij betrokken te zijn geweest één pasklaar voorstel onder ogen om over te stemmen.**
	2	**De gemeenteraad wordt in het proces meegenomen, onder meer door (in)formele bijeenkomsten over het onderwerp, wat leidt tot één pasklaar voorstel om over te stemmen.**
	3	**De gemeenteraad krijgt meerdere, serieus uitgewerkte, opties onder ogen om over te stemmen.**
De raad neemt het initiatief	**4**	**De gemeenteraad neemt zelf initiatief en geeft het college opdracht één of meerdere gedachtegangen verder uit te werken.**
	5	**De gemeenteraad neemt zelf initiatief en werkt een kader samen met de griffie of (andere) ambtenaren verder uit. Het college komt er minimaal bij aan te pas.**

Om de rol van de gemeenteraad als verbinder in de huidige tijd goed vorm te geven, pleit Van Ostaaijen[51] voor gemeenteraden die zich vaker 'hard naar het college' en 'zacht naar de samenleving' opstellen. Met 'hard naar het college' wordt een gemeenteraad bedoeld die initiatief neemt en het college een eigen agenda durft op te leggen, zelfbewust is en met die houding juist ook zaken aan het college overlaat en daarnaast de eigen zwakheden kent en daarvoor samenwerking zoekt. Met 'zacht naar de samenleving' wordt bedoeld dat gemeenteraden en gemeenteraadsleden zich actiever verbinden met de vele lokale netwerken die de lokale samenleving kent, en meer ruimte laten voor initiatieven uit en in die samenleving.

In zijn essay over de bestuurlijke rol van de raad doet Van Ostaaijen een drietal praktische aanbevelingen hoe gemeenteraden het beste aan de slag kunnen om "hard naar het college" en "zacht naar de samenleving" te zijn:

1. Breng in kaart hoe hard of zacht de gemeenteraad zich opstelt.
   Inventariseer binnen de eigen raad hoe men zich in het verleden heeft opgesteld richting college en de inwoners. Luistert de raad naar de ideeën van de

[50] Idem, p.16.
[51] Idem, pp.26-27.

burger of laat hij zich leiden door strikt vastgelegd beleid van het college? Per beleidsterrein kan dit verschillen en juist daarom is het belangrijk, aldus Van Ostaaijen, om deze inventarisatie goed te maken.

2. Breng in kaart of er veranderingen noodzakelijk zijn in de rolopvattingen van de gemeenteraad.
   De raad hoeft niet bij ieder onderwerp wat in het gemeentehuis speelt even dominant aanwezig te zijn. Men zou in een gesprek kunnen verkennen of de raad daar zijn momenten goed in kiest en wat gewenste ontwikkelingen zijn. Zou de gemeenteraad bijvoorbeeld vaker of op andere onderwerpen initiatief richting college moeten nemen en is er genoeg ruimte voor eigen initiatief van inwoners?
3. Bespreek wie zich bekommert om de positie van de gemeenteraad.
   Het gesprek voeren over de rollen van de gemeenteraad en op basis daarvan keuzes maken, is een taak van de gehele raad. Als dat slechts door een (klein) deel ervan gedragen wordt, is het tot mislukken gedoemd. De vraag is dan ook wie is in essentie verantwoordelijk voor de positie van de gemeenteraad?

7. MAATWERK

De gemeenteraad wordt in Nederland gekozen volgens de spelregels van de representatieve democratie. Als raadslid krijg je een mandaat voor vier jaar op grond waarvan je wordt geacht de belangen voor je inwoners te behartigen en oog te hebben voor het algemeen belang van de gemeente. Door de afnemende opkomst bij verkiezingen wordt deze positie verzwakt. De pleidooien voor andere vormen van democratie en andere manieren van vaker en regelmatiger betrekken van inwoners krijgen daardoor meer ondersteuning. Welke vormen van burgerparticipatie en/of overheidsparticipatie in het geding zijn, laten we hier even buiten beschouwing. De kernvraag die je als raad bij aanvang van de raadsperiode zou moeten stellen is: wat voor raad wil je zijn en daarmee wat voor lokale democratie wil je in jouw gemeente? Die vraag gaat vooraf aan de vraag of je een lokaal referendum wil houden, een G1000 begint of burgers een buurtbegroting laat maken.

Als raad bepaal je niet zelf welke lokale democratie je wil zijn, maar doe je dat met je inwoners samen. Maak samen met de inwoners als het ware eerst een 'foto van de democratie' van jouw gemeente. Aan de hand van een dergelijke beschrijving van de eigen democratie kunnen raadsleden vervolgens vaststellen op welke wijze burgers het beste betrokken kunnen worden bij de eigen democratie. Dit is de kernboodschap uit het rapport "Raadswerk is Maatwerk – Hoe kun je als raad(slid) meer kleur geven aan de lokale democratie?[52]'

Raadsleden hebben de neiging om eerst en vooral met elkaar in discussie te gaan. Dat is vooral zichtbaar wanneer er sprake is van een politiek-bestuurlijke crisis. In

52 Graaf, de, dr. Laurens, Schaap, dr. Linze, Theuns, Michael. Raadswerk is Maatwerk, Hoe kun je als raad(slid) meer kleur geven aan de lokale democratie. Tilburgse School voor Politiek & Bestuur, Tilburg University, Raadslid.Nu, 5 april 2016.

dat geval sluiten de raadsleden en de overige politiek-bestuurlijke actoren zich op in het gemeentehuis en wordt niet of nauwelijks de samenleving betrokken, terwijl dat ook in dat geval wenselijk zou zijn.[53] Als het dus gaat om de deelname van inwoners aan de lokale democratie te vergroten, gaan raadsleden eerst met elkaar in debat over welke instrumenten zij willen inzetten. Dit soort debatten verzanden snel in politiek-dogmatische discussies, concluderen de schrijvers van Raadswerk is Maatwerk. Daarom doen raadsleden en dus gemeenteraden er verstandig aan om niet zelfstandig vast stellen hoe de kwaliteit van de lokale democratie er uit ziet. Het is zinvoller, zo bepleiten de schrijvers, om eerst als raadsleden onderling en met de lokale gemeenschap in gesprek te gaan over de kwaliteit van de lokale democratie aan de hand van de vijf aspecten van democratie (meedoen, burgerlijke vaardigheden, invloed, deliberatie en legitimiteit). In dat gesprek zouden vragen centraal moeten staan als:

1. Hoe scoort onze lokale democratie op de vijf aspecten van democratie: meedoen, vaardigheden, invloed, deliberatie en legitimiteit?
2. Welk beeld levert dat op? Gebruik hierbij de mogelijkheid om het gesprek door derden (griffie en de lokale rekenkamer(commissie) te laten organiseren om het gesprek uit politiek vaarwater te houden.
3. Overweeg het uitvoeren van een democratiescan, eventueel aan de hand van een soort visitatie van (gelote of juist actieve) bewoners, aangevuld met raadsleden die in andere gemeenten actief zijn. Of schakel hiervoor een extern (onafhankelijk) advies- of onderzoeksbureau in.
4. Op basis van de democratiescan kunnen raad en burgers met elkaar in gesprek gaan over wat wenselijk is.
5. Roep zo nodig een tijdelijke (raads)commissie in het leven (wellicht met burgerleden) om de lokale democratie te monitoren.

Nadat de raad, samen met de inwoners, heeft vastgesteld hoe de eigen democratie er uit ziet, komen de volgende vragen aan de orde. Wil de raad of de inwoners beter meedoen? Of wil de raad de invloed van de inwoners vergroten? Of gaat het om de legitimiteit van de eigen lokale democratie? Het rapport 'Raadswerk is

53 Graaf, de, dr. Laurens. De ene politiek-bestuurlijke crisis is de andere niet. Een onderzoek naar oorzaken, gevolgen van en oplossingsrichtingen voor politiek-bestuurlijke crises in Nederlandse gemeenten. Tilburgse School voor Politiek en Bestuur. Demos: Centrum voor Beter Bestuur en Burgerparticipatie. Universiteit van Tilburg, 1 april 2015.

Maatwerk' biedt aan de hand van vijf democratische aspecten een handig overzicht van wat het beste werkt:

Tabel 2: Hoe scoren de vijf vormen van democratie op de vijf democratische aspecten?

Democratisch aspect	Burger-participatie	Lokaal referendum	Overheids-participatie	Lottocratie en deliberatieve fora	Participatief begroten
Inclusie	🔴	🟢	🟡	🟡	🔴
Burgerlijke vaardigheden & deugden	🟢	🟡	🟡	🟡	🟡
Invloed	🟡	🟢	🟡	🟡	🟡
Deliberatie	🟡	🟡	🟡	🟢	🟡
Legitimiteit	🟡	🟢	🟢	🟢	🟡

Wat betekent deze thermometer van de lokale democratie? Als de raad bijvoorbeeld merkt dat inwoners te weinig meedoen en de gemeenteraad wil stimuleren dat inwoners meer meedoen (het vergroten van de zogeheten inclusie) dan doet de raad er verstandig aan om niet te beginnen met een participatief begrotingstraject. De raad kan dan beter een lokaal referendum houden. Wanneer de raad ervaart dat in haar eigen democratie burgers te weinig of ontbrekende vaardigheden en deugden hebben, die van belang zijn voor een goed functionerende eigen democratie, is het aan te raden voor de raad om te blijven inzetten op burgerparticipatie.

De thermometer laat aan de hand van de groene en rode bolletjes zien wat je als raad wel en niet het beste kan doen wanneer je wil dat burgers meer meedoen, dat hun burgerlijke vaardigheden ontwikkeld worden, ... en wat er nodig is als je de legitimiteit van de lokale democratie wil vergroten. Deze do's en don'ts vormen dus de belangrijkste adviezen en tips aan de gemeenteraad om de participatie van inwoners professioneler en op een volwassen wijze aan te pakken en te organiseren.

Resteert de vraag of je dit soort type maatwerk om je eigen lokale democratie te bepalen allemaal zelf moet bedenken en organiseren? Als belangrijkste ondersteuner heb je de raadsgriffier die je daarbij kan helpen. Een groot deel van de raadsgriffiers heeft een proactieve rolinvulling en ziet het als een taak en uitdaging om de raad daarmee te helpen. In bijna de helft van alle gemeenten heeft de raadsgriffier te weinig ruimte om die rol te vervullen, gericht op zowel betere kwaliteit van de raad als op de zogeheten omgevingsgerichte invulling van de raad. "De uitdagingen waar gemeenteraden mee worden geconfronteerd, vragen om investeringen in adequate ondersteuning door een professionele griffier", aldus Renée Wiggers, voorzitter van de Vereniging van Griffiers in reactie op het ambtsonderzoek naar de rol en positie van de griffier zoals dat in 2016 is uitgevoerd.[54]

Welke rol de griffier neemt of krijgt, wordt bepaald door de gemeenteraad. De raad bepaalt niet alleen wat voor type lokale democratie er in de gemeente bestaat, maar ook bepaalt de raad daarmee wat zijn eigen rol daarbij is en daarmee welke ondersteuning (door de raadsgriffie) nodig en wenselijk is. Een activistische houding, gericht op een sterkere positie van raadsleden en van de gemeenteraad als totaliteit is daarbij geen vanzelfsprekendheid, zo onderstreept Van Ostaaijen[55] met het citeren van Castenmiller:[56] "Mensen die beginnen, of actief blijven in het raadswerk, beschouwen de bestaande situatie als vanzelfsprekend en willen daar maar weinig aan veranderen. Hooguit willen ze iets comfortabeler (met betere ondersteuning of een betere vergoeding) min of meer hetzelfde blijven doen. Mensen die zich best zouden willen inzetten voor de lokale gemeenschap, maar daarbij niet willen meegaan in het klassieke patroon en de daarbij horende tijdsbesteding, worden hierdoor in feite 'afgeschrikt'".

8. DRIJFZAND

Van raadsleden wordt verwacht dat zij niet alleen in hun gemeente de lokale belangen behartigen. Gemeenten voeren vele taken, bijvoorbeeld afvalverwerking en taken in (jeugd)zorg, maatschappelijke ondersteuning en participatie uit in regionale samenwerking, vaak als een vorm van verlengd lokaal bestuur. Raadsleden dienen daarom oog te hebben ook voor regionale belangen en – wanneer zij regionaal bestuurlijk actief zijn voor hun gemeente – dienen zij ook nadrukkelijk een afweging te maken tussen regionaal en lokaal belang.
Regionale samenwerking is voor raadsleden als drijfzand. Raadsleden hebben en krijgen geen grip op regionale samenwerking:[57] zij zijn ontevreden over de mogelijkheden om regionale besluitvorming te beïnvloeden. Hun vertrouwen in wethouders en burgemeesters die de belangen in de regio moeten verdedigen is niet erg groot. Slechts een derde deel van de raadsleden heeft er vertrouwen in dat de lokale bestuurders in de regio bekwaam zijn om de belangen te verdedigen.

---

[54] Hulst, van, dr. Merlijn, Kruyen, dr. Peter, Schaap, dr. Linze, Van Ostaaijen, dr. Julien. Griffier in de Gemeente Geschetst. Het ambt anno 2016. Tilburg University en Radboud Universiteit, in opdracht van Vereniging van Griffiers, juli 2016.

[55] Ostaaijen, van, Julien. Hard naar het college, zacht naar de samenleving. Op zoek naar een nieuwe verbindende rol van de gemeenteraad. Tilburgse School voor Politiek en Bestuur, Tilburg University, Raadslid.Nu, april 2016, p.9.

[56] Castenmiller, P. Innovatie in het raadswerk. Jaarboek Vereniging van Griffiers, Den Haag: Sdu Uitgevers, 2012, p.42.

[57] Raad & Regionale Samenwerking 2017, Landelijk Raadsledenonderzoek over grip en controle op regionale samenwerking, gemeenschappelijke taken en herindeling, Raadslid.Nu, Dordrecht/Den Haag, 14 december 2017.

Het is niet verwonderlijk dat raadsleden het toenemend aantal gemeenschappelijke regelingen daarom als een bedreiging voor de lokale democratie beschouwen. De mate van invloed en controle op regionale samenwerking wordt in 2017 als even bedreigend en gebrekkig ervaren als in 2013, toen een gelijksoortig landelijk onderzoek onder raadsleden is gehouden. Dat is opvallend[58] omdat in deze periode van vier jaar vanwege de overheveling van taken voor (jeugd)zorg, participatie en ondersteuning (het sociaal domein) door gemeenten veel is gedaan om raadsleden beter in positie te brengen.
Raadsleden hebben een eigen verantwoordelijkheid om de positie van de raad in de regio te versterken:[59] raadsleden die actief zijn in de regio krijgen zelden (48%) of nooit (8%) feedback op hun raadswerkzaamheden in de regio. Bovendien is er niet of nauwelijks overleg met collega-raadsleden uit andere gemeenten: 76% van de raadsleden die actief zijn in de regio heeft hooguit één keer per maand informeel overleg met raadsleden van verschillende gemeenten. Het belangrijkste informatiekanaal om te vertellen wat er in de regio is voorgevallen, is voor raadsleden die actief zijn in de regio de eigen fractie. Nog geen kwart van de in de regio actieve raadsleden gebruikt de raadsvergadering om de collega's in de eigen gemeenteraad bij te praten over wat er in de regio speelt.
In het regeerakkoord van het nieuwe kabinet-Rutte III staat dat gemeenteraden extra instrumenten zouden moeten krijgen om zo nodig te kunnen ingrijpen om de politieke verantwoording te verbeteren.[60] Raadsleden is in het aangehaalde landelijke raadsledenonderzoek over regionale samenwerking gevraagd wat zij wenselijk achten. Twee middelen schieten er daarbij voor raadsleden bovenuit: 54% van de raadsleden wil de mogelijkheid hebben om besluiten ongeldig te kunnen verklaren. En 47% van de raadsleden wil de mogelijkheid om deelname aan samenwerking te kunnen beëindigen. Daarnaast vindt 33% van de raadsleden dat er de mogelijkheid moet zijn om de verantwoordelijke bestuurder te schorsen. 24% wil graag de verantwoordelijke directie uit zijn functie kunnen zetten. Formeel zijn het geen nieuwe instrumenten, maar de uitkomsten brengen vooral tot uitdrukking welk gevoel van machteloosheid raadsleden hebben als het gaat over regionale samenwerking. Wie de interviews en de reportages leest in de serie "In de ban van regionale samenwerking[61]" over de pogingen van raadsleden in Twente, West-Brabant en Drechtsteden om greep te krijgen op regionale samenwerking vindt daarvoor tal van voorbeelden die bijdragen aan het beeld dat de democratische legitimiteit van gemeenschappelijke regelingen in toenemende mate in gevaar komt.

Illustratief is dat raadsleden wethouders, laat staan burgemeesters, nauwelijks afrekenen op falen in regionale samenwerking. De valpartijen van wethouders op falende regionale samenwerking zijn op de vingers van een hand te tellen en beper-

58 idem, pp.4-5.
59 Raad in verbinding in de regio, Raadsledenonderzoek over de verbinding tussen raadsleden in de regio en hun gemeenteraad. Raadslid.Nu, Nederlandse Vereniging voor Raadsleden, Den Haag, oktober 2017.
60 Vertrouwen in de toekomst. Regeerakkoord 2017-2021. VVD, CDA, D66 en Christenunie. 10 oktober 2017, p.7.
61 Afleveringenreeks "In de ban van regionale samenwerking": http://www.raadslid.nu/content/afleveringenreeks-de-ban-van-regionale-samenwerking-1

ken zich tot wethouders die ten val kwamen over een tekort van enkele miljoenen bij de GGD Zuid-Holland West (Zoetermeer, 2012), extra uitgaven sociale zaken in samenwerking met een buurgemeente (Rhenen, 2012), omstreden keuze over met welke gemeenten sociale zaken in samenwerking uit te voeren (Schinnen, 2013) en miljoenentekorten in de samenwerking met buurgemeente Montfoort (IJsselstein, twee collegecrises in 2017).[62]

Herindeling geldt als een mogelijk, maar vaak niet wenselijk alternatief om het democratisch tekort in regionale samenwerking en daarmee de positie van de raad te versterken. Andere voorstellen en gedachten zijn ook geopperd. Als het aan topambtenaren ligt, moeten raadsleden bij de raadsverkiezingen van 2018 worden verkozen op hun regionale oriëntatie.[63] Deze groep van vijf topambtenaren voerde gesprekken met 235 wetenschappers, bestuurders en vertegenwoordigers uit het bedrijfsleven, waaronder 26 burgemeesters en tien wethouders maar met geen enkel raadslid (!). Een van de andere opvallende voorstellen was dat de gemeenteraad wethouders selecteert en benoemt en burgemeesters voordraagt die ook "denken in het belang van de regio".
Meer praktische werkwijzen lijken meer kans van slagen te hebben. De Universiteit van Twente maakte in opdracht van Raadslid.Nu, Nederlandse Vereniging voor Raadsleden een handreiking "Greep op het ongrijpbare"[64] om gemeenteraden en raadsleden een houvast te bieden bij het zoeken naar passende vormen van controle en verantwoording bij het optreden van het gemeentebestuur in allerlei vormen van verplaatst bestuur. De achtergronden van de noodzaak voor dit soort passende voorbeelden waren eerder in opdracht van Raadslid.Nu door Denters beschreven in: Controle en verantwoording in een veranderend lokaal bestuur.[65] De voorbeelden in de handreiking laten zien hoe in Rotterdam een afwegingskader de raad kan helpen in het debat over het aangaan, vormgeven, onderhouden en eventueel beëindigen van een samenwerkingsrelatie. In een ander voorbeeld, uit Venlo, wordt in de Digitale Samenwerkingwijzer elke vorm van samenwerking in beeld gebracht alsook de resultaten van samenwerkingen. Zo krijgen raadsleden op een eenvoudige wijze informatie over de samenwerkingsvormen, wat de controle ten goede komt.[66]

Zoals al is beschreven kunnen raadsleden elkaar ook beter op de hoogte houden en meer en beter overleggen met elkaar. Want de praktijk, zo blijkt uit het onderzoek onder raadsleden in Drechtsteden, West-Brabant, Utrecht, Twente en Eindhoven-Helmond, laat zien dat raadsleden die actief zijn in de regio niets horen van col-

---

62 Bijna 200 wethouders gestopt in 2012, Wethoudersonderzoek 2012, DeCollegetafel, 3 januari 2013, zie: http://www.decollegetafel.nl/index.php?page=bijna-200-wethouders-gestopt; Wethouders stranden in het zicht van de haven, Wethoudersonderzoek 2013, DeCollegetafel, 17 januari 2014, zie: http://www.decollegetafel.nl/index.php?page=wethouders-stranden-in-het-zicht-van-de-haven; Wethoudersonderzoek 2017, DeCollegetafel, 11 januari 2018.

63 Maak Verschil. Krachtig inspelen op regionale-economische opgaven. Studiegroep Openbaar Bestuur. Den Haag, 15 maart 2016.

64 Denters, prof. dr. Bas, Klok, Pieter-Jan, Kranenburg, Anieke, Greep op het ongrijpbare. Handreiking nieuwe vormen van controle en verantwoording in een samenwerkend lokaal bestuur. Universiteit Twente, Raadslid.Nu, Nederlandse Vereniging voor Raadsleden, 2017.

65 Controle en verantwoording in een veranderend lokaal bestuur. Prof. Bas Denters, University of Twente, Raadslid.Nu, Nederlandse Vereniging voor Raadsleden, 23 november 2015.

66 Zie ook: http://www.raadslid.nu/content/handreiking-greep-op-het-ongrijpbare.

lega's.[67] Het belangrijkste informatiekanaal om te vertellen wat er in de regio is voorgevallen, is voor raadsleden die actief zijn in de regio de eigen fractie. Nog geen kwart van de in de regio actieve raadsleden gebruikt de raadsvergadering om de collega's in de eigen gemeenteraad bij te praten over wat er in de regio speelt.

De raadsleden hadden ook adviezen voor de nieuwe raadsleden die aantreden na de raadsverkiezingen van 2018. Vaak wordt vergeten hoe belangrijk regionale samenwerkingsverbanden zijn, stellen de raadsleden in dit onderzoek. Neem regionale samenwerking dus serieus en laat je goed informeren door het bezoeken van informatiebijeenkomsten is het meest genoemde advies. Om tijd te besparen en efficiënter te werken kan het nuttig zijn om samen te werken met collega-fracties van je eigen partij in de andere gemeenten of een raadsrapporteur namens de gehele raad aan te stellen voor een regionaal samenwerkingsverband. Focus je als raadslid daarbij op de inhoud en niet op het proces en stel speerpunten op is het devies. Zij adviseren ook dat het belangrijk is om tijdig een gezamenlijke visie namens de gehele gemeenteraad te ontwikkelen, ondanks de verschillende opvattingen die er zijn. 'Bespreek lokaal wat je regionaal wilt brengen' is het advies, maar hou daarbij het verschil tussen lokale en regionale belangen goed voor ogen. Om als gemeenteraad voldoende zicht te houden is het cruciaal om aan de voorkant informatie te verzamelen en betrokken te zijn in de beleidsbepalende fase. Of zoals een raadslid opmerkt in de toelichting bij het onderzoek: 'Laat het geen feestje van B&W worden'.

Wie zorgt er voor een sterkere positie van de raad in het drijfzand van de regionale samenwerking naast de raad zelf? Er ligt zeker een rol voor de griffier als ondersteuner van de raad. In sommige regio's heeft de griffier ervoor gezorgd dat agenda's en informatiestromen op elkaar zijn afgestemd, zodat gemeenteraden op een gelijk moment zich kunnen uitspreken over regionale afspraken. De griffier kan veel meer betekenen voor het profileren van de gemeenteraad in regionale samenwerking tegenover het college. Slechts één derde van de griffiers vindt het belangrijk om bijeenkomsten te organiseren van de eigen raadsleden met raadsleden van buurgemeenten. Ook wil slechts een klein deel van de griffiers de regie nemen op een betere inrichting van regionale samenwerking. Bovendien blijkt dat slechts twee derde van de griffiers het van groot belang vindt om de raadsleden te attenderen op bestuurlijke trends in de lokale en bovenlokale samenleving. Het zijn opvallende uitkomsten zo stellen de Tilburgse en Nijmeegse onderzoekers[68] en zij stellen daarom de vraag wat de terughoudendheid van de griffiers om de raad te profileren en goed in positie te brengen betekent. Juist regionale samenwerking en regionalisering worden door veel raadsleden al enkele jaren gevoeld als belangrijke kernproblemen waarop de raad (te) weinig invloed heeft. Volgens de onderzoekers is de positie van de gemeenteraad als hoogste bestuursorgaan in het geding. Zij menen

[67] Raad in verbinding in de regio, Raadsledenonderzoek over de verbinding tussen raadsleden in de regio en hun gemeenteraad. Raadslid.Nu, Nederlandse Vereniging voor Raadsleden, Den Haag, oktober 2017, zie ook: http://www.raadslid.nu/content/raadsleden-actief-regio-horen-niets-van-hun-collega%E2%80%99s.

[68] Hulst, van, dr. Merlijn, Kruyen, dr. Peter, Schaap, dr. Linze, Van Ostaaijen, dr. Julien. Griffier in de Gemeente Geschetst. Het ambt anno 2016. Tilburg University en Radboud Universiteit, in opdracht van Vereniging van Griffiers, juli 2016, p.33 e.v.

dat de griffier de kans heeft om daar wat aan te doen, maar daarvoor is het wel belangrijk dat er een goede relatie is met de werkgeverscommissie uit de gemeenteraad. Twee aanbevelingen in het gezamenlijke rapport[69] over het raadsledenonderzoek over de raad als werkgever van de griffiers spreken daarom boekdelen.

Ten eerste: de gemeenteraad als geheel is zich bewust c.q. maakt zich bewust van de positie die hij heeft ten opzichte van de griffie(r) en de werkgeverscommissie uit de raad en geeft aan de werkgeversfunctie van de raad uitvoering op basis van het mandaat van diezelfde raad. Ten tweede: het eerste gesprekspunt voor de nieuwe werkgeverscommissie van de raad is de vraag: wat voor raad willen we zijn en welk takenpakket en welke opstelling van de griffier passen bij die ambities?

Voor de hand ligt ook dat de burgemeester een rol krijgt, maar deze heeft een dubbelrol. Hij is voorzitter van het college en voorzitter van de gemeenteraad. In de praktijk kiest sinds 2002 de raad de burgemeester. Feitelijk – wanneer raadsleden die in de vertrouwenscommissie zitten zich bewust zijn van hun rol en positie – selecteert de raad wie er op gesprek komt (sommige commissarissen van de koning proberen dat nog altijd met een eigen agenda te beïnvloeden), en wie uiteindelijk de beste kandidaat is waarna de raad de keuze maakt voor wie formeel wordt aanbevolen. Sinds 2002 is de aanbeveling altijd gevolgd door de Kroon (Koning en minister). Of dit proces verandert, hangt af van het initiatiefvoorstel tot afschaffing van de Kroonbenoeming dat in tweede lezing door het parlement wordt behandeld.

Tot slot zou ook de vicevoorzitter van de raad zich kunnen bekommeren om de belangen van de raad en het functioneren van de gemeenteraad als geheel. We stelden al vast dat de vicevoorzitter in het Nederlandse lokaal bestuurlijke systeem nog geen uitgekristalliseerde rol heeft.

9. Zelfbewust

Wanneer raadsleden een sterke, zelfbewuste raad willen zijn, hebben zij dat zelf in de hand. Raadsleden gaan over hun eigen agenda, raadsleden gaan over het budget. Nu is het in Nederland zo dat raadsleden vooral zuinig zijn op zichzelf. Voor onderzoek (accountant, rekenkamer,...), voor ondersteuning (de eigen griffie) en opleiding (voor de raad zelf) is minder dan één procent van de gemeentebegroting beschikbaar.[70] Om een opvallend punt te noemen: in dertien procent van de gemeenten doet het college van burgemeester en wethouders de voorstellen voor het aanpassen van de budgetten voor de gemeenteraad. In dertig procent van de gemeenten doet het college dat in overleg met het presidium, fractievoorzittersoverleg, seniorenconvent en/of griffier. Het reserveren van aparte posten op de begroting voor de ondersteuning van de raad (griffie, raadscommunicatie, Rekenka-

[69] De raad als werkgever van de griffie(r). Raadsledenonderzoek over de werkgeversfunctie van de gemeenteraad. Raadslid.Nu, Nederlandse Vereniging voor Raadsleden, Den Haag, november 2017, p.2.

[70] Zelfstandig Raadsbudget: http://www.raadslid.nu/content/zelfstandig-raadsbudget.

mer) en algemene opleidingen voor de raad, raadsleden en griffie zijn nog niet vanzelfsprekend in alle gemeenten.

Er valt dus wat te winnen voor een raad om in een meer evenwichtige balans te komen met het college en niet te schromen om wat meer budget voor eigen ondersteuning, onderzoek en opleiding te reserveren. Eerder in deze bijdrage werd er al op gewezen dat democratische vernieuwing een kans biedt voor gemeenteraden om op zelfbewuste wijze het initiatief naar zich toe te trekken. De conclusie was dat de raad verbinding zoekt met initiatieven in de samenleving, en dat vraagt dat gemeenteraden en gemeenteraadsleden zich goed moeten kunnen toerusten, en dat zij passende kennis en competenties kunnen verwerven. Bewustzijn over meer en betere toerusting is daarvoor een noodzaak.[71]

Een aantal gemeenteraden heeft zelfbewust het formatieproces naar zich toegetrokken door zelf een raadsprogramma te maken. In Utrechtse Heuvelrug schreven acht partijen een raadsprogramma en vervolgens is daar een college bijgezocht. Op deze manier wordt het debat meer gevoerd op thema's waar de echte verschillen zijn en is er minder "gehakketak" in de raad: de overeenkomsten vormen namelijk de basis, en niet de verschillen.[72]

De raad kan ook zelf bepalen wie de wethouder wordt. Er wordt dan gemorreld aan het prerogatief dat een coalitiefractie zelf uitmaakt wie wethouder wordt. Niet alleen de andere coalitiepartners, maar ook de gehele raad is in het proces betrokken wie wethouder wordt. In de gemeente Kaag en Braassem leidde het er toe dat in de raadsperiode 2014-2018 de raad bepaalde op basis van een raadsbreed akkoord wie er wethouder werd en zo gebeurde het dat een wethouder van een lokale partij werd opgevolgd door een wethouder van een landelijke partij, zonder dat er sprake was geweest van een coalitiebreuk.[73]

Belangrijk is ook dat de raadsleden in de raad, bij voorkeur buiten een reguliere raadsvergadering, met elkaar het gesprek voeren over integriteit, intimidatie, ondermijning, agressie en geweld. Hoe ga je met elkaar om wanneer een van de raadsleden met agressie of intimidatie wordt geconfronteerd? Een open gesprek? Een gesprek achter gesloten deuren? Het begint er mee dat raadsleden minimaal één keer per jaar met elkaar het gesprek voeren over hoe het gesteld is met integriteit en of de integriteits- en gedragscodes die er zijn worden nageleefd en welke kwesties er zijn geweest. Dit is geen eenvoudig gesprek want het verlangt van een omgeving, die getekend wordt door meningsverschillen en politieke strijd, dat er een veilige omgeving is waarin raadsleden open en veilig kwesties als integriteit, intimidatie en agressie bespreekbaar kunnen maken. Een raad die sterk, krachtig en zelfbewust is en niet wordt gedomineerd door een te veel aan politieke strijd is daartoe in staat.

---

71 Eigeman, J., Fonds toerusting gemeenteraadsleden. Investeren in democratische impact voor kennisontwikkeling en toerusting van raadsleden, Raadslid.Nu, december 2016-januari 2017, p.3.

72 Denk jong, fris en creatief als raad. http://www.raadslid.nu/content/denk-jong-fris-en-creatief-als-raad. Raadslid.Nu, Dag voor de Raad, 20 maart 2017.

73 Wethouder geselecteerd door gemeenteraad. http://www.raadslid.nu/content/wethouder-geselecteerd-door-gemeenteraad.

10. Leren

Eén van de grootste valkuilen voor nieuwe raadsleden is bij aanvang van de periode dat zij te horen krijgen van de oude rotten: prima, maar we doen het hier zo, kijk maar eens een tijdje mee hoe het gaat en werkt. Tegelijkertijd is het natuurlijk zo dat raadsleden het meeste van elkaar kunnen leren. Dat is niet alleen in bijeenkomsten van raadsleden, maar gebeurt ook op een andere wijze. In het raadsledenonderzoek "Werkdruk van raadsleden"[74] hebben raadsleden diverse lessen en tips voor nieuwe raadsleden om te voorkomen dat zij ook met hoge werkdruk te maken krijgen:

- afspraken maken over werk- en taakverdeling;
- keuzes maken, selecteren en prioriteiten stellen;
- focus op hoofdlijnen; probeer niet alle dossiers bij te houden;
- leer snel en selectief te lezen; niet alles willen lezen;
- generalist en duik niet in de details;
- *pick your battles*: alles doen is niet mogelijk;
- blijf dicht bij jezelf, laat je niet gek maken;
- regel voldoende ondersteuning;
- zorg dat je een goede balans hebt tussen werk, privé en raadswerk en zorg voor voldoende ontspanning.

Raadsleden geven in het onderzoek over werkdruk ook een waarschuwing voor als je als nieuw raadslid wil beginnen:

- Bezint eer ge begint; denk goed na voordat je raadslid wordt;
- Dwing ambtenaren korte en bondige stukken te presenteren;
- Er is veel tijd te besparen door, indien ze worden verstrekt, de conclusies en aanbevelingen te bestuderen en niet de lijvige rapporten te lezen want daarvoor heb je geen tijd.

Kennis is belangrijk, even zo goed als het vermogen om je vaardigheden als raadslid effectief in te zetten. Een probleem, zeker bij kennisoverdracht, is het grote verloop onder raadsleden. Bij de raadsverkiezingen in 2014 was het aantal nieuwe raadsleden in de tien grootste Nederlandse gemeenten aanzienlijk: het liep uiteen van 17 nieuwe raadsleden op een totaal van 39 raadsleden in Nijmegen tot 33 nieuwelingen op een raad van 45 in Amsterdam (http://www.raadslid.nu/content/forse-vernieuwing-gemeenteraad).

Om als raadslid het ambt van raadslid goed te kunnen vervullen, gaat het in de kern om houding en gedrag en daarmee of je je bewust bent van je rol en positie. Moet je daarvoor hoogopgeleid zijn? Dat is niet nodig. In beginsel kan elke inwoner het ambt van raadslid vervullen, en zo is dat in de wet ook vastgelegd. Om een goed raadslid te zijn, is het nog best wel een uitdaging. Het begint met goed nadenken en je gezond verstand te gebruiken. Het is ook een van de belangrijkste collectieve competenties van de raad: als geheel is de gemeenteraad uitstekend in staat om

74 Werkdruk van raadsleden. Onderzoek naar zwaarte functie en werkbeleving gemeenteraadsleden. Eindrapport Raadslid.Nu, Ned. Vereniging voor Raadsleden, 5 september 2017. Uit het onderzoek blijkt dat 86% van de raadsleden een hoge tot zeer hoge werkdruk ervaart om het raadswerk uit te voeren. Drie van de vier raadsleden doet het raadswerk naast een gewone baan en/of heeft ook nog een gezin.

vast te stellen wie van de bestuurders (en van de collega's) het algemeen belang van de gemeente voorop stelt, en wie zijn focus meer heeft op het individuele, specifieke (eigen)belang.
Is er meer opleiding en ondersteuning nodig? Uit diverse onderzoeken onder raadsleden die Raadslid.Nu heeft gehouden in de huidige raadsperiode blijkt dat raadsleden het zelf onderstrepen. Om de gemeenteraad effectiever te laten functioneren en zijn positie als hoogste bestuursorgaan waar te maken, is meer opleiding en betere ondersteuning nodig. Ook dient de raad zich minder te verliezen in details en zouden raadsleden beter en meer naar elkaar moeten luisteren.[75]

Op het landelijke raadsledencongres voor raadsleden en kandidaat-raadsleden is op 20 januari 2018 het basis opleidingsprogramma raadsleden[76] gepresenteerd. Dit is de eerste aanzet voor een professionele beschrijving van het opleiden, trainen en toerusten van gemeenteraadsleden.

Het doel van het opleidingsprogramma is het inhoudelijk functioneren van raadsleden versterken (1), de aantrekkelijkheid van het ambt van raadslid vergroten (2) en de employability van raadsleden verhogen (3) door raadsleden via het programma een aantoonbare persoonlijke ontwikkeling te bieden, waar zij tijdens en ook na hun ambtstermijn als professional baat bij hebben.

Het programma biedt raadsleden een overzicht dat hen helpt een eigen ontwikkelroute vorm te geven, een platform om elkaar te inspireren elkaars verschillen te benutten en een handvat om de verschillende rollen die een raadslid heeft te vervullen beter te leren beheersen.

Het opleidingsprogramma neemt de rol van het raadslid als volksvertegenwoordiger als uitgangspunt. Dat lijkt logisch maar is gezien de discussie over de drie rollen van het raadslid sinds de invoering van de dualisering een herbezinning op het perspectief dat in de praktijk wordt toegepast. Volgens de leerlijnen van de dualisering heeft een raadslid een volksvertegenwoordigende, kaderstellende en controlerende rol. Het nieuwe opleidingsprogramma neemt de volksvertegenwoordigende rol als vertrekpunt en beschrijft een leer- en ontwikkelprogramma dat er vervolgens op is gericht hoe een raadslid vanuit de volksvertegenwoordigende rol politieke belangen behartigt, kaders en richting aangeeft en optreedt als controleur. Om dat betekenisvol te kunnen doen en om publieke waarde te creëren is het nodig dat raadsleden zichzelf ontwikkelen qua kennis, vaardigheden en op houding en gedrag. Om zo een sterk en krachtig raadslid te worden, biedt de beste mogelijkheden om een bijdrage te leveren aan het versterken van de democratische rechtsstaat.

---

75 Raadslid.Nu, Rol en positie van de gemeenteraad, 7 september 2017. http://www.raadslid.nu/content/versterking-rol-en-positie-raad-vraagt-extra-opleiding-en-ondersteuning.
Zie ook: De raad als werkgever van de griffie(r). Raadsledenonderzoek over de werkgeversfunctie van de gemeenteraad. Den Haag, november 2017, pp.7-8 met tips en adviezen van raadsleden voor raadsleden over de werkgeversfunctie van de raad.

76 Basis opleidingsprogramma voor raadsleden. Voor effectieve volksvertegenwoordigers in tijden van verandering. Universiteit Leiden, Centre for Professional Learning, Den Haag, 20 januari 2018.

Bij de presentatie onderstreepte minister van Binnenlandse Zaken, Kajsa Ollongren, dat het belangrijk is dat raadsleden zelf investeren in leren, opleiden en toerusten. Zij riep raadsleden op niet te schromen in zichzelf te investeren en zich niet te laten leiden door de waan van de dag. "Waar bijscholing in bijvoorbeeld de medische sector de normaalste zaak van de wereld is, zorgt de waan van de dag en de politieke druk al snel dat politieke gezagsdragers dit uitstellen." Een betere raad willen zijn begint dus, aldus de bewindsvrouw, bij investeren als raad en raadsleden in zichzelf.

11. Kapers

Raadsleden zitten in het ontwikkelproces om een sterk, krachtig raadslid te worden in een sterke raad die er toe doet nog volop in de puberteit. Het is vallen en opstaan. Het is leren hoe het werkt in de grote mensenwereld. Dat klinkt gek wanneer we beseffen dat raadsleden als volksvertegenwoordigers al vanaf het begin van onze parlementaire democratie hiervan deel uitmaken. Raadsleden zijn altijd partijpolitiek georganiseerd geweest maar pas sinds 2005 ook langs niet-politieke lijnen omdat toen voor het eerst een raadsledenvereniging is opgericht. Pas sindsdien en het bijzonder in de huidige raadsperiode is volop geïnvesteerd in zichtbaarheid en onderzoek over de rol en positie van de gemeenteraad, zie daarvoor de publicaties van Raadslid.Nu die door diverse universiteiten, hogescholen en deskundigen zijn uitgevoerd.[77] Er is echter een achterstand. De burgemeester en de andere actoren in het gemeentehuis die professioneel dag in, dag uit met hun rol en positie bezig zijn, hebben een voorsprong, ook in het professioneel nadenken over en het ontwikkelen van hun rol. Dat maakt het spannend voor raadsleden en de raad om in tijden van verandering de eigen positie te (her)definiëren. Bovendien weten we niet hoe het systeem van de lokale democratie er gaat uitzien wanneer de aanstellingswijze van de burgemeester wordt veranderd. Nu is het nog zo dat de gemeenteraad de enige is met een directe legitimatie van de inwoners. Hoe worden de verhoudingen wanneer ook de burgemeester een directe kiezerslegitimatie krijgt? Houden we in de polderende traditie van de Nederlandse waterschapsdemocratie een balans tussen bestuurders en volksvertegenwoordigers? De proloog op dit debat is door de kwestie-Brunssum[78] al gestart. De voorzitter van het Genootschap van Burgemeesters en de vicevoorzitter van de Vereniging van Nederlandse Gemeenten pleitten voor nieuwe bevoegdheden, een pleidooi dat vanuit bestuurskundige kring als 'zeer onverstandig' is afgewezen.[79]

---

77 Raadslid.Nu, publicaties: http://www.raadslid.nu/content/publicaties-1.

78 Burgemeester Winants van de gemeente Brunssum trad in het najaar van 2017 af omdat hij te weinig instrumenten had om de benoeming door de raad van een in zijn ogen niet-integere wethouder tegen te houden.

79 Fleurke, F., Burgemeesters baas van de raad maken? Een bijzonder onverstandig voorstel. Trouw, 4 januari 2018.

12. Slot

Raadsleden willen minder gemeentehuis en meer op straat.[80] Raadsleden zijn als gemeenteraad de baas van de gemeente, maar krap de helft beschouwt zichzelf ook daadwerkelijk als het hoogste bestuursorgaan. Raadsleden willen meer ondersteuning en opleiding om het raadswerk beter en krachtiger te kunnen doen. Het gezag en de legitimatie van de gemeenteraad wordt uitgehold omdat de raad minder aanzien heeft en minder zichtbaar is. Politieke strijd is onderdeel van de gemeenteraad maar op te veel politieke conflicten zitten de inwoners gek genoeg niet te wachten. Inwoners willen dat maatschappelijke knelpunten worden opgelost. Raadsleden wordt daarom aanbevolen overmatige politisering te voorkomen.[81]

Is het een taak van het college, de burgemeester, de griffier of van de ambtenaren om raadsleden beter in positie te brengen? Het mag duidelijk zijn dat raadsleden zelf verantwoordelijk zijn voor de rol en positie van de gemeenteraad. Of de raad gezaghebbend en invloedrijk is en daarmee een hoog aanzien heeft onder de inwoners, hebben gemeenteraadsleden zelf in handen. Om een sterke gemeenteraad te zijn die er toe doet, bepalen raadsleden zelf of de volksvertegenwoordigende rol ook echt hun belangrijkste rol is. Raadsleden bepalen de democratische kwaliteit van besluitvormingsprocessen en kunnen zo bijdragen aan een sterkere, lokale democratie. Wat meer loyaliteit voor de raad als assemblee en hoogste gezaghebbend publieke orgaan in de gemeente kan daarbij zeer behulpzaam zijn.

---

[80] Nationaal Raadsledenonderzoek 2017, Daadkracht in samenwerking met Raadslid.Nu, Nijmegen 2017, Vijfde trendonderzoek naar de tijdsbesteding en werkzaamheden van raadsleden. Het Nationaal Raadsledenonderzoek is eerder uitgevoerd in 2007, 2009, 2012 en 2014. Zie ook: http://www.raadslid.nu/content/nationaal-raadsledenonderzoek-2017.

[81] 15,9 uur. De verbindende rol van het raadslid in een vitale democratie. Raad voor het openbaar bestuur. ISBN 978-90-5991-095-9. Den Haag, april 2016, pp.21-22.

GEMEENTERAADSLEDEN EN NIEUWE DEMOCRATIE: EEN ZOEKTOCHT NAAR NIEUWE ROLLEN

Laurens de Graaf, Linze Schaap en Michael Theuns

1. INLEIDING

"*Er is iets vreemd aan de hand met de democratie: iedereen lijkt ernaar te verlangen, maar niemand gelooft er nog in.*" Dit citaat van David van Reybrouck (2013: 9) omschrijft kort maar krachtig de tendens van zowel het wetenschappelijke als het maatschappelijke debat over democratie. De oorzaak van dit probleem is volgens Van Reybrouck een "*Democratisch Vermoeidheidssyndroom*", tot uitdrukking komend in symptomen als "*kiezersverzuim, kiezersverloop, leegloop van de partijen, bestuurlijk onvermogen, politieke verlamming, electorale faalangst, rekruteringsschaarste, compulsieve profileringsdrift, chronische verkiezingskoorts, afmattende mediastress, achterdocht, onverschilligheid en andere hardnekkige krampen*" (van Reybrouck, 2013: 21-22).

Hoewel de term 'democratisch vermoeidheidssyndroom' nieuw is, is het probleem dat niet. In wetenschappelijke kringen worden veel van de door Van Reybrouck genoemde ziektesymptomen van de representatieve democratie al jaren benoemd en onderschreven. Bovens en Wille noemden het vertrouwen van de burger in de politiek een aantal jaren geleden al een 'bron van zorg' (2008: 32). Ook signaleren zij een gebrekkige representativiteit, in de vorm van een relatief hoog percentage hoger opgeleiden onder volksvertegenwoordigers (Bovens & Wille, 2011). Van Biezen (2014) wijst op het veranderende karakter van politieke partijen, die het contact met de samenleving langzaam verliezen en op die manier nog nauwelijks de burger representeren. "*De Nederlandse democratie piept en kraakt onder achterstallig onderhoud. Maar de gedachte aan democratische vernieuwing lijkt dood en begraven*", stelt Pels (2011: 209). Hendriks (2012: 52) spreekt van een "*geloofwaardigheidsprobleem*".

Alle bovengenoemde uitspraken richten zich op de landelijke ontwikkelingen omtrent democratie. Dit betekent echter niet dat de lokale democratie vrij blijft van dergelijke problematiek. De cijfers van de Kiesraad (2015) laten zien dat de opkomst bij de gemeenteraadsverkiezingen, zeker na de afschaffing van de opkomstplicht in 1970, sterk is gedaald. Waar de opkomst vóór 1970 vrijwel altijd boven de 90% lag, daalde deze in 1970 tot 67,2% en in de jaren daarna – op een aantal incidentele, marginale stijgingen na – tot een historisch dieptepunt van 53,8% in 2014.

Dat tegenwoordig bijna de helft van de kiezers thuisblijft bij de gemeenteraadsverkiezingen – of dit nu is vanwege een gebrek aan interesse in of juist vanwege kritiek op de lokale politiek – is op zijn minst problematisch te noemen. Nederlandse gemeenten krijgen immers steeds meer verantwoordelijkheden, zeker met de decentralisaties die per 1 januari 2015 zijn doorgevoerd. Niet in de laatste plaats stelt dit de gemeenteraadsleden voor problemen. De verantwoordelijkheden nemen toe, raadsleden worden geacht nu ook kennis van zaken te hebben van steeds meer, en steeds ingewikkelder vraagstukken (zorg voor jong en oud, arbeidsparticipatie, maatschappelijke ondersteuning), de financiële risico's worden fors groter met de overdracht van taken, maar het aantal raadsleden neemt niet toe. Met andere woorden: raadsleden moeten meer en zwaarder werk verrichten (vgl. Kruiter & De Lange, 2014). Dat is een tijdsprobleem, en wellicht ook een kwalitatief probleem. Politieke partijen hebben immers nu al vaak problemen met het vinden van competente raadsleden; en deze raadsleden voelen zich vaak overbelast en niet in staat om het college van Burgemeester en Wethouders een weerwoord te kunnen bieden (Bovens, 2014).

Mede met het oog op bovengenoemde ontwikkelingen – afnemende legitimiteit en meer taken met dezelfde capaciteit – zoeken gemeenten steeds vaker naar actievere rollen van burgers in lokale beleidsprocessen. Op papier lijkt het verhogen van burgerparticipatie een goede manier om beide ontwikkelingen het hoofd te bieden. In de praktijk zorgt de invoering of verhoging van burgerparticipatie echter voor een *"veranderende gedaante van de gemeentepolitiek"* (Tonkens, Trappenburg, Hurenkamp, & Schmidt, 2015: 8) en een geheel nieuwe rol van bijvoorbeeld de raad. Verantwoordelijkheden moeten duidelijk zijn om onduidelijke verwachtingen te voorkomen. Deze onduidelijkheid kan ontstaan door een botsing tussen de waarden van de representatieve democratie zoals we die kennen (*vertegenwoordiging*) en de waarden waar de meer participatieve methoden vaak op berusten (*meepraten* en *meedoen*) (De Graaf, 2009a).

In deze bijdrage redeneren we vanuit de rol en het gezichtspunt van de gemeenteraad en verkennen we hoe hij kan en moet omgaan met aanvullende vormen van democratie. De vraag die we beantwoorden is: *Op welke manier kunnen gemeenteraden adequaat omgaan met hun verschuivende rol in het kader van hedendaagse vormen van burgerparticipatie?*

In de volgende paragrafen presenteren wij eerst het analysekader. Vervolgens verantwoorden we de keuzes die we in het onderzoek waarop we de analyse baseren (De Graaf, Schaap & Theuns, 2016) hebben gemaakt. Daarna volgt de bespreking van de cases en de analyse van de resultaten.

2. Analysekader: vormen en aspecten van democratie

Het analysekader is gebaseerd op het werk van Michels & Binnema (2016) en Michels & De Graaf (2010) en is op basis van een uitvoerige bestudering van de bestaande literatuur over democratiemodellen ontwikkeld. Er worden drie vormen van democratie onderscheiden (naast de representatieve democratie): participatieve democratie, directe democratie, deliberatieve democratie/lottocratie. Daarnaast onderscheiden wij vijf aspecten van democratie: inclusie, burgerlijke vaardigheden & deugden, invloed, deliberatie en legitimiteit.

2.1. Participatieve democratie

In de participatieve democratie speelt 'actief burgerschap' een belangrijke rol (Van de Wijdeven, De Graaf, & Hendriks, 2013: 3). Hierbij gaan burgers zélf aan de slag in het publieke domein met allerlei zaken die verder reiken dan het eigenbelang. De basis hiervan gaat terug tot de tijd van de verlichting, naar de filosoof Rousseau. In Rousseau's visie was participatie van iedere burger in de besluitvorming van vitaal belang voor het functioneren van de staat. Michels & De Graaf (2010: 479-480) halen ook theoretici uit de moderne tijd aan als Pateman en Barber, die beargumenteren dat participatie niet beperkt zou moeten blijven tot het politieke beleidsproces maar ook tot uiting zou moeten komen op bijvoorbeeld werkplekken en lokale gemeenschappen. In hetzelfde artikel benoemen Michels & De Graaf (2010: 480) ook een aantal functies van participatie binnen de democratie. De eerste hiervan is een *educatieve*: Burgers kunnen hun maatschappelijke vaardigheden en competenties verhogen wanneer zij deelnemen aan het publieke beleidsproces. Ten tweede heeft participatie een *integratieve functie*: Door te participeren binnen een gemeenschap voelen burgers zichzelf sterker onderdeel hiervan, waardoor ze zichzelf persoonlijk verantwoordelijker zullen voelen voor publiek genomen besluiten. Ten derde levert participatie een bijdrage aan het *verhogen van de legitimiteit* van beleid. Hoe meer mensen deelnemen aan het beleidsproces, des te meer mensen de uitkomst van dit proces zullen accepteren, zo luidt de theoretische redenering. Vergelijkbare uitkomsten ten aanzien van de participatieve democratie worden vastgesteld in het werk van de Amerikaanse socioloog Robert Putnam (2000). Deze benadrukt het belang van participatie binnen sociale netwerken en vrijwilligersorganisaties voor een zo hoog mogelijke kwaliteit van leven maar ook voor de democratie (Putnam, 2000: 338-340). Binnen deze sociale netwerken kunnen burgers namelijk hun stem laten horen en hun voorkeuren kenbaar maken waardoor er een inclusievere gemeenschap ontstaat. Bovendien maakt participatie binnen sociale netwerken of vrijwilligersorganisaties burgers competenter, omdat zij binnen dit soort netwerken in aanraking komen met de publieke zaak maar ook worden gedwongen om bijvoorbeeld te overleggen, te luisteren en te spreken.

2.2. Directe democratie

Directe democratie betekent ten principale dat burgers zelf de doorslaggevende stem hebben. Dat kan op verschillende manieren. Burgers kunnen zich verzamelen in een volksvergadering en daar gezamenlijk beslissingen nemen; dat gebeurde bijvoorbeeld in het oude Athene (zij het dat alleen mannen, en dan alleen maar de vrije mannen, mochten meebeslissen). Iets soortgelijks kennen we in Nederland niet. Een andere manier is dat burgers direct invloed uitoefenen op een concreet besluit door middel van referenda. Dat is waar we in deze bijdrage op focussen: burgers die directe zeggenschap hebben door middel van een stemming (Hendriks, 2006: 102).[1] In de kern betekent dit dat burgers een vraag voorgelegd krijgen waarop verschillende antwoorden mogelijk zijn. Burgers besluiten zelf wat voor hen de beste keuze is; een meerderheid van de stemmen, al dan niet gekwalificeerd, bepaalt vervolgens welke keuze er gevolgd zal worden (vgl. Schiller, 2011). De nadruk ligt op aggregatie (op het tellen van de stemmen en het bepalen wat de meerderheid wil) en niet op integratie van belangen door middel van overleg. Referenda zijn er in soorten en maten (De Graaf, Boogers, Schaap & Mulder, 2009; Schiller, 2011: 15; Van der Krieken en De Graaf, 2015):

- *Beslissend versus niet-beslissend.* Aan burgers kan gevraagd worden een beslissing te nemen dan wel om een advies te geven aan het bestuur; in het tweede geval blijft de besluitvorming voorbehouden aan de volksvertegenwoordiging. Alleen die adviserende vorm is in Nederland toegestaan.
- *Correctief versus niet-correctief.* Het houden van een referendum kan gebeuren voor of na een genomen besluit, dit is respectievelijk een niet-correctief of correctief referendum.
- *Raadplegend versus raadgevend.* Het initiatief tot het houden van een referendum kan door een overheidsinstelling (zoals een gemeente) genomen worden; dan spreken we van een raadplegend referendum. Als burgers het recht gekregen hebben om een referendum te vragen, is het referendum raadgevend.

In Nederland kennen we geen bindende referenda, maar uitsluitend raadplegende en raadgevende, veelal van het correctieve soort. Gemeentelijke referenda zijn alleen mogelijk als er een referendumverordening is. Sommige gemeenten hebben bij verordening de mogelijkheid gecreëerd van het houden van een raadplegend referendum (een referendum op initiatief van de gemeente), andere hebben burgers het recht gegeven een referendum aan te vragen (raadgevend referendum). De uitslag is pas geldig als aan de opkomstpercentages voldaan is; die percentages worden in de verordening vastgelegd. Bindend is de uitslag niet. Meestal laten volksvertegenwoordigers echter voorafgaand aan het referendum weten of zij de uitslag zullen respecteren of niet.

Vormen van directe democratie kunnen dus een plek krijgen binnen een representatieve democratie, maar zij vergen wel aanvullende besluitvorming door de volksvertegenwoordiging, in concreto van de gemeenteraad.

[1] Ook het (formele) burgerinitiatief, de mogelijkheid voor burgers om een onderwerp op de agenda van de volksvertegenwoordiging te plaatsen, zou op het eerste gezicht als een vorm van directe democratie beschouwd kunnen worden. Maar met een dergelijk initiatief krijgt de burger geen zeggenschap.

2.3. Deliberatieve democratie en lottocratie

De G1000 vindt haar theoretische wortels in twee democratische stromingen, te weten de deliberatieve democratie en de lottocratie. Beide democratische stromingen lichten we hieronder kort toe. We beginnen met enkele citaten over de deliberatieve democratie.

Cooke (2000) omschrijft deliberatieve democratie als volgt: *"In its simplest terms deliberative democracy refers to a conception of democratic government that secures a central place for reasoned discussion in political life.* [...] *By deliberation I understand an unconstrained exchange of arguments that involves practical reasoning and always potentially leads to a transformation of preferences."* (pp.947-948). Cooke benadrukt in dit citaat het belang van het uitwisselen van argumenten. In feite gaat het bij deliberatie om 'praktisch redeneren' met de mogelijkheid dat deelnemers hun voorkeuren of standpunten vanuit een andere invalshoek bezien of hun standpunten en voorkeuren wellicht zelfs bijstellen op basis van de gevoerde dialoog. Ook Young (2000) geeft een duidelijke omschrijving van de deliberatieve democratie: *"In the deliberative model democracy is a form of practical reasoning. Participants in the democratic process offer proposals for how best to solve problems or meet legitimate needs, and so on, and they present arguments through which they aim to persuade others to accept their proposals.* [...] *Through dialogue others test and challenge these proposals and arguments. Because they have not stood up to dialogic examination, the deliberating public rejects or refines some proposals. Participants arrive at a decision not by determining what preferences have greatest numerical support, but by determining which proposals the collective agrees are supported by the best reasons."* (pp.22-23). Young vult Cooke aan en benadrukt dat door middel van dialoog de voorstellen en argumenten van andere deelnemers aan de dialoog worden getest en uitgedaagd. Hij geeft tevens aan dat besluiten die door middel van deliberatie worden genomen niet die voorstellen zijn die door de meerderheid (het grootste aantal voorstanders bijvoorbeeld) worden gesteund, maar juist de voorstellen zijn waarvan de meerderheid vindt dat deze gebaseerd zijn op de beste redenering / argumentatie. Er zijn nog tal van andere omschrijvingen van de deliberatieve democratie te vinden in de wetenschappelijke literatuur. Dryzek (2000) bijvoorbeeld stelt dat een deliberatief communicatieproces zich onderscheidt van andere communicatieprocessen, in die zin dat: *"deliberators are amenable to changing their judgements, preferences, and views during the course of their interactions, which involve persuasion rather than coercion, manipulation, or deception"*. Als we een tussenbalans opmaken wat de deliberatieve democratie behelst, dan bevatten de genoemde omschrijvingen een aantal vergelijkbare elementen. Allereerst staat *gelijke uitwisseling van ideeën* centraal bij deliberatie. Het staat iedereen vrij om zijn of haar idee aan te dragen in de groepsdiscussie, en ieder idee wordt vervolgens ondersteund met een *argumentatie* waarom dit idee een oplossing voor de specifieke kwestie biedt. Tijdens deze dialoog worden alle argumenten gehoord en beoordeeld in het kader van diezelfde dialoog. Hierbij is het belangrijk dat de deelnemers aan de dialoog *ontvankelijkheid voor andere argumenten en standpunten* tonen; deelnemers moeten met een 'open mind' alle argumenten aanhoren en zo nodig hun eigen voorkeuren wijzigen indien zij zich door middel van argumentatie laten overtuigen van de juistheid van een ander idee. Besluiten worden dus niet genomen op basis van een meerderheid van personen met hun initiële preferenties, maar op basis van het idee dat na een uitgebreid proces van discussie, argumentatie en overtuiging op de meeste steun kan rekenen.

Volgens Hendriks (2006: 133) is de deliberatieve democratie een model waarbij het niet alleen gaat om een brede inschakeling van betrokkenen maar vooral ook om de vruchtbaarheid van de samenwerking tussen deze betrokkenen.

Een mogelijke manier om zo veel mogelijk 'gewone' burgers bij elkaar te krijgen, is loting. Loting is sinds het boek 'Tegen Verkiezingen' van David van Reybrouck (2013) weer mateloos populair als alternatieve democratievorm. Hij zegt er het volgende over: *"Ik geloof dat de dramatische systeemcrisis van de democratie verholpen kan worden door loting een nieuwe kans te geven. Het gebruik van het lot is geen wondermiddel, geen perfect recept, net zomin als verkiezingen dat ooit waren, maar het kan wel een aantal euvels van het huidige systeem verhelpen. Loting is niet* irrationeel, *het is* arationeel*: een bewust neutrale procedure waarmee politieke kansen rechtvaardig verdeeld worden en onmin wordt vermeden. Het risico op corruptie wordt kleiner, de verkiezingskoorts zakt, de aandacht voor het gemene goed neemt toe. Gelote burgers hebben misschien niet de expertise van beroepspolitici, maar ze hebben iets anders: vrijheid. Ze hoeven immers niet gekozen of herkozen te worden." (Van Reybrouck, 2013: pp.140-141).* Er wordt met name door gemeenten in toenemende mate met loting geëxperimenteerd (Binnema en Michels, 2016). In de democratieliteratuur wordt ook wel gesproken over lottocratie. Loting wordt gebruikt om te bepalen wie er zitting neemt in een vertegenwoordigend orgaan. Dit orgaan vertegenwoordigt dan (doorgaans tijdelijk) de gehele lokale bevolking.

2.4. Aspecten van democratie

In de vorige paragraaf hebben we gezien dat er naast de representatieve democratie ook andere vormen van democratie zijn. Op basis van die verschillende vormen van democratie zetten we hieronder uiteen welke vijf aspecten van democratie er in zijn algemeenheid kunnen worden onderscheiden.

Aspect 1: Inclusie
Bij inclusie – ook wel insluiting genoemd – gaat het om de mogelijkheden die mensen hebben om hun stem te laten horen. Om inclusie goed te waarborgen is er behoefte aan een open, toegankelijke sfeer, waarin een grote diversiteit aan meningen en standpunten vertegenwoordigd is. Het is dus belangrijk om te kijken of het proces voor iedereen toegankelijk is (kan iedereen meedoen? Wordt er niemand uitgesloten?), en zo nee, hoe er geselecteerd wordt (wie worden er bewust of onbewust uitgesloten?).

Aspect 2: Burgerlijke vaardigheden en deugden

Het tweede aspect – burgerlijke vaardigheden en deugden – bestaat uit twee delen: allereerst zijn er de vaardigheden, waarbij het gaat om wat de burger *kan*. Dit wordt ook wel de *educatieve* functie van democratie genoemd, waardoor burgers bijvoorbeeld leren hoe zij deel kunnen nemen aan een publieke discussie, maar ook hoe zij een vergadering voor zouden kunnen zitten. Naast vaardigheden zijn er ook nog deugden; hierbij gaat het om wat de burger *doet* in de maatschappij. Dit wordt ook wel de *integratieve* functie van democratie genoemd, waardoor burgers meer betrokken raken bij de maatschappij, zichzelf verantwoordelijker voelen voor publieke besluiten,...

Aspect 3: Invloed

Een derde aspect van democratie is invloed. Het gaat hierbij om de zeggenschap van burgers in de besluitvorming. Deze zeggenschap kan door burgers worden geclaimd, maar het kan ook zo zijn dat bijvoorbeeld een gemeente zelf deze zeggenschap inbouwt.

Aspect 4: Deliberatie

Bij deliberatie staan *gelijke uitwisseling van ideeën, argumentatie, ontvankelijk zijn voor andermans argumenten en standpunten,* en *integratieve besluitvorming* centraal. Het draait om de dialoog, waarbij die dialoog *inclusief, open, machtsvrij, argumentatief* en *transformatief* moet zijn. Om te onderzoeken in welke mate voldaan wordt aan het democratische aspect deliberatie, moet dus gekeken worden naar de mogelijkheden die geboden worden om argumenten met elkaar uit te wisselen, hierover te debatteren en eventueel – naar aanleiding van dit debat – nog van mening te (kunnen en willen) veranderen.

Aspect 5: Legitimiteit

Het vijfde democratische aspect is legitimiteit. Hendriks (2006) omschrijft legitimiteit als "het vermogen om de handen op elkaar te krijgen" en "te doen wat gepast en deugdelijk wordt geacht". Het gaat hier ten slotte dus om het gecreëerde draagvlak voor zowel het proces zelf, alsook om het draagvlak voor de uitkomsten van dit proces.

Tabel 1: Vijf aspecten van de lokale democratie: een analysekader

Aspecten van democratie	Betekenis	Model van democratie
Inclusie	De stem van het individu wordt gehoord (openheid, diverse meningen)	Directe en representatieve democratie
Burgerlijke vaardigheden & deugden	Vaardigheden: bijvoorbeeld deelnemen aan een publiek debat, maar ook het voorzitten van een vergadering Deugden: o.a. maatschappelijke betrokkenheid en verantwoordelijkheid of actieve deelname aan het publieke leven	Participatieve democratie
Invloed	Politieke invloed die burgers claimen; ook kunnen overheden dit zelf inbouwen in een proces.	Participatieve en directe democratie

Aspecten van democratie	Betekenis	Model van democratie
Deliberatie	Rationele beslissingen op basis van het publiek debat; het uitwisselen van argumenten en op basis daarvan (eventueel) van mening veranderen	Deliberatieve democratie
Legitimiteit	Draagvlak voor het proces en/of de uitkomst	Participatieve democratie

Bron: gebaseerd op Michels & De Graaf (2010) en Michels en Binnema (2015)

3. HET ONDERZOEK

Op basis van de drie hier besproken democratievormen is een aantal cases geselecteerd, voorbeelden van diverse democratische processen die zo goed mogelijk het kleurenspectrum van de lokale democratie laten zien. Er is daarbij bewust voor cases gekozen die al wat verder teruggaan in de tijd en voor cases die meer actuele ontwikkelingen betreffen. De volgende selectiecriteria zijn gehanteerd: variëteit aan hedendaagse vormen van burgerparticipatie, informatierijkheid, variëteit aan gemeentegrootte, mate van stedelijkheid.

Voor de cases is gebruikgemaakt van bestaande studies, documenten en zijn 13 aanvullende (groeps)interviews gehouden met o.a. twee volledige gemeenteraden, individuele raadsleden, griffiers en een initiatiefnemer van een burgertop.[2] Ten slotte heeft er – na het bestuderen van de cases en het opstellen van een eerste concept-analyse – een toets (ook wel 'peer review' genoemd) plaatsgevonden onder zeven raadsleden. Dit waren raadsleden uit het hele land, met verschillende politieke achtergronden uit zowel kleine als grotere gemeenten en die op geen enkele wijze betrokken waren bij de onderzochte cases.

De vijf cases die onderzocht zijn, worden onderstaand kort toegelicht.

Tabel 2: De vijf cases en het model van democratie

Case	Theoretische achtergrond
Burgerparticipatie in Eindhoven	Participatieve democratie
Overheidsparticipatie in Tilburg	Participatieve democratie
Referenda in Groningen	Directe democratie
Participatief begroten in Dordrecht	Participatieve en deliberatieve democratie
G1000 in Amersfoort	Deliberatieve democratie

Participatieve democratie: burgerparticipatie in Eindhoven
Eindhoven kent een lange participatietraditie. Vanaf 2006 is een programma Burgerparticipatie ontwikkeld met een bijbehorend uitvoeringsprogramma. Al snel

2 Zie voor de volledige verantwoording De Graaf et al., 2016.

initieerde de gemeente in 2006 50 projecten waarbij burgers, bedrijven en maatschappelijke instellingen actief werden uitgenodigd mee te denken, mee te praten en mee te doen, onder de noemer van 'samenspraak'; met die term wordt uitgedrukt dat Eindhoven meer wil dan traditionele 'inspraak'
De ontwikkeling van burgerparticipatie in Eindhoven hangt samen met de wijkaanpak. Het Eindhovense gebiedsgerichte beleid vloeit voort uit het landelijke Grote-Stedenbeleid met zijn nadruk op integraliteit en participatie. De stad heeft voor de 'actiegebieden' (wijken die extra (beleids)aandacht nodig hebben en waar de leefbaarheid – liefst met partners in de wijk /buurt – moet worden verbeterd) buurtcontracten opgesteld. In die buurtcontracten leggen bewonersorganisaties, maatschappelijke instellingen, bedrijven en de gemeente vast wie wat de komende tijd gaat doen in de wijk om de leefbaarheid te versterken. De gemeenteraad heeft hier jaarlijks ongeveer 2 miljoen euro aan subsidiegelden voor beschikbaar gesteld. De Graaf & Bodd hebben in 2006, 2009, 2012 en 2015 kwantitatief en kwalitatief onderzoek gedaan naar burgerparticipatie in Eindhoven. Deze onderzoeken vormen de basis voor de analyse van deze casus.

Overheidsparticipatie in Tilburg
Burgerinitiatieven zijn er in vele vormen en maten. Sommige bestaan zonder overheidsinmenging, andere zijn hybride en hebben overheidssteun nodig. Vijf projecten waarin burgers en maatschappelijke organisaties en ondernemers een belangrijke rol speelden zijn onderzocht (in de vorm van interactie-onderzoek; Hendriks et al, 2015); in deze projecten experimenteerde de gemeente Tilburg met rollen van overheidsparticipatie:

1. *Stedelijke transitie* (terugblik): hierin ontwikkelde de gemeente, met name op het gebied van de gebouwde omgeving een nieuwe manier van omgaan met initiatieven, voorstellen en plannen vanuit de samenleving.
2. *Ondernemershuis* (actuele opgave): dit was de ontwikkeling voor en door ondernemers van geconcentreerde dienstverlening op alle ondernemersvragen, een breed programma en faciliteiten voor kennis, samenwerking en ontmoeting onder 1 dak.
3. *Sportkanaal* (actuele opgave): hierin ontwikkelde een architecte het initiatief (later een formeel burgerinitiatief met een aanvraag voor een subsidieregeling) van een plan om oevers van het Wilhelminakanaal in te richten met informele spel- en buitensportfaciliteiten en bijbehorende verblijfsvoorzieningen.
4. *Van Gend en Loos terrein* (actuele opgave): hierbij riep de gemeente de samenleving op om ideeën in te dienen voor een braakliggend terrein in de spoorzone rondom Tilburg Centraal.
5. *Tilburgs Ondersteuningsfonds* (actuele opgave). Een tijdelijk 'noodfonds' dat Tilburgse minima zou kunnen bijstaan nadat (rond 2011) beleidswijzigingen op het sociaal domein hen mogelijk in de problemen zou brengen.

Ook is door Hendriks et al. (2015) gebruikgemaakt van een documentenstudie van beleidsdocumenten en een onderzoek uit de gemeente Tilburg naar de rol van de raad bij de verordening burgerinitiatieven. Ook zijn voor dat onderzoek vier aanvullende interviews gehouden met burgers en raadsleden. En hebben we met vier groepen raadsleden (in totaal 39) en twee wethouders een – op basis van dit on-

derzoek ontwikkelde – *serious game overheidsparticipatie* gespeeld. Dit is een rollenspel waarin raadsleden konden ervaren (door bewust in andermans schoenen te gaan staan) als burger, wethouder en projectambtenaar hoe het is om met een ingreep van de raad in een burgerinitiatief te maken te krijgen. Vooral de reflectie op het spel met de deelnemers, en met de werkgroep Overheidsparticipatie was zeer waardevol voor de inzichten. In het rapport *Samen leren over een participerende overheid* (Hendriks et. al, 2015) wordt hier uitvoerig verslag van gedaan.
In de casestudie voor ons onderzoek hebben we gekeken naar de rol van de raad bij alle ideeën van burgers die al dan niet via de raad hun weg weten te vinden binnen de gemeente.

Directe democratie: referenda in Groningen
Toen er plannen gemaakt werden voor het vernieuwen van de noordzijde van de Grote Markt in Groningen ontstond maatschappelijke en politieke discussie. Die concentreerde zich op de bouw van een parkeergarage naast de Martinitoren. Al snel werden door tegenstanders binnen en buiten de gemeenteraad voorbereidingen getroffen voor het houden van een referendum. Dat referendum werd gehouden op 21 februari 2001: een correctief raadgevend referendum. De opkomst bij het referendum was 56,5%, en daarvan keerde 81% zich tegen het voorstel van de gemeente tot reconstructie van de noordzijde van de Grote Markt. De plannen waren van de baan.
Vier jaar later kreeg Groningen opnieuw een referendum. Ook dat referendum, op 29 juni 2005, vond plaats op initiatief van burgers (zij het gestimuleerd door enkele politieke partijen); toen ging het referendum over plannen met betrekking tot de oostzijde van de Grote Markt. De opkomst bij het tweede referendum was lager (39%); voorstanders noch tegenstanders haalden de noodzakelijke steun van 30% van de kiesgerechtigden.
Voor deze case is gebruikgemaakt van evaluaties van de beide referenda (Boogers en Tops (2001, 2005) en door aanvullende interviews met een raadslid en de griffier.

Deliberatieve en participatieve democratie: participatief begroten in Dordrecht
De gemeente Dordrecht heeft vanaf 2007 geëxperimenteerd met wijkbudgetten, in twee wijken (een buurt in Nieuw-Krispijn en de wijk Stadspolders). Doel was om op die manier burgers meer verantwoordelijkheid te geven en te kijken of bewoners zich daardoor meer betrokken zouden voelen bij hun buurt en bij de politiek (Boluijt et al, 2012: 35). In Nieuw-Krispijn mochten de bewoners voorstellen doen voor extra activiteiten in de buurt. Bewoners die ideeën ingeleverd hadden, mochten die vervolgens aan andere bewoners presenteren en ter beoordeling voorleggen. Dat gebeurde in twee ronden (in 2009). Bij de eerste ronde lagen er tientallen voorstellen, bij de tweede had de gemeentelijke projectgroep die ingedeeld in zeven thema's. Daarna werden 17 voorstellen uitgewerkt; daarover konden de bewoners doorpraten. Maar in plaats van overleggen en coalities smeden, brachten bewoners individueel hun stem uit op een bepaald project. Hierbij is dus geen sprake van deliberatie.

In Stadspolders ging het over het besteden van bestaande budgetten: bewoners moesten afwegingen maken. Van alle wijkbewoners gaven 35 mensen aan actief te willen zijn; 12 deden daadwerkelijk mee. Vervolgens is input verzameld in de wijk door bewoners op straat een enquête te laten invullen. Die input werd op een brainstormbijeenkomst besproken. Ten behoeve van die bijeenkomst waren speciale spellen bedacht, maar die bleken voor veel deelnemers te ingewikkeld (Boluijt et al., 2012: 38). In de daaropvolgende inloopbijeenkomsten liepen weinig bewoners binnen, en het spel bleek eerder te stimuleren tot concurreren dan tot samenwerken en gemeenschappelijk keuzes maken.
Het materiaal voor deze case is volledig afkomstig van een eerdere studie (Boluijt et al., 2012).

Deliberatieve democratie/Lotto-cratie: G1000 in Amersfoort
Het idee van een G1000 in Amersfoort is geïnspireerd door de Belgische schrijver David van Reybrouck en diens pleidooi voor de terugkeer van loting in de politiek. Het idee van loting in de politiek is zo oud als de democratie zelf; in het Athene van de Griekse oudheid was loting immers de norm en waren verkiezingen uit den boze. Van Reybrouck zou dit systeem met loting graag nieuw leven inblazen en 1000 willekeurig gelote burgers bijeenbrengen om te *delibereren* over allerlei kwesties. Een aantal invloedrijke Amersfoorters – waaronder een oud-burgemeester, oud-wethouder en een aantal ondernemers – pakt dit idee in 2013 op om ook weer anderen 'warm te maken' voor een Amersfoortse G1000. Wanneer uiteindelijk ook de gemeente – in de vorm van de raadsgriffier – zich committeert met zowel een financiële garantstelling als hulp bij het loten van 6000 burgers uit de Gemeentelijke Basis Administratie (GBA), komt het initiatief definitief van de grond. Uiteindelijk nemen op 22 maart 2014 ruim 500 mensen deel aan de (eerste) G1000 in Amersfoort, waaronder 40 ambtenaren, 40 politici, 44 werkgevers en 52 kunstenaars. De analyse van deze cases is gebaseerd op documentanalyses en interviews die gehouden zijn in het kader van dit onderzoek, maar ook op de analyse die is uitgevoerd door Michels en Binnema (2016).

4. Resultaten en analyse van de vijf cases

Hoe 'scoort' iedere case op de vijf democratische aspecten uit het analysekader? Hieronder lopen we ieder democratisch aspect na om te zien hoe dit in de verschillende cases tot uiting is gekomen.

Inclusie
Bij inclusie gaat het om de vraag wie er worden ingesloten (inclusie) en wie er worden uitgesloten (exclusie). Anders gezegd, het gaat om de vraag: wie heeft er toegang om mee te doen en wie niet? Kijkend naar de cases valt het op dat de participatieve vormen van democratie (Eindhoven en Dordrecht) hier negatief op scoren. In beide cases zien we dat slechts een selecte groep actief is. In Dordrecht gaat het om kleine groepen die actief betrokken zijn en in Eindhoven zien we dat hoogop-

geleide mannen van 50 jaar en ouder vooral actief zijn. Deze groepen die in Dordrecht en Eindhoven participeren, representeren hooguit een klein deel van de bevolking (de demos). Bij de casus over overheidsparticipatie in Tilburg zien we dat degenen die meedoen een heel duidelijk belang hebben. Dat is een beeld dat vergelijkbaar is bij de voorbeelden uit Eindhoven en Dordrecht. Bij de casus in Tilburg komt echter ook naar voren dat niet iedereen zomaar een burgerinitiatief of maatschappelijk initiatief kan starten. Veelal zijn dit toch mensen die ondernemend en/of hoogopgeleid zijn. Het vereist dat je als burger in ieder geval over (minimale) vaardigheden beschikt om überhaupt een burgerinitiatief te kunnen starten en dit een tijdje te kunnen volhouden. Bij de G1000 in Amersfoort zien we dat er in principe een grote representatieve groep is geselecteerd. Maar we zien hier ook dat vooral de bekende gezichten (*usual suspects*) er daadwerkelijk op afkomen en meedoen (zie ook Binnema en Michels, 2016). Ten opzichte van de cases in Tilburg, Eindhoven en Dordrecht zou je wel kunnen zeggen dat de inclusie minder slecht is. Daarom 'scoren' we de G1000 als 'matig', omdat bij de mensen die meededen aan de G1000 in Amersfoort wel een evenwichtige verhouding waarneembaar was tussen mannen en vrouwen. Toch blijven minderheden (bijvoorbeeld jongeren en allochtonen) ondervertegenwoordigd. De referenda in Groningen scoren positief voor wat betreft inclusie: in principe kan iedere stemgerechtigde een stem uitbrengen.

Burgerlijke vaardigheden en deugden

Bij het democratische aspect burgerlijke vaardigheden en deugden gaat het erom welke vaardigheden burgers hebben om überhaupt mee te kunnen doen en voor welk publiek vraagstuk zij dit inzetten. Voor de casus Groningen kunnen we hier helaas geen uitspraken over doen, omdat hierover geen gegevens bekend zijn. De casus participatief begroten in Dordrecht laat op dit aspect een vrij negatief beeld zien. Het is sterk de vraag of door het participatief begroten de burgers geleerd hebben en zich meer betrokken zijn gaan voelen bij hun buurt. Bij de G1000 in Amersfoort zien we dat deelnemers wel bewuster worden van wat er in hun omgeving speelt. Bij overheidsparticipatie in Tilburg valt het op dat degenen die betrokken zijn bij het initiatief, tot veel in staat zijn. Ze weten heel goed waarom ze doen wat ze doen. Ze beschikken daarnaast over veel energie en eigen kracht. De casus Eindhoven laat zien dat deelnemers door hun deelname aan burgerparticipatie veel hebben geleerd en daarmee nieuwe vaardigheden hebben ontwikkeld. Ook hebben deze deelnemers door hun deelname meer inzicht gekregen hoe (publieke) besluitvorming werkt.

Invloed

Bij het aspect invloed gaat het over de zeggenschap die burgers claimen en/of de manier waarop de gemeente zeggenschap aan burgers in de aanpak inbouwt. In Eindhoven zien we dat deelnemers aan burgerparticipatie aangeven dat vooral ambtenaren een dominante rol spelen: in hun ogen nemen ambtenaren de belangrijkste beslissingen. Ook komt uit deze case naar voren dat georganiseerde belanghebbenden, zoals welzijnsinstellingen, woningcorporaties,... meer invloed hebben dan (groepen) burgers. In Eindhoven hebben burgers wel zeggenschap, maar is de invloed van ambtenaren en deelnemende maatschappelijke organisaties hoger. In de casus over bewonersbudgetten in Dordrecht zien we dat de door burgers geselecteerde projecten zijn uitgewerkt en uitgevoerd. Bij de G1000 in Amersfoort is de invloed van burgers aan voorwaarden gebonden. Het is hierbij belangrijk om harde afspraken te maken over het vervolgtraject, niet alleen wat er precies met de inbreng gedaan wordt, maar ook tot welke concrete uitwerkingen dit zal leiden. Bij Overheidsparticipatie in Tilburg hebben de initiatiefnemers relatief veel zeggenschap. Tijdens het spel met raadsleden kwam naar voren dat de raadsleden van Tilburg van mening zijn dat burgers maximale zeggenschap op overheidsbeleid moeten hebben. In Groningen is de invloed van burgers aanzienlijk; dat is zeker het geval bij het eerste referendum: toen werd de negatieve uitslag van het referendum overgenomen.

Deliberatie

Bij deliberatie gaat het om een open dialoog en de manier waarop argumenten tussen deelnemers (kunnen) worden uitgewisseld. Daarbij wordt vaak ook gekeken of deelnemers ontvankelijk zijn voor de mening van anderen en andersdenkenden en of ze eventueel bereid zijn hun mening daarop aan te passen. Bij de geanalyseerde referenda in Groningen is er eigenlijk maar weinig ruimte voor dialoog. Natuurlijk wordt er in de periode voorafgaand aan een referendum (de referendumcampagne) wel gediscussieerd, maar uiteindelijk biedt het referendum beperkte (veelal dichotome) keuzemogelijkheden (wel/niet, ja/nee). Bij de bewonersbudgetten in Dordrecht had de dialoog tussen bewoners niet het karakter van deliberatie, maar veel meer van competitie en het verwerven van steun voor de eigen plannen; een instrumentele benadering overheerste. Bij overheidsparticipatie in Tilburg ontstond er bij de onderzochte maatschappelijke en burgerinitiatieven een vrij intensieve dialoog. De raadsleden die aan het overheidsparticipatiespel hebben meegedaan, spreken de wens uit dat de dialoog met initiatiefrijke burgers en ondernemers verbetert. Bij burgerparticipatie in Eindhoven zijn er gedurende de afgelopen tien jaar steeds meer platforms ontstaan zowel op stedelijk als op wijkniveau over uiteenlopende onderwerpen. We zien dus dat een meer duurzame dialoog in opkomst is. Wat betreft het aspect deliberatie 'scoort' de G1000 in Amersfoort het beste. Deze aanpak is uitermate geschikt om met 'gewone' burgers de dialoog aan te gaan. Tijdens zo'n G1000 worden allerlei technieken gehanteerd om de dialoog te laten ontstaan.

Legitimiteit

Bij het democratische aspect legitimiteit gaat het in feite om het draagvlak voor het gelopen proces, maar ook of er steun is voor de (uiteindelijke) uitkomsten van het proces. In het geval van de casus Eindhoven staan de deelnemers positief tegenover het participatietraject. Wel wordt er gewaarschuwd voor de valkuil dat er in een vroeg stadium te hoge (enthousiaste) verwachtingen worden gewekt. Dit geldt vooral voor burgers die doorgaans niet zoveel met de gemeente te maken hebben. Bij de bewonersbudgetten in Dordrecht is er steun voor de uitkomsten, met name voor die uitkomsten die zichtbaar zijn voor burgers. Voor het proces rondom de bewonersbudgetten is niet veel steun. Veel bewoners vinden dat de gemeente gewoon haar werk moet doen (namelijk een rechtvaardige verdeling van publieke middelen). In het geval van het referendum in Groningen is het voor de legitimiteit van belang dat er een referendumverordening wordt opgesteld, waarin staat vermeld wat de rolverdeling is en er een onafhankelijke scheidsrechter wordt benoemd. Vooral voor, tijdens en na het referendum is het belangrijk om te handelen naar deze verordening. De legitimiteit voor het proces en de uitkomst worden bij een referendum via een dergelijke verordening dus institutioneel verankerd. Vervolgens heeft de overheidsparticipatie in Tilburg een positief effect op de legitimiteit. Er wordt namelijk meer rekening gehouden met de diversiteit en wensen van burgers. Je zou kunnen zeggen dat de overheid responsiever wordt en dus beter probeert aan te sluiten bij wat er onder burgers (tenminste onder initiatiefnemers) leeft. In het geval van de G1000 in Amersfoort valt waar te nemen dat de manier waarop er op zo een dag met elkaar wordt gesproken breed gedragen wordt.

Overzicht

Tabel 3 laat zien hoe de vijf cases scoren op de vijf aspecten van democratie.

Tabel 3: Analyse van de cases aan de hand van vijf aspecten van democratie

Democratisch aspect	Burgerparticipatie Eindhoven	Referenda Groningen	Overheidsparticipatie Tilburg	G1000 Amersfoort	Bewonersbudgetten Dordrecht
Inclusie	Deelnemers vooral hoogopgeleide blanke mannen van middelbare leeftijd. Raad moet waken voor geluid van minderheden vanwege dit selectieve karakter.	In principe kan iedereen deelnemen (geen selectie). Wel zaak voor de raad om niet-stemmers in de gaten te houden.	Niet iedereen kan een initiatief dragen; de overheid is er juist ook voor de zwakkere in de samenleving. Is er bij het initiatief zelf niet puur sprake van eigen belang?	Ondanks loting veel 'usual suspects' aanwezig. Zaak om ook minderheden te betrekken.	Over de diversiteit van de bewonersgroepen is geen informatie beschikbaar. Wel is duidelijk dat de groepen klein zijn, zeker in Stadspolders. Maar in die wijk heeft wel 2% van de bewoners meegedaan aan een enquête.

Democratisch aspect	Burgerparticipatie Eindhoven	Referenda Groningen	Overheidsparticipatie Tilburg	G1000 Amersfoort	Bewonersbudgetten Dordrecht
Burgerlijke vaardigheden & deugden	Burgers ontwikkelen hun vaardigheden. Zaak voor raad om deze ontwikkeling gaande te houden, als democratische 'kweekvijver' voor de toekomst.	Op basis van ons onderzoeksmateriaal kunnen we hier geen uitspaken over doen.	Energie en eigen kracht moeten behouden worden en niet weglekken. Raadsleden realiseren zich dat hun ingrijpen soms ook averechts effect heeft.	Kan zorgen voor meer betrokkenheid burger bij omgeving. Natraject wel van groot belang om teleurstellingen te voorkomen.	Het is sterk de vraag of door het participatieve begroten de burgers zich mee betrokken zijn gaan voelen met hun buurt. Het aantal deelnemers is niet groot, de werkvormen sloten niet goed aan bij hun leefwereld en de verwachtingen van de bewoners waren niet positief.
Invloed	Ambtenaren claimen (in ogen burgers) veel invloed. Zaak voor raad vanuit controlerende rol te waken voor 'kaping' door ambtenaren.	Het eerste referendum had aanzienlijk invloed (besluit burgers overgenomen). Zaak voor raad om vooraf aan te geven hoe er om zal worden gegaan met een (geldige) uitslag.	Raadsleden vinden dat de invloed van burgers op overheidsbeleid maximaal moet zijn. Bij raadsleden bestaat de wens om (dan ook) minder politiek op te treden.	Om invloed te kunnen claimen belangrijk dat harde afspraken worden gemaakt. Onduidelijkheid of abstracte plannen leiden tot weinig of niets concreets.	In het geval van Nieuw-Krispijn zijn de geselecteerde projecten uitgewerkt en uitgevoerd, in Stadspolders was de uitslag niet eenduidig.
Deliberatie	Duurzame dialoog meer en meer in opkomst. Zaak voor raadsleden om te blijven 'meepraten'.	Referendum biedt beperkte ruimte aan uitwisseling van argumenten ('voor' of 'tegen'). Zaak voor raad om dialoog op gang te houden, zodat burgers gegrond een mening kunnen vormen.	Raadsleden willen bij overheidsparticipatie meer en betere deliberatie met initiatiefrijke burgers. Zij moeten beter gehoord worden en leidend zijn in wat ze willen.	Uitermate geschikt om de dialoog met 'gewone' burgers aan te gaan. Blijven meepraten is belangrijk.	De dialoog tussen bewoners had niet het karakter van deliberatie, maar van competitie om steun te verwerven voor de eigen plannen.

Democratisch aspect	Burgerparticipatie Eindhoven	Referenda Groningen	Overheidsparticipatie Tilburg	G1000 Amersfoort	Bewonersbudgetten Dordrecht
Legitimiteit	Over traject zelf veel positiviteit, echter; waken voor te hoge verwachtingen. Vooral bij burgers die (normaal) weinig contact hebben met gemeente. Hoge verwachtingen kunnen leiden tot teleurstelling.	Het is voor de legitimiteit van belang een referendum-verordening op te stellen, met duidelijke rolverdeling en benoeming onafhankelijke scheidsrechter. Zaak om ook te handelen naar deze verordening.	Overheidsparticipatie draagt bij aan versterking van de legitimiteit. Er wordt namelijk meer rekening gehouden met de diversiteit en wensen van burgers.	Proces van deliberatie wordt breed gedragen. Zaak is wel om te blijven richten op concrete, praktische resultaten.	Steun van de uitkomsten is er, zeker daar waar de uitkomsten duidelijk zijn en keuzes van de bewoners uitgevoerd zijn. Maar het participatieve proces als zodanig, ondervindt niet veel steun: nogal wat bewoners vinden dat de gemeenten 'gewoon' haar werk moet doen.

5. Naar een bredere impact

In deze bijdrage hebben we voorbeelden laten zien van pogingen van diverse gemeenten tot verbreding – en verbetering – van hun lokale democratie. We realiseren ons dat er grote verschillen zijn tussen gemeenten en dat de onderzochte cases niet geheel representatief zijn voor alle Nederlandse gemeenten. Iedere gemeente kent een andere context en *"democratie is maatwerk"*, zoals één van de geïnterviewde raadsleden ons terecht meldde. Maar de hier besproken voorbeelden zijn wel representatief voor een breed spectrum aan democratiemodellen die in de Nederlandse lokale democratiepraktijk worden gehanteerd. Op dat punt kunnen andere gemeenten wel degelijk leren van de ervaringen die elders zijn opgedaan. In de vorige paragraaf hebben we de vijf cases geanalyseerd aan de hand van de vijf aspecten van democratie. Gebaseerd op de vijf casestudies en de wetenschappelijke literatuur die we voor iedere case afzonderlijk hebben bestudeerd, kunnen we een poging doen aan te geven welke vormen van aanvullende democratie goed of juist niet goed scoren op de afzonderlijke aspecten van democratie; zie tabel 4. (rood staat voor 'negatief', oranje voor 'twijfel' en groen voor 'positief').

Tabel 4: Hoe scoren de vijf democratiemodellen op de vijf democratische aspecten?

Democratisch aspect	Burger-participatie	Lokaal referendum	Overheids-participatie	Lottocratie en deliberatie	Participatief begroten
Inclusie	🔴	🟢	🟡	🟡	🔴
Burgerlijke vaardigheden & deugden	🟢	🟡	🟡	🟡	🟡
Invloed	🟡	🟢	🟡	🟡	🟡
Deliberatie	🟡	🟡	🟡	🟢	🟡
Legitimiteit	🟡	🟢	🟢	🟢	🟡

Tabel 4 geeft aan hoe de lokale democratie (in)gekleurd wordt, maar ook hoe de lokale democratie gekleurd zou kunnen worden. Iedere democratievorm heeft immers zijn eigen sterkere en zwakkere kanten. De tabel is daarmee zowel een soort *thermometer* aan de hand waarvan vastgesteld kan worden hoe de eigen lokale democratie op de gehanteerde vijf aspecten van democratie scoort, als een routekaart om te bepalen welke vormen van democratie 'bijgemengd' zouden kunnen worden om op één of meerdere aspecten van democratie beter te scoren.

Deze tabel betekent bijvoorbeeld dat:

- als een gemeenteraad ervaart dat zijn eigen lokale democratie moeite heeft met inclusie-vraagstukken, het aan te raden is om te overwegen om een lokaal referendum te houden. Een andere optie (maar met minder impact op inclusie dan een lokaal referendum) is meer aandacht te hebben voor maatschappelijke en burgerinitiatieven. Ook het toepassen van loting kan eraan bijdragen dat meer mensen toegang hebben tot de lokale democratie en daar een actieve bijdrage aan leveren. Uit de tabel moeten we ook opmaken dat vormen van burgerparticipatie, maar ook het participatief begroten vaak als nadeel heeft dat hier slechts een eenzijdige (selectieve) groep burgers bij betrokken is.
- als een gemeenteraad ervaart dat in zijn eigen lokale democratie burgers te weinig of ontbrekende vaardigheden en deugden hebben die van belang zijn voor een goed functionerende lokale democratie, het voor gemeenteraden aan te raden is (te blijven) inzetten op burgerparticipatie. Ook de andere democratievormen laten op basis van onze analyse, maar ook op basis van inzich-

ten uit de verdere literatuur zien een bijdrage aan de vaardigheden en deugden van burgers te kunnen leveren.

- als een gemeenteraad ervaart dat zijn eigen lokale democratie moeite heeft om burgers (daadwerkelijk) invloed te geven, dan is het aan te bevelen om te verkennen om een lokaal referendum te houden. De andere democratievormen kunnen hier ook aan bijdragen, maar in mindere (directe) mate dan een lokaal referendum.
- als een gemeenteraad ervaart dat er in zijn eigen lokale democratie geen, te weinig of sprake is van slecht georganiseerde vormen van deliberatie, hij zou kunnen overwegen te werken met loting. Loting, zoals gehanteerd bij de G1000's die in Nederland en daarbuiten zijn georganiseerd, geeft de mogelijkheid dat een grote diversiteit aan mensen in korte tijd (bij voorkeur minimaal drie dagen) intensief met elkaar in gesprek gaan. Ze leren elkaar hierbij wat beter kennen en begrijpen. Ze krijgen daardoor, maar vooral ook door het gesprek dat gevoerd wordt meer begrip voor elkaars standpunten en argumenten.
- Als een gemeenteraad ervaart dat er binnen de eigen lokale democratie legitimiteitsproblemen zijn dan kan hij minstens drie democratiemodellen inzetten die hebben bewezen hieraan bij te kunnen dragen, namelijk het lokale referendum, overheidsparticipatie en loting.

6. CONCLUSIE

In deze bijdrage stond de volgende vraag centraal: op welke manier kunnen gemeenteraden adequaat omgaan met hun verschuivende rol in het kader van hedendaagse vormen van burgerparticipatie? Deze vraag hebben wij onderzocht aan de hand van een analysekader waarin wij vijf aspecten van democratie hebben uitgewerkt, te weten inclusie, burgerlijke vaardigheden en deugden, invloed, deliberatie en legitimiteit. Dit kader is toegepast in vijf casestudies waarin steeds een andere variant op burgerparticipatie centraal stond. Deze variaties op burgerparticipatie zijn terug te voeren tot verschillende democratiemodellen die in de bestuurskundige en politicologische literatuur worden onderscheiden

Uit onze analyse blijkt dat iedere vorm van democratie sterkere en zwakkere kanten kent als we deze in verband brengen met aspecten van democratie. Voor gemeenteraden is het van belang hier kennis van te hebben en in te kunnen schatten welke democratievorm (als instrument) kan/moet worden ingezet om de lokale democratie te versterken, en in welk opzicht en met welke aanpak. Dan moet uiteraard wel aan een belangrijke voorwaarde voldaan worden, en dat is dat de gemeenteraad bereid is een soort nulmeting te houden van de eigen lokale democratie en bereid is veranderingen door te voeren.

Wat betekent dit onderzoek voor de verschillende rollen die de raad in de lokale democratie heeft? Dit onderzoek heeft laten zien dat de vijf aspecten van democratie verschillende eisen stelt aan de drie rollen van de raad: kaderstellende, controlerende en vertegenwoordigende rol.

De kaderstellende en controlerende rol van de raad moeten in het licht van de vijf aspecten in elkaars verlengde worden beschouwd. In de kaderstellende rol formuleert de raad in een vroeg stadium de (democratische) ruimte (en helderheid) die het college, maar wellicht ook de samenleving, krijgt om bepaalde maatschappelijke effecten te verwezenlijken. Om helderheid te krijgen over die kaderstelling zou de raad – alvorens hierover te besluiten en afhankelijk van het inhoudelijke thema en of het de gehele gemeente, een deel daarvan (bijvoorbeeld wijk, buurt, of specifieke dorpskern binnen de gemeente) betreft – in gesprek kunnen gaan met de samenleving door middel van een bewoners- of ondernemers-, of verenigingen-, of jongerenpanel of een variant hierop. Zo'n gesprek (deliberatie!) kan ook gaan over de vraag wat groepen uit de samenleving van de lokale democratie verwachten, wat zij daar zelf in kunnen en willen betekenen, maar vooral ook wat zij van raadsleden daarin verwachten. De raad die werkelijk invloed aan burgers wil geven, kan ook besluiten tot het houden van lokale referenda, bijvoorbeeld over beleidskaders. Dat kan ook de positie van de raad zelf verstevigen, namelijk doordat kaders die door de bevolking gesteund worden, een grotere legitimiteit hebben en het college die kaders daardoor des te meer zal moeten eerbiedigen.

Bij de controlerende rol van de raad gaat het er vooral om of de gestelde kaders door het college, maar wellicht ook de kaders die door de samenleving zijn opgesteld, worden nageleefd. Dan gaat het ook weer om het gesprek hierover om dit te kunnen evalueren (deliberatie!). Een extern klankbord waar (gelote/actieve) bewoners, ondernemers, actievelingen uit het verenigingsleven,... dan zitting in kunnen nemen. Ook de lokale rekenkamer kan hierbij van dienst zijn door eens te evalueren hoe er in enkele dossiers is omgegaan (zowel door raad, als college, als door ambtenaren als door samenleving) met de gestelde (democratische) kaders.

De vertegenwoordigende rol kan versterkt worden als de raad zich bewust blijft van in- en uitsluiting in de eigen lokale gemeenschap (inclusie!). Wie doet er (niet) actief mee? Welke maatschappelijke geluiden voeren de boventoon? Welke belangengroepen lopen de deur van het gemeentehuis plat? Maar vooral ook, wie zie je maar weinig of nooit? Is er een groep die moeite heeft een stem te laten horen aan de raad (burgerlijke vaardigheden en deugden)? Voor de vertegenwoordigende rol van de raad blijft het belangrijk hier alert voor te blijven en een laagdrempelige en uitnodigende houding te hanteren en open te blijven staan voor een gesprek (deliberatie). Ook blijft het in dit verband als raad van belang de eigen oren en ogen open te houden en een intensieve relatie te onderhouden (ook buiten verkiezingstijd!) met de lokale gemeenschap. De vertegenwoordigende rol van de raad kan qua legitimiteit ook versterkt worden door actief feedback te vragen aan de lokale gemeenschap: hebben we het over de relevante dingen in onze raad? In zo'n gesprek zal het lastig zijn om weg te blijven van het politieke, maar zo'n gesprek zou in theorie ook democratisch (machtsvrij) moeten kunnen worden gevoerd. Dat vergt een zorgvuldige voorbereiding. Als raad zou je naast verkiezingen ook tussentijds en als collectief een democratisch functioneringsgesprek kunnen hebben met een bredere vertegenwoordiging uit de samenleving. Dat zou bijvoorbeeld met een (variant op de) G1000 kunnen. Ook zou je als raad (zoals de bedoeling was bij de G1000 in Amersfoort) kunnen overwegen om enkele maanden voorafgaand aan de gemeenteraadsverkiezingen van 2018 een G1000 te houden waarbij door gelote bewoners, ondernemers,... wordt besproken wat de belangrijkste opgaven voor de nabije toekomst zijn.

Verder redenerend vanuit dit onderzoek zou het in breder verband (we denken aan bijvoorbeeld de Vereniging van Nederlandse Gemeenten en het ministerie van BZK) de moeite waard zijn om te verkennen of de rollen van de raad niet toe zijn aan een herdefiniëring. Nu wordt er veelal van uitgegaan dat de gemeenteraad als enige de burgers vertegenwoordigt en namens hen kader stelt en het college controleert. In de praktijk zijn vele burgers (maar niet alle!) zeer wel in staat om zichzelf te vertegenwoordigen of zich door anderen te laten vertegenwoordigen. Misschien zou het – langzamerhand – goed zijn als elke gemeenteraad zich gaat afvragen hoe groot de veerkracht van de lokale samenleving is, en hoeveel organiserend vermogen daar aanwezig is. Vervolgens kan de raad dan een keuze maken voor een model van lokale democratie: in welke verhoudingen wil de raad de traditionele representatieve democratie bijmengen met ander democratievormen? Op die manier wordt de raad minder de enige manifestatie van lokale democratie, maar vooral de kwaliteitsbewaker ervan (vgl. Rob, 2016).

Bibliografie

Biezen, I. Van, 'Partijen en democratie: revitaliseren of herdefiniëren?', Lange, S.L. de, Leyenaar, M., & Jong, P. de (red.), *Politieke partijen: overbodig of nodig?,* Den Haag: 2014, pp.31-42.

Boluijt, B., Drosterij, G. & Hendriks, F., 'Omgaan met botsende verwachtingen: Burgers aan Zet! in Dordrecht', Hendriks & Drosterij (red.), *De zucht naar goede bestuur in de stad. Lessen uit een weerbarstige werkelijkheid*, Den Haag, 2012, pp.31-47.

Boogers, M. & Tops, P.W., *De toor'n van de stad. Een essay over het Groninger referendum van 21 februari 2001 en de kwaliteit van de lokale democratie*. Universiteit van Tilburg, 2001.

Boogers, M. & Tops, P.W., Hoe het referendum werd 'gewonnen'. Een evaluatie van het Groninger referendum van 29 november 2005. Universiteit van Tilburg, 2005.

Bovens, M., 'Fluiten in het donker', *Beleid en Maatschappij,* 2014/2, pp.175-176.

Bovens, M., & Wille, A., 'Politiek vertrouwen langs de meetlat', *Socialisme & Democratie*, 2008/10, pp.32-43.

Bovens, M., & Wille, A., *Diplomademocratie: over de spanning tussen meritocratie en Democratie*, Amsterdam: 2011.

Cooke, M., 'Five Arguments for Deliberative Democracy', *Political Studies,* 2000/48, pp.947-969.

Dryzek, J. (2000). *Deliberative democracy and beyond. Liberals, critics, contestations*, New York: 2000.

Graaf, L.J. de, 'De Raad van burgers', *Lokaal bestuur,* 2009/7, pp.18-19.

Graaf, L.J. de, 'Is interactief beleid nu een instrument of is het democractisch?', *Bestuurswetenschappen,* 2009/2, pp.52-59.

Graaf, L.J. de, Schaap, L., Boogers, M.J.G.J.A., Mulder, L.W.D., 'Lokale referenda in Nederland sinds 1990', *Openbaar Bestuur,* 2009/8, pp.23-31.

Graaf, L.J. de, Schaap, L., Theuns, M., Raadswerk is maatwerk, Tilburg: 2016 (i.o.v. Raadslid.Nu).

Hendriks, F., *Democratie onder druk: over de uitdaging van de stemmingendemocratie*, Amsterdam: 2012.

Hendriks, F., *Vitale democratie: Theorie van democratie in actie,* Amsterdam: 2006.

Hendriks, F. T. Metze, G. Broek, L. de Graaf, G. Haanen, M. van Hulst en T. van de Wijdeven (2015), *Samen leren over een participerende overheid.* Community of Practice Gemeente Tilburg, actieve burgers en Tilburg University, Tilburg: Tilburgse School voor Politiek en Bestuur.

Kruiter, A., & de Lange, S., 'De toekomst van de gemeenteraad', *Beleid en Maatschappij,* 2014/2, pp.143-145.

Michels, A., & Binnema, H., 'De realisatie van democratische waarden in Amersfoort, Uden en Kruiskamp' (rapport), Den Haag: 2015.

Michels, A.M.B., Graaf, L.J. de, 'Examining Citizen Participation: Local Participatory Policy Making and Democracy', *Local Government Studies,* 2010/4, pp.477-791.

Pels, D., *Het volk bestaat niet: leiderschap en populisme in de mediademocratie*, Amsterdam: 2011.

Putnam, R., *Bowling Alone: The Collapse and Revival of American Community.* New York: 2000.

Reybrouck, D. Van, *Tegen Verkiezingen*, Amsterdam: 2013.

ROB – Raad voor het Openbaar Bestuur, *'15,9 uur: De verbindende rol van het raadslid in een vitale democratie'*. Den Haag, 2016.

Schiller, T., 'Local Direct Democracy in Europe – a comparitive overview', Schiller, T. (ed.), *Local Direct Democracy in Europe,* Wiesbaden: 2011, pp. 9-29.

Tonkens, E., Trappenburg, M., Hurenkamp, M., & Schmidt, J., *Montessori-democratie: spanningen tussen burgerparticipatie en de lokale politiek,* Amsterdam: 2015.

Wijdeven, T. van de, Graaf, L.J. de, Hendriks, F., *Actief burgerschap: lijnen in de literatuur*, Tilburg: 2013.

Young, I. M., *Inclusion and democracy,* New York: 2000.

Begrotende burgers, betere burgers?

Bevindingen uit district Antwerpen

Thibaut Renson

1. Inleiding

Als democratie gaat over het debat bij welke beslissingen onze samenleving het meeste gebaat is, dan is het onze plicht als burgers (wiens belangen onze vertegenwoordigers dienen) om na te denken over wat volgens ons (vanuit onze eigen leefwereld en ervaring) goed is voor de samenleving.[1] Als beleid finaal de samenleving moet dienen, dan volgt hieruit dat het stemmen voor een partij louter omwille van de verwachting dat die je belastingen zal verlagen of je net aangekochte zonnepanelen economisch rendabel zal maken, niet alleen moreel contra-intuïtief, maar ook materieel ondoeltreffend is.

Vanuit dit perspectief is sociaal leren (leren van elkaars inzichten en ervaringen) van cruciaal belang. Want om beleid vorm te geven waarbij de samenleving als dusdanig het meeste gebaat is, is het essentieel om het perspectief van diegenen die niet je leefwereld of ervaring delen te begrijpen en te waarderen.

In dit licht is het interessant vast te stellen dat politieke theoretici veronderstellen dat deliberatieve democratie (de vorm van participatie waarbij burgers samen aan tafel worden gebracht om te debatteren over beleid) sociaal leren stimuleert.[2]

Tot op vandaag beschikken we echter over onvoldoende empirische data om die claim hard te kunnen maken. Via een analyse van de Antwerpse Burgerbegroting wil deze studie daarom nagegaan of deliberatie sociaal leren daadwerkelijk stimuleert. En indien ja, bij welke burgers dit het geval is.

Dit onderzoek concludeert dat de Antwerpse Burgerbegroting daadwerkelijk betere burgers baarde, maar ook dat de 'sociaal geleerden' vooral mannelijk en hoogopgeleid zijn.[3]

In het eerste deel van deze bijdrage staan we uitgebreid stil bij deliberatie als specifieke vorm van participatie. Dit deel openen we met een antwoord op de vraag waarom lokale besturen hun burgers überhaupt mee zouden laten participeren

---

1 T. Renson, "Baart Antwerpse Burgerbegroting Betere Burgers?" In: *Samenleving en Politiek,* maart 2018.

2 R. Barraclough, "Social Learning and Deliberative Democracy". In *Engaged Scholarship: The Politics of Engagement and Disengagement*, ed. T. Shultz and T. Kajner (Rotterdam: Sense Publishers, 2013); John S. Dryzek, *Deliberative Global Politics: Discourse and Democracy in a Divided World* (Cambridge: Polity, 2006); M. Welton, "Civil Society and the Public Sphere: Habermas' Recent Learning Theory" *Studies in the Education of Adults* 33, no.1 (2001); S.G. Park, "The Significance of Civility in Deliberative Democracy". In *Conference of the Public Opinion Research in Digital Age (PORDA) Project* (Seoul, Korea 2000).

3 Renson.

aan het beleid. In het tweede deel leggen we uit wat in dit werkt bedoeld wordt met die andere centrale term: sociaal leren. In het derde deel gaan we dan op zoek naar dit fenomeen bij de deelnemers van de Antwerpse Burgerbegroting. Hierin leggen we eerst uit hoe die Burgerbegroting georganiseerd wordt en wat wij er precies verwachten in terug te vinden. Daarna beschrijven we hoe we getracht hebben dit te vinden en wat we uiteindelijk gevonden hebben; leerden de begrotende burgers nu daadwerkelijk van elkaars inzichten en ervaringen? En bij wie gaat dit op? In het laatste deel bespreken we deze empirische bevindingen in het licht van de politieke praktijk: wat betekenen deze resultaten nu voor het beleid?

2. Deliberatie: specifieke vorm van participatie

2.1. Waarom burgers betrekken?

Traditioneel bestaat participatie op lokaal niveau uit een klein aantal georganiseerde burgers die in adviesraden zetelen en een nog geringer aantal burgers die op zaterdagochtend tijdens het zituur van de burgemeester misnoegd naar het stadhuis trekken. Vandaag zien we heel wat meer diverse vormen van participatie voet in de Dorpsstraat zetten. Participatievormen die er ook in slagen heel wat meer burgers te bereiken. Niet alleen participeren burgers steeds vaker van onderuit aan het beleid, door bijvoorbeeld protestacties, petities of boycots ('creatie-participatie'[4]), maar ook lokale besturen springen steeds vaker zelf mee op de participatiekar via bijvoorbeeld inspraakavonden, burgerkabinetten en burgerbegrotingen ('invitatie-participatie').

De Vereniging van Vlaamse Steden en Gemeenten (VVSG) haalt in een rapport rond participatie aan waarom beleidsmakers burgers steeds vaker uitnodigen om te participeren aan de voorbereiding, uitvoering of evaluatie van het beleid.[5] Ten eerste is er het juridische argument: 'omdat het moet'. Het Decreet Lokaal Bestuur verplicht beleidsmakers bijvoorbeeld om een volksraadpleging te organiseren wanneer 10 à 20% van de bevolking[6] hiertoe initiatief neemt. Ten tweede is er sprake van een moreel argument: 'omdat het zo hoort'. Hierbij vragen lokale besturen burgers om mee het beleid vorm te geven, zonder dat zij hiertoe bij wet verplicht zijn. Omdat ze geloven dat dit – vanuit democratische overwegingen – hun morele plicht is. Ten derde haalt men een instrumenteel argument aan: 'omdat het loont'.

Dit laatste argument heeft betrekking op de kwaliteit van het beleid, de legitimiteit van het beleid en sociaal leren. Het eerstgenoemde veronderstelt dat participatie tot betere beslissing leidt. De redenering hierbij luidt als volgt: beleidsmakers kunnen nooit voldoende zicht hebben op de specifieke problemen (en dus oplossin-

[4] De termen 'creatie-participatie' en 'invitatie-participatie' zijn vertalingen van de gestandaardiseerde Engelse termen *participation in the invented vs. invited space.*

[5] VVSG, "Waarom Beleidsparticipatie Organiseren?," (Brussel: Vereniging van Vlaamse Steden en Gemeenten, 2011).

[6] Afhankelijk van de grootte van de gemeente.

gen) in een bepaalde wijk of straat. Inwoners zijn dan de experts die je nodig hebt om tot betere beslissingen te komen.
Dat participatie de legitimiteit van het beleid vergroot, is gestoeld op de veronderstelling dat het loutere gegeven dat burgers betrokken worden (tussen verkiezingen in) ervoor zorgt dat – ongeacht de uitkomst – het draagvlak voor het beleid vergroot. Het laatstgenoemde rendement veronderstelt dat burgers betere burgers worden wanneer ze betrokken worden bij het beleid. Dat wanneer burgers samen participeren aan het beleid, ze gaan leren van elkaars inzichten en ervaringen. Hetgeen belangrijk is om die burgers te laten samenleven in een lokale gemeenschap.

Er is één specifieke vorm van participatie waarvan men aanneemt dat ze bij uitstek sociaal leren stimuleert en aldus van burgers betere burgers maakt: de deliberatieve democratie.[7]

2.2. Deliberatieve democratie: aan tafel!

Deliberatieve democratie is een vorm van participatie waarbij burgers (online of fysiek) aan tafel worden gebracht om door middel van debat mee het beleid vorm te geven.[8] Het meest gekende voorbeeld van een dergelijk participatief proces in ons land is de G1000. In 2011 kwamen ongeveer 700 Belgen samen om aan kleine tafels te debatteren over thema's die zij belangrijk vonden voor de Belgische politiek. Merk op dat dit initiatief van onderuit getrokken werd (door kunstenaars en intellectuelen) en niet door politici zelf geïnitieerd werd. Meer nog, het initiatief kwam tot stand als antwoord op de politieke impasse die ontstond na de federale verkiezingen van 2010. Dat de afloop van het initiatief niet de verhoopte impact had, was dan ook het resultaat van de afwezigheid van een link met de politieke besluitvorming. Dit maakt de G1000, als vorm van deliberatieve democratie, een typevoorbeeld van 'creatie-participatie'.[9]

Maar ook van bovenaf ('invitatie-participatie') grijpt men steeds vaker naar deliberatie.[10] Het Gentse Burgerkabinet of de Antwerpse Burgerbegroting zijn actuele voorbeelden. In beide gevallen worden burgers uitgenodigd om door middel van onderling debat mee het beleid te bepalen. In het eerste geval gaat het over een advies rond de beleidsevaluatie van het circulatieplan. In het tweede geval gaat over de autonome beslissingsmacht om een vooraf bepaald budget te verdelen over concrete projecten. Merk op dat ook in Gent vorig jaar voor het eerst een budget voorzien werd waarover burgers autonoom konden beschikken. Het Gentse Burgerbudget valt echter niet onder de deliberatieve vorm van participatie. In tegenstelling tot in Antwerpen, werd de verdeling van het budget in Gent vastgelegd na een stemming over de ingediende projecten en werden burgers niet (online of fysiek) samengebracht om met elkaar in debat te gaan.

---

7 Barraclough; Dryzek; Welton; Park.
8 Renson.
9 Zie supra.
10 In wat volgt zal vaak verwezen worden naar 'deliberatie' waar altijd 'democratische deliberatie' of 'deliberatieve democratie' bedoeld wordt.

Zoals uit het bovenstaande kon worden afgeleid, is deliberatie een manier waarop aan participatie gedaan wordt, maar zegt dit in principe niets over de impact die deze vorm heeft. Zo zijn het Gentse Burgerkabinet en de Antwerpse Burgerbegroting allebei vormen van deliberatie, maar is de mate waarin ze impact hebben op het beleid verschillend (advies versus autonome beslissingsmacht). En zo verleent het Gentse Burgerbudget – net zoals de Antwerpse burgerbegroting – autonome beslissingsmacht aan burgers, maar hanteert het geen deliberatieve methode.

Naast de manier van participeren (bv. deliberatie versus stemmen), en haar impact (bv. advies versus autonome beslissingsmacht), kunnen vormen van participatie ook nog ingedeeld worden op basis van de deelnemers die eraan meedoen. Zo kon iedere Gentenaar stemmen op de projecten voor het Burgerbudget en zich inschrijven voor het Burgerkabinet. Bij laatstgenoemde werd nadien onder de ingeschrevenen een zo divers mogelijke groep van effectieve deelnemers geloot. Voor de Antwerpse Burgerbegroting stonden inschrijvingen volledig open. Maar aangezien uit vorige edities bleek dat jongeren ondervertegenwoordigd waren, werd deze groep – via middenveldorganisaties – specifiek aangespoord tot deelname.

Figuur 1 visualiseert de bovengenoemde mogelijke indelingen van vormen van participatie en past deze toe op de Antwerpse Burgerbegroting. De figuur toont aan dat de traditionele participatieladder eigenlijk achterhaald is, aangezien het slechts één zijde van de participatiekubus belicht (invloed).

Figuur 1. De participatiekubus en de Antwerpse Burgerbegroting[11]

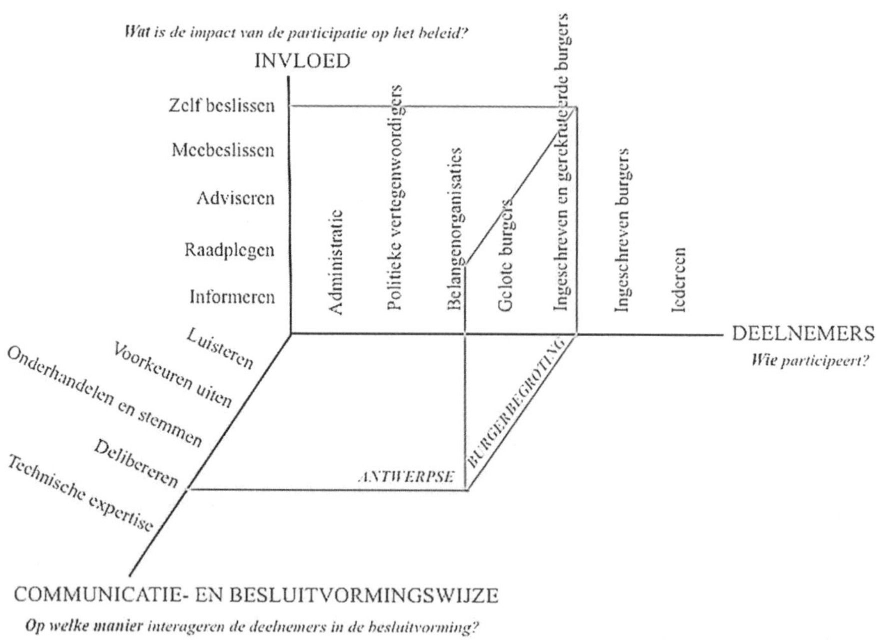

Uiteraard ontbreekt het de bovenstaande figuur ook aan nuance. Zo kan deliberatie op verschillende specifieke manieren worden toegepast: online of fysiek bijvoorbeeld, in een grote plenaire sessie of in kleine groepjes, of via een combinatie van de twee. Met of zonder experts, informatiesessie en afsluitende stemming.

Het al aangehaalde voorbeeld van de Antwerpse Burgerbegroting is een concrete uitwerking van wat men in de literatuur een '*mini-public*' noemt, als specifieke vorm van deliberatie.[12] In een *mini-public* wordt een diverse groep burgers door beleidsmakers uitgenodigd ('invitatie-participatie') om in kleine gemodereerde groepjes te debatteren over een bepaald issue waarbinnen het verlenen van (briefing)informatie aan de deelnemers een belangrijk onderdeel vormt.

In Antwerpen debatteerden deelnemers met 5 à 7 aan een kleine tafel. Een vliegende moderator (die geen plaatsneemt aan de tafel) kijkt erop toe dat niemand het gesprek domineert en iedereen aan bod komt. En voor elk debat worden deelnemers uitgebreid geïnformeerd door de organisatoren, zowel praktisch als inhoudelijk.
In wat volgt focussen we verder op die Antwerpse Burgerbegroting en onderzoeken we of die het sociaal leren onder haar deelnemers stimuleert. Sociaal wat?

3. SOCIAAL LEREN: WIE ZIJN BEST DOET KAN HET VAN DE ANDERE LEREN

We haalden al aan dat één van de argumenten voor beleidsmakers om burgers te betrekken bij het beleid, het veronderstelde effect van sociaal leren is. Burgers zouden door participatie betere burgers worden; door samen betrokken te worden bij het beleid zouden burgers leren van elkaars inzichten en ervaringen.[13] Meer bepaald zouden burgers sociaal leren door meer te weten te komen over de meningen van anderen en deze meer weten te appreciëren. Op die manier omvat sociaal leren twee pijlers: 'kennis' en 'attitude'.[14]

> Sociaal leren = *leren van elkaars inzichten en ervaringen → kennis en appreciatie van tegengestelde meningen*
>
> *Kennis: het leren begrijpen van andere meningen en de eigen mening begrijpelijk kunnen maken voor anderen*

---

11 A. Fung, "Varieties of Participation in Complex Governance". In: *Public Administration Review*, no. Special Issue (2006).

12 M.B. Brown, "Survey Article: Citizen Panels and the Concept of Representation". In: *Journal of Political Philosophy* 14 (2006); A. Fung, "Survey Article: Recipes for Public Spheres: Eight Institutional Design Choices and Their Consequences," ibid.11, no. 3 (2003); R.E. Goodin and John S. Dryzek, "Deliberative Impacts: The Macro-Political Uptake of Mini-Publics". In: *Politics and Society* 34 (2006); M. Setala and K. Herne, "Normative Theory and Experimental Research in the Study of Deliberative Mini-Publics". In: *Deliberative Mini-Publics. Involving Citizens in the Democratic Process.*, ed. K. Gronlund, André Bächtiger, and M. Setala (Essex: ECPR Press, 2014).

13 Barraclough.

14 Park.
De volledige conceptualisering omvat ook de pijler 'gedrag': het leren begrip te tonen voor andere meningen, de eigen mening daadwerkelijk begrijpelijk maken en andere perspectieven waarderen. Deze pijler wordt echter niet in deze (maar in volgende) publicatie(s) onderzocht.

Attitude: het leren overstijgen van het perspectief van de eigen leefwereld

Uit de schematisch indeling hierboven kan worden afgeleid dat het leren begrijpen van andere meningen (kennis) niet zomaar inhoudt dat delibererende burgers zich bewust worden van wat anderen denken. De indicator slaat op het leren begrijpen waarom mensen denken zoals ze denken. Een noodzakelijke voorwaarde opdat delibererende burgers van elkaars visies kunnen leren, is dat zij in staat zijn om de eigen mening begrijpelijk te maken voor anderen (kennis). Dit is dus ook een – meer impliciete – indicator van sociaal leren. In staat zijn om uit te kunnen leggen waarom je een bepaalde mening hebt, impliceert immers een begrip dat anderen niet noodzakelijk dezelfde achtergrond, wereldvisie of ervaring delen.[15] Het spreekt voor zich dat het een explicietere vorm van sociaal leren betreft wanneer deze verschillen (in betekenis, sociale mening, noden) in rekening worden gebracht in het vormen van de eigen mening (attitude). Sociaal leren gaat met andere woorden over het leren begrijpelijk maken van de eigen mening, die van anderen, en het leren overstijgen van het eigen perspectief.

Zoals al aangehaald, is er één specifieke vorm van participatie waarvan verondersteld wordt dat ze bij uitstek het sociaal leren stimuleert, en aldus van burgers betere burgers maakt: de deliberatieve democratie.[16] De vraag is of die theoretische veronderstelling ook in de praktijk opgaat.

4. De Antwerpse Burgerbegroting onderzocht

4.1. Had je 1,1 miljoen, wat zou jij dan doen?

Zoals al vermeld is de Antwerpse Burgerbegroting een typisch voorbeeld van een *mini-public*: door beleidsmakers, voor diverse burgers, in kleine groepen, gemodereerd, op basis van informatie.[17] Specifiek voorziet het Antwerpse districtsbestuur[18] sinds 2013 elk jaar 1,1 miljoen euro (10% van haar totale budget) voor haar burgers. De inwoners van het district bepalen autonoom hoe dit bedrag gespendeerd wordt (binnen de districtsbevoegdheden) en voeren deze investeringen tenslotte zelf uit (onder begeleiding van het districtsbestuur). De besluitvorming gebeurt in drie fasen waarin voor deelname aan iedere fase open inschrijvingen gehanteerd worden (er kan dus in elke fase (opnieuw) in- of uitgestapt worden).

In de eerste fase ('startmomenten') bepalen de deelnemers voor welke 12 beleidsdomeinen men geld wil voorzien. Er zijn 8 van die startmomenten, allemaal in verschillende wijken van het district. Hierop wordt met 6 à 7 deelnemers per tafel ge-

---

15 M. Janssens en C. Steyaert, *Meestemmigheid: Organiseren Met Verschil* (Leuven: University Press, 2001).

16 Barraclough; Dryzek; Welton; Park.

17 Brown; A. Fung, "Survey Article: Recipes for Public Spheres: Eight Institutional Design Choices and Their Consequences". ibid.11, no. 3 (2003); Goodin and Dryzek; Setala and Herne.

18 In 2000 besliste het Antwerpse stadsbestuur om een aantal bevoegdheden over te dragen naar de negen districten van de stad (waaronder Antwerpen, als meest centrale en grootste district).

debatteerd en bij consensus beslist op welke 5 thema's deze of gene tafel wil inzetten (indien er geen consensus gevonden wordt, wordt er gestemd). Alle gekozen thema's over de verschillende startmomenten worden opgeteld en de 12 meest gekozen thema's worden meegenomen naar de 'districtsfora'.

In deze tweede fase wordt er op basis van twee momenten gekozen hoe de 1,1 miljoen euro verdeeld wordt over de 12 gekozen thema's. Dit gebeurt aan de hand van pokerchips. Elke deelnemer krijgt 12 pokerchips in een eigen kleur, elk ter waarde van 10 000 euro. Aan elke tafel zitten ongeveer 8 personen die uiteindelijk hun pokerchips moeten verdelen over de twaalf thema's. Aangezien een thema pas geldig is als er minstens vier verschillende kleuren (lees: deelnemers) op ingezet hebben en dit samen minstens 60 000 euro is, staat de uitwisseling van argumenten hierin centraal. Deelnemers mogen ook de tussenstand aan de andere tafels bekijken om hun eigen keuze hierop te baseren. Uiteindelijk moeten alle deelnemers aan een tafel het eens zijn over de verdeling van alle pokerchips voordat hun verdeling meegenomen wordt voor de einduitslag. Het gemiddelde resultaat van alle tafels over de twee districtfora bepaalt de uiteindelijke verdeling van het budget.

De laatste fase betreft een eenmalige bijeenkomst ('het Burgerbegrotingsfestival') waarbij er aan tafels van 5 à 7 deelnemers per consensus beslist wordt voor welke specifieke projecten men geld wil voorzien. Na de tweede fase kunnen burgers immers zelf projecten indienen binnen de al gekozen thema's. De resultaten van alle tafels worden ten slotte opgeteld en de projecten gerangschikt. Voor de hoogst gerangschikte projecten wordt geld voorzien, tot het budget volledig opgebruikt is. In de praktijk hebben de meeste deelnemers ook zelf (vaak als medewerker, vrijwilliger of lid van een organisatie) een project ingediend waardoor zij specifieke belangen hebben. Men tracht de invloed hiervan op de deliberatie (deels) te neutraliseren door deelnemers te verplichten om aan (minstens) twee tafels te gaan plaatsnemen, waardoor iedereen ook moet debatteren over een thema waarbinnen men (zeker) geen project ingediend heeft.

Nu we uitgelegd hebben wat de Antwerpse Burgerbegroting precies is, verduidelijken we in het volgende onderdeel waarom die Antwerpse case een belangrijke wetenschappelijke waarde heeft en wat we in het bestuderen ervan precies verwachten terug te vinden.

4.2. Veel geschreven, weinig gemeten

Sinds de jaren 1990 is er enorm veel aandacht gegaan naar deliberatieve democratie in de politieke wetenschappen en filosofie. Heel wat theoretici zijn zich sinds dan beginnen verdiepen in deliberatie en haar veronderstelde effecten. Toch is er tot op heden in de literatuur disproportioneel veel minder aandacht besteed aan empirie, dan dit het geval was voor de theorievorming. En dit is in het bijzonder het geval met betrekking tot de relatie tussen sociaal leren en deliberatie. Theoretici veronderstellen – redelijkerwijs – dat wanneer burgers samengebracht worden om te debatteren over beleid, ze gestimuleerd worden om te leren van elkaars inzichten en ervaringen. Maar eigenlijk is er tot op vandaag onvoldoende empirisch inzicht om die veronderstelling hard te kunnen maken.

We stellen vast dat er in het huidige empirisch onderzoek naar deliberatieve democratie amper gefocust wordt op sociaal leren. En daar waar dit wel het geval is, zijn onderzoekers hoofdzakelijk afhankelijk van de zelfrapportering van participanten. Hierbij bestudeert men de perceptie van bepaalde potentiële uitingen van sociaal leren (in plaats van sociaal leren rechtstreeks te meten).[19] Of meet men deliberatie via de zelfrapportering van de frequentie waarin participanten 'denken gesprekken gehad te hebben met mensen waarmee ze het niet eens zijn' (in plaats van onderzoek in een deliberatief democratische setting, zoals de Antwerpse Burgerbegroting).[20] Dit betekent dat we tot op vandaag niet weten in welke mate het veronderstelde deliberatief democratische effect op sociaal leren daadwerkelijk empirisch valabel is.

Aangezien er enerzijds een (aannemelijke) theoretische consensus over heerst en er anderzijds een aantal betekenisvolle empirische bevindingen zijn uit onderzoek dat grenst aan deze studie, kunnen we veronderstellen dat deliberatief democratische processen daadwerkelijk sociaal leren stimuleren. Aan de hand van het zelf rechtstreeks meten van de indicatoren van sociaal leren (in plaats van te vragen aan de deelnemers of ze het gevoel hebben gehad sociaal geleerd te hebben) in een deliberatief democratische setting (in plaats van te vragen aan deelnemers of ze vaak dan wel weinig discussiëren met mensen met een andere mening in hun dagelijks leven), testen we in wat volgt onderstaande verwachting.

Verwachting 1: Deelname aan de Antwerpse Burgerbegroting stimuleert sociaal leren onder de deelnemers.

Daarnaast verwachten we ook nog twee andere fenomenen. In het eerste deel van deze bijdrage werd vermeld dat, in tegenstelling tot de traditionele, nieuwe vormen van participatie erin slagen meer mensen te betrekken bij het lokale beleid. Wat toen niet vermeld werd, is dat die grotere groep die hiermee bereikt wordt, vaak uit dezelfde type burgers bestaat. Empirisch onderzoek bevestigde al dat de zogenaamde 'participatie-elite' van mannen en hoogopgeleiden vaak oververtegenwoordigd zijn wanneer burgers uitgenodigd worden om deel te nemen aan het beleid.[21]

Als we nu verder redeneren op basis van onze eerste verwachting en er dus vanuit gaan dat burgers door deliberatie sociaal leren, en we weten dat die burgers voornamelijk mannelijk en hoogopgeleid zijn, is de vraag in welke mate die specifieke kenmerken van die burgers (namelijk hun geslacht en opleiding), er al dan niet voor zorgen dat het effect van sociaal leren tot stand komt. Misschien leren burgers pas van elkaar omdat ze vooraf al een aantal kenmerken bezitten, die van hen kansrijke burgers maken? Misschien leren burgers sociaal omdat ze hoogopgeleid zijn en

19 K.M. Hansen, "Deliberative Democracy and Opinion Formation" (University of Southern Denmark, 2004); Ank Michels and Laurens De Graaf, "Examining Citizen Participation: Local Participatory Policy Making and Democracy". In: *Local Government Studies* 36, no. 4 (2010); V. Price and J.N. Cappella, "Online Deliberation and Its Influance: The Electronic Dialogue Project in Campaign 2000". In: *IT&Society* 1, no.1 (2002).

20 Park.

21 S. McNulty, "Barriers to Participation: Exploring Gender in Peru's Participatory Budget Process". In: *The Journal of Development Studies* 51, no.11 (2015).

dus een hogere politieke kennis, vertrouwen en interesse hebben? Of omdat ze – in tegenstelling tot vrouwen – niet geconfronteerd worden met een glazen plafond? Daar waar het omgekeerde ook kan gelden (het deliberatieve effect op sociaal leren kan groter zijn bij zij die juist niet over deze 'politiek ontwikkelde' kenmerken beschikken), luidt de verwachting dat deze kenmerken er juist voor zorgen dat het effect op sociaal leren versterkt wordt.

Verwachting 2.1: Mannen leren meer sociaal dan vrouwen door deelname aan de Antwerpse Burgerbegroting.

Verwachting 2.2: Hoogopgeleiden leren meer sociaal dan laagopgeleiden door deelname aan de Antwerpse Burgerbegroting.

De vraag is nu hoe in zo'n deliberatief traject het sociaal leren van de participanten gemeten kan worden. Dit behandelen we hierna, waarna we de uiteindelijke resultaten van de studie beschrijven.

4.3. Sociaal leren: hoe onderzoeken?

Voor elke fase van de Antwerpse Burgerbegroting hebben we de deelnemers een survey voorgeschoteld.[22] Hierin werd gevraagd voor welk thema de deelnemers zeker geld wilden voorzien en waarom.[23] Daarna vroegen we wat andere burgers zouden kunnen zeggen, die aan dit thema juist geen geld zouden willen spenderen.

Na elke fase deden we dit opnieuw, en stelden we exact dezelfde vragen.[24] Dit deden we om te bestuderen of en hoe de argumentatie voor de eigen mening en de mogelijke argumentatie van de mening van anderen evolueerde, voor versus na een bepaalde fase. Meer bepaald gingen we op zoek naar die kenmerken in de argumentatie die al dan niet overeenkwamen met de indicatoren van sociaal leren.

Met betrekking tot de argumentatie voor de eigen mening ('het waarom van de eigen prioriteit') bestudeerden we specifiek of respondenten al dan niet in staat waren om concrete redenen aan te geven waarom zij hun thema prioritair vinden. Wanneer respondenten er niet toe in staat waren concrete redenen aan te geven (bv. thema: meer groen; "omdat er dringend nood aan is"), werd hun argumentatie gelabeld als 'ongekwalificeerd'.[25] Als zij hier wel toe in staat waren (bv. thema: verkeersveiligheid; "omdat ik als zwakke weggebruiker ervaar dat het bijzonder onveilig is in Antwerpen te fietsen"), dan werd hun argumentatie gelabeld als 'gekwalificeerd'. Dit is de concrete vertaling van die ene kennis-indicator van hierbo-

22 Renson.
23 J.N. Cappella, V. Price, and L. Nir, "Argument Repertoire as a Reliable and Valid Measure of Opinion Quality: Electronic Dialogue During Campaign 2000". In: *Political Communication* 19 (2002).
24 Renson.
25 Marco R. Steenbergen et al., "Measuring Political Deliberation: A Discourse Quality Index". In: *Comparative European Politics* 1, no.1 (2003).

ven; wanneer respondenten hier voordien niet, maar nadien wel toe in staat waren, hebben zij geleerd de eigen positie begrijpelijk te maken.

Als die concrete redenen, ten slotte, ook nog eens beslag hadden op meer dan één individu ('ik') of meer dan één specifieke groep ('de zwakke weggebruikers'), en dus betrekking hadden op meerdere groepen, de samenleving als dusdanig of het milieu, dan werd de argumentatie gelabeld als 'publiek (gekwalificeerd)' (bv. thema: meer groen; "de stad is volgebouwd en dat is erg slecht voor de luchtkwaliteit en onze luchtwegen"). Dit is dan weer de concrete vertaling van de attitude-indicator; wanneer respondenten dit voordien niet, maar nadien wel rapporteerden, hebben zij geleerd de eigen leefwereld te overstijgen.

Met betrekking tot die andere kennis-indicator (leren begrijpen van de mening van anderen) bekeken we welke redenen respondenten aangaven waarom andere burgers juist geen geld zouden inzetten op de prioriteit van de betrokken respondent. Respondenten die vooraf geen enkele concrete reden gelinkt aan hun thema konden aangeven ('ongekwalificeerd'), maar nadien wel, leerden sociaal.

In deze bijdrage focussen we ons op de surveyresultaten van de eerste en tweede fase van de Burgerbegroting van 2017.[26] Op de 175 delibererende burgers uit de eerste fase (alle startmomenten samengeteld) en de 102 uit de tweede fase (de twee districtfora) hebben respectievelijk 77 (fase 1) en 36 (fase 2) deelnemers zowel de pre- als de post-survey ingevuld. Op die manier bekomen we betrouwbare responsgraden van respectievelijk 44% en 35%. Aangezien heel wat respondenten wel de pre-, maar niet de post-survey invulden, beschikken we over aanzienlijke proporties socio-demografische gegevens van de totale populatie (80% van alle deelnemers in fase 1, 44% in fase 2).

Als we de groep waarvan we het sociaal leren in wat volgt bestuderen (diegenen die zowel de pre als post hebben ingevuld) op geslacht, leeftijd en opleiding vergelijken met diegenen bij wie we dit niet kunnen doen (diegenen die enkel de pre ingevuld hebben), dan zijn deze bijna identiek aan elkaar. De testen op statische significantie zijn dan ook negatief.[27] Dit betekent heel concreet dat de respondenten waarvan we alle data hebben om hun sociaal leren te kunnen analyseren, niet verschillen van die deelnemers die niet in onze analyse voorkomen. Er is dus geen reden om aan te nemen dat de rest van de deelnemers anders geleerd heeft dan diegenen die in de onderstaande analyse opgenomen zijn (deelnemers die zowel de pre- als de post-survey invulden). Dit vrijwaart de betrouwbaarheid van onze resultaten.

4.4. Leren burgers van elkaars inzichten en ervaringen?

Ten eerste stellen we met vast dat de grote meerderheid van de respondenten al bij aanvang concrete redenen voor de eigen mening konden aangeven. 67% van de deelnemers bij fase 1 en 78% van de deelnemers bij fase 2 lieten bij aanvang een gekwalificeerde argumentatie voor de eigen mening optekenen. In de eerste fase rapporteerde iets meer dan een derde hiervan een gekwalificeerde publieke argumentatie (25%), in de tweede fase betrof de publieke variant zelfs meer dan de helft van de gekwalificeerde argumenten (42%). Dit betekent concreet dat een aanzienlijke proportie van de deelnemers vooraf al concrete redenen aanhaalden voor de eigen mening die betrekking hebben op meer dan louter zichzelf of een specifieke groep (waarvan zij deel uitmaken).

Figuur 2 & 3 tonen het resultaat van de vergelijking – per respondent – tussen die pre-argumentatie en de gerapporteerde argumentatie na afloop van de respectievelijk eerste en tweede fase van de Burgerbegroting.[28] Er is sprake van sociaal leren wanneer argumenten 'publiek (gekwalificeerd)' (concrete redenen die betrekking

[26] De derde en laatste fase ('Burgerbegrotingsfestival') is niet opgenomen in deze kwantitatieve analyse aangezien de responsgraad hier te laag lag om valide resultaten te bekomen (9%). Het feit dat de responsgraad hier veel lager lag dan in fase 1 en 2 (terwijl dezelfde techniek ten aanzien van gelijkaardige – en vaak ook dezelfde – deelnemers) is opmerkelijk. In het discussiegedeelte komen we hierop terug. Renson.

[27] Op basis van een paired samples test.

[28] Renson.

hebben op meer dan één individu of groep) of 'gekwalificeerd' (gewoon concrete redenen) worden. In het eerste geval kan dit zowel gaan over een evolutie van een (niet-publiek) gekwalificeerde (gewoon concrete redenen), als van een ongekwalificeerde pre-argumentatie (geen concrete redenen). In het tweede geval gaat het uitsluitend om ongekwalificeerde pre-argumentaties (geen concrete redenen) die evolueren naar een (niet-publieke) gekwalificeerde post-argumentatie (gewoon concrete redenen).

Figuur 2. Stap 1: individuele evolutie eigen argument (N = 64)[29]

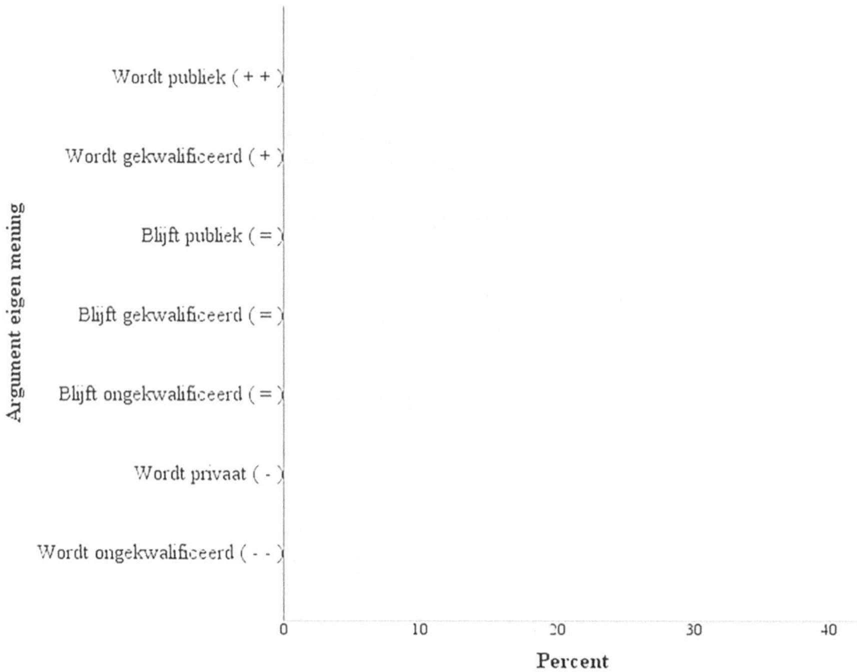

De eerste en tweede fase tonen een gelijkaardige, sterk positieve evolutie in sociaal leren.[30] Na de eerste fase stellen we een effect van sociaal leren vast bij 27% van de respondenten: 13% van de respondenten toont een gekwalificeerde argumentatie na afloop van de deliberatie terwijl ze hier voordien niet over beschikten, bij 14% van de respondenten toont de post-argumentatie zelfs een evolutie naar een (gekwalificeerd) publiek karakter. Bij afloop van de tweede fase is het effect van sociaal leren nog sterker: 36% van de respondenten toont aan de hand van de argumentatie voor de eigen mening sociaal geleerd te hebben. Bij 7% van de respondenten is er een evolutie naar een gekwalificeerde argumentatie, bij maar liefst 29% is er een evolutie naar een (gekwalificeerd) publiek argument – de meer expliciete indicator van sociaal leren.

---

29 Op basis van de conceptualisering van sociaal leren in dit werk (zie supra), verwijst de '+' (vs. '++') in figuren 2, 3 en 4 naar de meer impliciete (versus de meer expliciete) vormen van sociaal leren.

30 Renson.

Figuur 3. Stap 2: individuele evolutie eigen argument (N = 28)

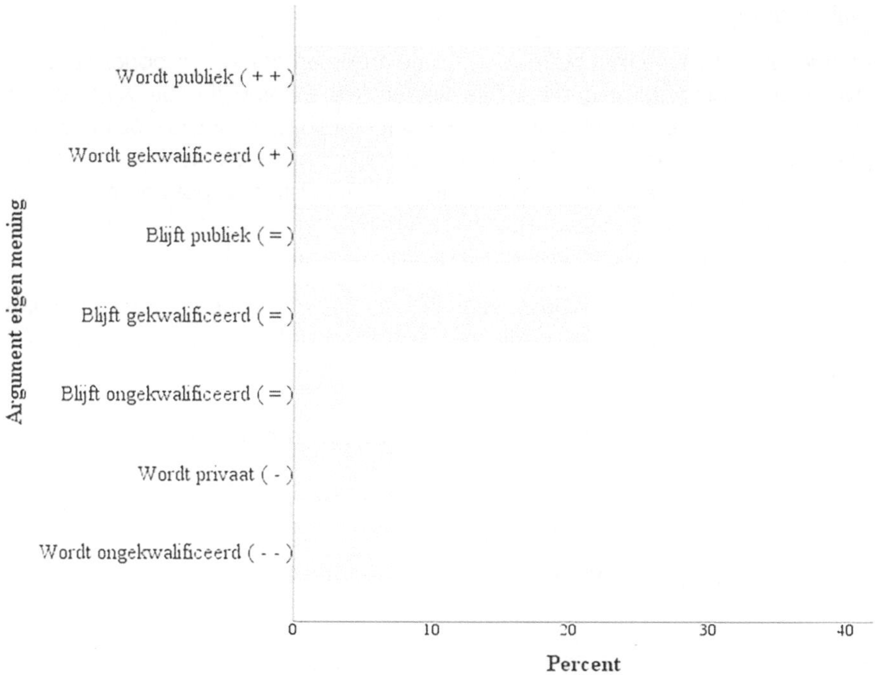

Wat we hieruit concluderen is dat ongeveer een derde van de respondenten sociaal leerde door vooraf respectievelijk geen concrete of (concreet) publieke redenen aan te kunnen geven om de eigen mening te beargumenteren maar daar nadien wel in slaagden.[31] Bij de meerderheid hiervan hadden die concrete post-redenen een publiek karakter en hadden ze dus beslag op meer dan één individu of één groep en betroffen ze meerdere groepen, de samenleving als dusdanig, of het milieu – de meer expliciete (lees: vergaande) indicator van sociaal leren.

Daarenboven dient het opgemerkt te worden dat het merendeel van de respondenten die hier niet als sociaal geleerden gecategoriseerd worden al bij aanvang een gekwalificeerde argumentatie hadden en deze behielden (53% bij fase 1, 46% bij fase 2).[32] Hiervan beschikte meer dan een derde bij aanvang van fase 1 (19%) en meer dan de helft bij fase 2 (25%) zelfs over een gekwalificeerd publiek argument; deze konden dus niet meer sociaal leren. Desalniettemin, slaagden zij er wel in dit type van redeneren aan te houden. Dat zij – aangezien ze er niet op vooruitgingen – onder de restgroep van niet-sociaal geleerden vallen, versterkt het positieve effect van sociaal leren wat betreft de argumentatie voor de eigen mening. Bovendien stellen we slechts bij een relatief beperkt aantal respondenten een negatieve evolutie vast (11% bij fase 1, 14% bij fase 2); in casu respondenten bij wie de publiek gekwalificeerde pre-argumentatie evolueerde naar een louter gekwali-

[31] Ibid.
[32] Ibid.

ficeerde post-argumentatie ('wordt privaat'), of bij wie de (louter) gekwalificeerde pre-argumentatie een ongekwalificeerde post-argumentatie werd ('wordt ongekwalificeerd').

Ten tweede stellen we met betrekking tot de argumentatie die respondenten opgaven over de mening van anderen (die niet met hun mening akkoord zijn) vast dat driekwart hiervan een ongekwalificeerd karakter had bij aanvang van de Burgerbegroting; 74% voor fase 1 en 77% voor fase 2.[33] Met andere woorden: in tegenstelling tot wat betreft de eigen mening, waren slechts weinig respondenten voor de start van de deliberatie in staat duidelijke redenen aan te geven waarom andere mensen niet dezelfde prioriteiten als hen zouden kunnen hebben.

Figuur 4 toont het resultaat van de vergelijking – per respondent – tussen die pre-argumentatie en de gerapporteerde argumentatie na afloop van de respectievelijk eerste en tweede fase van de Burgerbegroting.[34]

Figuur 4. Stap 1 & 2: individuele evolutie mening anderen

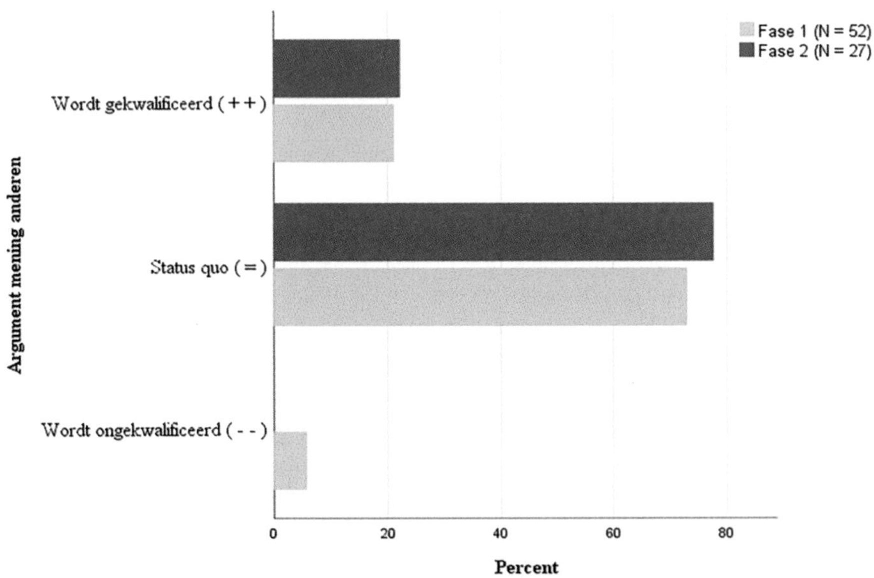

Opnieuw stellen we vast dat de eerste en de tweede fase een gelijkaardige en aanzienlijk positieve evolutie in sociaal leren aantonen.[35] Na de eerste fase constateren we een effect van sociaal leren bij 21% van de respondenten, na de tweede fase gaat dit op voor 22% van de respondenten. Dit betekent heel concreet dat meer dan één op vijf respondenten vooraf geen (duidelijke) redenen konden aangeven waarom andere burgers er niet zouden voor kiezen om aan hun prioriteit geld te geven, maar daar achteraf wel toe in staat waren.

33 Ibid.
34 Ibid.
35 Ibid.

Daarenboven dient opgemerkt te worden dat amper 3 respondenten (6%) na de eerste fase[36] en geen enkele respondent na de tweede fase achteraf geen (duidelijke) redenen konden aangeven voor een andere mening terwijl ze dit bij aanvang van de deliberatie wel lieten optekenen. Dit betekent met andere woorden dat een deel van de status-quo-groep, respondenten betreft die een reeds kwalitatieve pre-argumentatie behielden. Ook hier geldt dus dat zij (aangezien zij er niet op vooruitgingen) niet onder de sociaal geleerden vallen en aldus het positieve effect van sociaal leren versterken.

Ten slotte stellen we vast dat – op 2 respondenten (bij stap 2) na – alle deelnemers die sociaal geleerd hebben op het vlak van de argumentatie voor de eigen mening (in fase 1 of 2), anderen zijn dan diegenen die sociaal geleerd hebben inzake de argumentatie van de mening van anderen.[37] Op die manier concluderen we dat maar liefst 48%[38] van de respondenten sociaal geleerd heeft in fase 1, en 51%[39] in fase 2. Deze sociaal geleerden waren zowel in fase 1 als fase 2 proportioneel verspreid over de verschillende bijeenkomsten in de respectievelijke fasen.[40]

Op het eerste zicht lijkt deze laatste – uitgesproken gunstige – empirische conclusie contra-intuïtief; hoe kan je argumenten leren kennen die tegen je eigen mening ingaan (sociaal leren op argument anderen), zonder dat je ook argumenten geleerd hebt die de eigen positie ondersteunen (sociaal leren op eigen mening)? Hierboven merkten we echter op dat er ook sprake is van een aanzienlijke 'positieve status-quo-groep' inzake de evolutie in de argumentatie van de eigen mening. We stellen dan ook vast dat de sociaal geleerden inzake de argumentatie van andere meningen, deelnemers betreffen die reeds (publiek) gekwalificeerd waren op de eigen mening en dit bleven (op de 2 respondenten na die zowel ten aanzien van de argumentatie van andere meningen als die van de eigen mening sociaal leerden).

Wat moeten we nu onthouden van het bovenstaande? Onze analyse toonde aan dat de helft van de deelnemers sociaal leert, en dus dat 'verwachting 1' duidelijk bevestigd wordt: deelname aan de Antwerpse Burgerbegroting stimuleert sociaal leren onder de deelnemers. Hierbij is het niet onbelangrijk te benadrukken dat dit gunstig cijfer niet het resultaat is van hoofdzakelijk impliciet sociaal leren – het (louter) leren begrijpelijk maken van de eigen positie (cf. eigen argument wordt gekwalificeerd).[41] Maar liefst 73% van de positieve evolutie bij fase 1[42] en zelfs 88% bij fase 2[43] had immers betrekking op het leren begrijpen van de mening van anderen (cf. argument inzake de mening van anderen wordt gekwalificeerd) en het leren

36 Een mogelijke verklaring hiervoor is dat de respondenten minder moeite deden tijdens de post-bevraging (cf. survey-moeheid door identieke vragen op korte tijdspanne).

37 Renson.

38 27% + 21%

39 36% + 15% [(4 (nieuwe sociaal geleerden op totaal van 6)/N=27) = 15]

40 Alle 8 startmomenten vertegenwoordigden minstens 7% sociaal geleerden. In de districtfora kwamen 57% van de sociaal geleerden uit de zaterdagbijeenkomst en 43% uit deze op zondag.

41 Renson.

42 [21% (kwalitatieve evolutie ten aanzien van mening anderen) + 14% (publieke evolutie ten aanzien van eigen mening)] / [21% + 14% + 13% (gekwalificeerde evolutie ten aanzien van eigen mening)].

43 [22% (kwalitatieve evolutie ten aanzien van mening anderen) + 29% (publieke evolutie ten aanzien van eigen mening)] / [22% + 29% + 7% (gekwalificeerde evolutie ten aanzien van eigen mening)].

overstijgen van de eigen leefwereld (cf. eigen argument wordt publiek) – de meer expliciete (lees: vergaande) indicatoren van sociaal leren.

4.5. Bij wie werkt het?

Nu we vastgesteld hebben dat deelname sociaal leren stimuleert, wensen we meer te weten te komen bij wie dit het geval is.[44] Daarom zoomen we in wat volgt in op twee cruciale kenmerken van de deelnemers die sociaal leerden.
De deelnemers waren over de twee fasen heen bij benadering gelijk verdeeld over geslacht en opleiding. In fase 1 namen 46% vrouwen deel en 46% laagopgeleiden (hoogstens diploma middelbaar onderwijs).[45] In fase 2 was dit respectievelijk 48% en 44%. Het dient opgemerkt te worden dat dit opvallend hoge cijfers zijn in vergelijking met andere deliberatieve en – meer algemeen – participatieve trajecten. Vaak is het gros van de deelnemers hoogopgeleid en mannelijk (de zogenaamde 'participatie-elite').

In tabel 1 worden de sociaal geleerden (uit fase 1 & 2) onderverdeeld in de manier waarop ze dat deden, ingedeeld naar geslacht en opleidingsniveau en vergeleken met de volledige steekproef.[46]

Tabel 1. Fase 1 & 2: sociaal leren naar geslacht en opleiding

	Volledige steekproef	Eigen argument		Argument anderen
		Wordt gekwalificeerd	Wordt publiek	Wordt gekwalificeerd
Man	53% (N = 74)	40% (N = 4)	59% (N = 10)	71% (N =12)
Vrouw	47% (N = 67)	60% (N = 6)	41% (N = 7)	29% (N =5)
Hoogopgeleid	54% (N = 87)	30% (N = 3)	65% (N = 11)	77% (N = 13)
Laagopgeleid	46% (N = 73)	70% (N = 7)	35% (N = 6)	23% (N = 4)

Hieruit stellen we inzake de evolutie in sociaal leren op de argumentatie van andere meningen vast dat de verschillen inzake geslacht en opleiding erg duidend zijn. Zo-

44 Renson.
45 Ibid.
46 Betreft 80% van alle deelnemers uit fase 1, 44% uit fase 2 (cf. supra).
Ibid.

hebben op meer dan één individu of groep) of 'gekwalificeerd' (gewoon concrete redenen) worden. In het eerste geval kan dit zowel gaan over een evolutie van een (niet-publiek) gekwalificeerde (gewoon concrete redenen), als van een ongekwalificeerde pre-argumentatie (geen concrete redenen). In het tweede geval gaat het uitsluitend om ongekwalificeerde pre-argumentaties (geen concrete redenen) die evolueren naar een (niet-publieke) gekwalificeerde post-argumentatie (gewoon concrete redenen).

Figuur 2. Stap 1: individuele evolutie eigen argument (N = 64)[29]

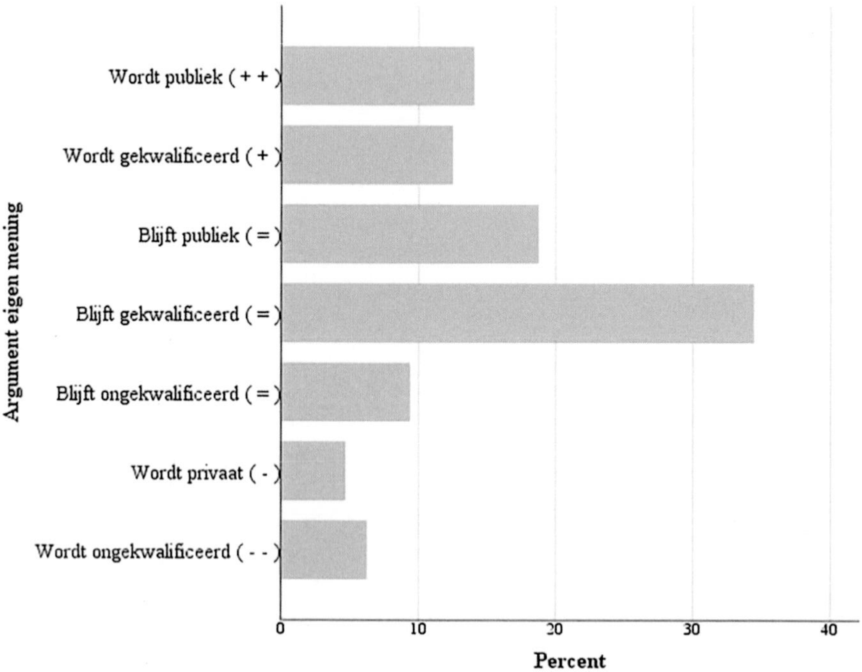

De eerste en tweede fase tonen een gelijkaardige, sterk positieve evolutie in sociaal leren.[30] Na de eerste fase stellen we een effect van sociaal leren vast bij 27% van de respondenten: 13% van de respondenten toont een gekwalificeerde argumentatie na afloop van de deliberatie terwijl ze hier voordien niet over beschikten, bij 14% van de respondenten toont de post-argumentatie zelfs een evolutie naar een (gekwalificeerd) publiek karakter. Bij afloop van de tweede fase is het effect van sociaal leren nog sterker: 36% van de respondenten toont aan de hand van de argumentatie voor de eigen mening sociaal geleerd te hebben. Bij 7% van de respondenten is er een evolutie naar een gekwalificeerde argumentatie, bij maar liefst 29% is er een evolutie naar een (gekwalificeerd) publiek argument – de meer expliciete indicator van sociaal leren.

29 Op basis van de conceptualisering van sociaal leren in dit werk (zie supra), verwijst de '+' (vs. '++') in figuren 2, 3 en 4 naar de meer impliciete (versus de meer expliciete) vormen van sociaal leren.

30 Renson.

Figuur 3. Stap 2: individuele evolutie eigen argument (N = 28)

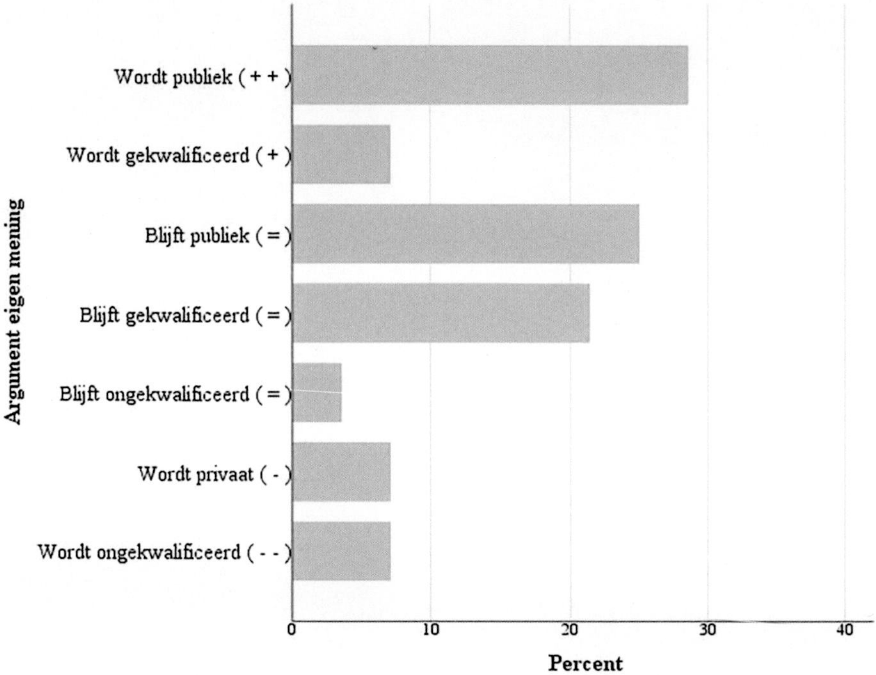

Wat we hieruit concluderen is dat ongeveer een derde van de respondenten sociaal leerde door vooraf respectievelijk geen concrete of (concreet) publieke redenen aan te kunnen geven om de eigen mening te beargumenteren maar daar nadien wel in slaagden.[31] Bij de meerderheid hiervan hadden die concrete post-redenen een publiek karakter en hadden ze dus beslag op meer dan één individu of één groep en betroffen ze meerdere groepen, de samenleving als dusdanig, of het milieu – de meer expliciete (lees: vergaande) indicator van sociaal leren.

Daarenboven dient het opgemerkt te worden dat het merendeel van de respondenten die hier niet als sociaal geleerden gecategoriseerd worden al bij aanvang een gekwalificeerde argumentatie hadden en deze behielden (53% bij fase 1, 46% bij fase 2).[32] Hiervan beschikte meer dan een derde bij aanvang van fase 1 (19%) en meer dan de helft bij fase 2 (25%) zelfs over een gekwalificeerd publiek argument; deze konden dus niet meer sociaal leren. Desalniettemin, slaagden zij er wel in dit type van redeneren aan te houden. Dat zij – aangezien ze er niet op vooruitgingen – onder de restgroep van niet-sociaal geleerden vallen, versterkt het positieve effect van sociaal leren wat betreft de argumentatie voor de eigen mening. Bovendien stellen we slechts bij een relatief beperkt aantal respondenten een negatieve evolutie vast (11% bij fase 1, 14% bij fase 2); in casu respondenten bij wie de publiek gekwalificeerde pre-argumentatie evolueerde naar een louter gekwali-

[31] Ibid.
[32] Ibid.

overstijgen van de eigen leefwereld (cf. eigen argument wordt publiek) – de meer expliciete (lees: vergaande) indicatoren van sociaal leren.

4.5. Bij wie werkt het?

Nu we vastgesteld hebben dat deelname sociaal leren stimuleert, wensen we meer te weten te komen bij wie dit het geval is.[44] Daarom zoomen we in wat volgt in op twee cruciale kenmerken van de deelnemers die sociaal leerden.
De deelnemers waren over de twee fasen heen bij benadering gelijk verdeeld over geslacht en opleiding. In fase 1 namen 46% vrouwen deel en 46% laagopgeleiden (hoogstens diploma middelbaar onderwijs).[45] In fase 2 was dit respectievelijk 48% en 44%. Het dient opgemerkt te worden dat dit opvallend hoge cijfers zijn in vergelijking met andere deliberatieve en – meer algemeen – participatieve trajecten. Vaak is het gros van de deelnemers hoogopgeleid en mannelijk (de zogenaamde 'participatie-elite').

In tabel 1 worden de sociaal geleerden (uit fase 1 & 2) onderverdeeld in de manier waarop ze dat deden, ingedeeld naar geslacht en opleidingsniveau en vergeleken met de volledige steekproef.[46]

Tabel 1. Fase 1 & 2: sociaal leren naar geslacht en opleiding

	Volledige steekproef	Eigen argument		Argument anderen
		Wordt gekwalificeerd	Wordt publiek	Wordt gekwalificeerd
Man	53% (N = 74)	40% (N = 4)	59% (N = 10)	71% (N =12)
Vrouw	47% (N = 67)	60% (N = 6)	41% (N = 7)	29% (N =5)
Hoogopgeleid	54% (N = 87)	30% (N = 3)	65% (N = 11)	77% (N = 13)
Laagopgeleid	46% (N = 73)	70% (N = 7)	35% (N = 6)	23% (N = 4)

Hieruit stellen we inzake de evolutie in sociaal leren op de argumentatie van andere meningen vast dat de verschillen inzake geslacht en opleiding erg duidend zijn. Zo-

44 Renson.
45 Ibid.
46 Betreft 80% van alle deelnemers uit fase 1, 44% uit fase 2 (cf. supra). Ibid.

Daarenboven dient opgemerkt te worden dat amper 3 respondenten (6%) na de eerste fase[36] en geen enkele respondent na de tweede fase achteraf geen (duidelijke) redenen konden aangeven voor een andere mening terwijl ze dit bij aanvang van de deliberatie wel lieten optekenen. Dit betekent met andere woorden dat een deel van de status-quo-groep, respondenten betreft die een reeds kwalitatieve pre-argumentatie behielden. Ook hier geldt dus dat zij (aangezien zij er niet op vooruitgingen) niet onder de sociaal geleerden vallen en aldus het positieve effect van sociaal leren versterken.

Ten slotte stellen we vast dat – op 2 respondenten (bij stap 2) na – alle deelnemers die sociaal geleerd hebben op het vlak van de argumentatie voor de eigen mening (in fase 1 of 2), anderen zijn dan diegenen die sociaal geleerd hebben inzake de argumentatie van de mening van anderen.[37] Op die manier concluderen we dat maar liefst 48%[38] van de respondenten sociaal geleerd heeft in fase 1, en 51%[39] in fase 2. Deze sociaal geleerden waren zowel in fase 1 als fase 2 proportioneel verspreid over de verschillende bijeenkomsten in de respectievelijke fasen.[40]

Op het eerste zicht lijkt deze laatste – uitgesproken gunstige – empirische conclusie contra-intuïtief; hoe kan je argumenten leren kennen die tegen je eigen mening ingaan (sociaal leren op argument anderen), zonder dat je ook argumenten geleerd hebt die de eigen positie ondersteunen (sociaal leren op eigen mening)? Hierboven merkten we echter op dat er ook sprake is van een aanzienlijke 'positieve status-quo-groep' inzake de evolutie in de argumentatie van de eigen mening. We stellen dan ook vast dat de sociaal geleerden inzake de argumentatie van andere meningen, deelnemers betreffen die reeds (publiek) gekwalificeerd waren op de eigen mening en dit bleven (op de 2 respondenten na die zowel ten aanzien van de argumentatie van andere meningen als die van de eigen mening sociaal leerden).

Wat moeten we nu onthouden van het bovenstaande? Onze analyse toonde aan dat de helft van de deelnemers sociaal leert, en dus dat 'verwachting 1' duidelijk bevestigd wordt: deelname aan de Antwerpse Burgerbegroting stimuleert sociaal leren onder de deelnemers. Hierbij is het niet onbelangrijk te benadrukken dat dit gunstig cijfer niet het resultaat is van hoofdzakelijk impliciet sociaal leren – het (louter) leren begrijpelijk maken van de eigen positie (cf. eigen argument wordt gekwalificeerd).[41] Maar liefst 73% van de positieve evolutie bij fase 1[42] en zelfs 88% bij fase 2[43] had immers betrekking op het leren begrijpen van de mening van anderen (cf. argument inzake de mening van anderen wordt gekwalificeerd) en het leren

---

36 Een mogelijke verklaring hiervoor is dat de respondenten minder moeite deden tijdens de post-bevraging (cf. survey-moeheid door identieke vragen op korte tijdspanne).

37 Renson.

38 27% + 21%

39 36% + 15% [(4 (nieuwe sociaal geleerden op totaal van 6)/N=27) = 15]

40 Alle 8 startmomenten vertegenwoordigden minstens 7% sociaal geleerden. In de districtfora kwamen 57% van de sociaal geleerden uit de zaterdagbijeenkomst en 43% uit deze op zondag.

41 Renson.

42 [21% (kwalitatieve evolutie ten aanzien van mening anderen) + 14% (publieke evolutie ten aanzien van eigen mening)] / [21% + 14% + 13% (gekwalificeerde evolutie ten aanzien van eigen mening)].

43 [22% (kwalitatieve evolutie ten aanzien van mening anderen) + 29% (publieke evolutie ten aanzien van eigen mening)] / [22% + 29% + 7% (gekwalificeerde evolutie ten aanzien van eigen mening)].

ficeerde post-argumentatie ('wordt privaat'), of bij wie de (louter) gekwalificeerde pre-argumentatie een ongekwalificeerde post-argumentatie werd ('wordt ongekwalificeerd').

Ten tweede stellen we met betrekking tot de argumentatie die respondenten opgaven over de mening van anderen (die niet met hun mening akkoord zijn) vast dat driekwart hiervan een ongekwalificeerd karakter had bij aanvang van de Burgerbegroting; 74% voor fase 1 en 77% voor fase 2.[33] Met andere woorden: in tegenstelling tot wat betreft de eigen mening, waren slechts weinig respondenten voor de start van de deliberatie in staat duidelijke redenen aan te geven waarom andere mensen niet dezelfde prioriteiten als hen zouden kunnen hebben.

Figuur 4 toont het resultaat van de vergelijking – per respondent – tussen die pre-argumentatie en de gerapporteerde argumentatie na afloop van de respectievelijk eerste en tweede fase van de Burgerbegroting.[34]

Figuur 4. Stap 1 & 2: individuele evolutie mening anderen

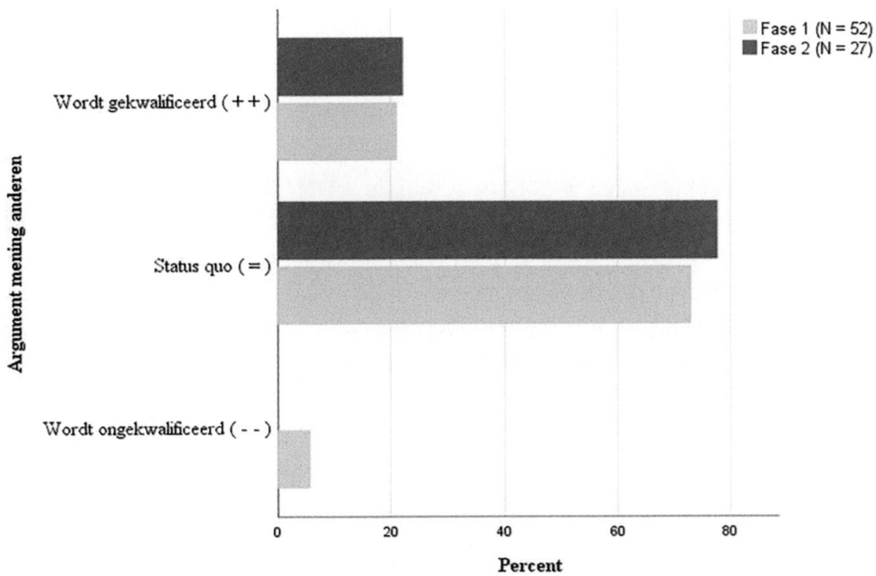

Opnieuw stellen we vast dat de eerste en de tweede fase een gelijkaardige en aanzienlijk positieve evolutie in sociaal leren aantonen.[35] Na de eerste fase constateren we een effect van sociaal leren bij 21% van de respondenten, na de tweede fase gaat dit op voor 22% van de respondenten. Dit betekent heel concreet dat meer dan één op vijf respondenten vooraf geen (duidelijke) redenen konden aangeven waarom andere burgers er niet zouden voor kiezen om aan hun prioriteit geld te geven, maar daar achteraf wel toe in staat waren.

33 Ibid.
34 Ibid.
35 Ibid.

Figuur 3. Stap 2: individuele evolutie eigen argument (N = 28)

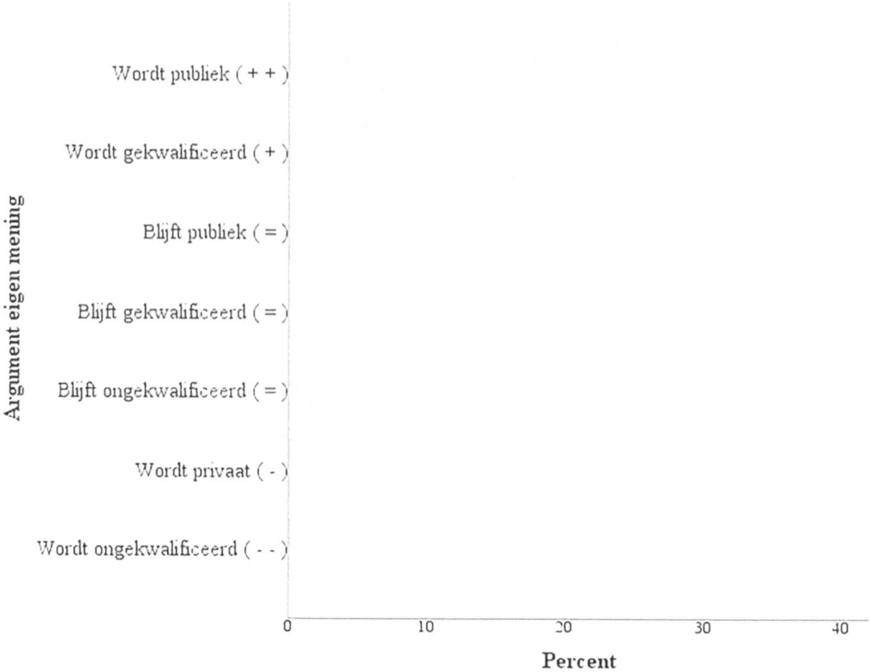

Wat we hieruit concluderen is dat ongeveer een derde van de respondenten sociaal leerde door vooraf respectievelijk geen concrete of (concreet) publieke redenen aan te kunnen geven om de eigen mening te beargumenteren maar daar nadien wel in slaagden.[31] Bij de meerderheid hiervan hadden die concrete post-redenen een publiek karakter en hadden ze dus beslag op meer dan één individu of één groep en betroffen ze meerdere groepen, de samenleving als dusdanig, of het milieu – de meer expliciete (lees: vergaande) indicator van sociaal leren.

Daarenboven dient het opgemerkt te worden dat het merendeel van de respondenten die hier niet als sociaal geleerden gecategoriseerd worden al bij aanvang een gekwalificeerde argumentatie hadden en deze behielden (53% bij fase 1, 46% bij fase 2).[32] Hiervan beschikte meer dan een derde bij aanvang van fase 1 (19%) en meer dan de helft bij fase 2 (25%) zelfs over een gekwalificeerd publiek argument; deze konden dus niet meer sociaal leren. Desalniettemin, slaagden zij er wel in dit type van redeneren aan te houden. Dat zij – aangezien ze er niet op vooruitgingen – onder de restgroep van niet-sociaal geleerden vallen, versterkt het positieve effect van sociaal leren wat betreft de argumentatie voor de eigen mening. Bovendien stellen we slechts bij een relatief beperkt aantal respondenten een negatieve evolutie vast (11% bij fase 1, 14% bij fase 2); in casu respondenten bij wie de publiek gekwalificeerde pre-argumentatie evolueerde naar een louter gekwali-

[31] Ibid.
[32] Ibid.

wel mannen als hoogopgeleiden zijn in deze evolutie sterk oververtegenwoordigd.[47]

Wat betreft de argumentatie voor de eigen mening, zijn laagopgeleiden dan weer erg sterk oververtegenwoordigd in de kwalitatieve evolutie.[48] Omtrent de publieke evolutie zijn deze juist sterk ondervertegenwoordigd. Dit gaat ook op voor vrouwen (ten aanzien van mannen), al is de onder-/oververtegenwoordiging van deze laatste dichotome categorie telkens wel minder uitgesproken.

Wat moeten we hieruit onthouden?[49] Op basis van deze analyse wordt ook 'verwachting 2.1 en 2.2' bevestigd: mannen en hoogopgeleiden leren meer sociaal dan respectievelijk vrouwen en laagopgeleiden. Het is niet zo dat vrouwen en laagopgeleiden over de volledige lijn minder sociaal leren. Uit onze analyse blijkt dat vrouwen en laagopgeleiden zelfs oververtegenwoordigd zijn in het leren om zinvolle, begrijpelijke argumenten te bedenken voor de eigen mening. Echter, wat betreft de meer expliciete (lees: verregaande) manieren die wijzen op het geleerd te hebben van de inzichten en ervaringen van anderen (het leren begrijpen van andere meningen, het overstijgen van het perspectief van de eigen leefwereld), zijn vrouwen en laagopgeleiden duidelijk ondervertegenwoordigd. Dit resultaat toont aan dat niet alle burgers even vatbaar zijn voor sociaal leren door deelname aan democratische deliberatie; mannen en hoogopgeleiden maken meer kans om zich ook door middel van het deliberatieve traject verder te ontwikkelen inzake sociaal leren.

5. QUID POLITIEKE PRAKTIJK?

Uit bovenstaande analyse bleek ten eerste dat de Antwerpse begrotende burgers inderdaad betere burgers werden, en ten tweede dat dit vooral opgaat bij mannen en hoogopgeleiden. De vraag is wat deze empirische bevindingen betekenen voor de lokale beleidspraktijk.

Ten eerste met betrekking tot de vaststelling dat de begrotende burgers daadwerkelijk betere burgers werden. 'Betere burgers' slaat in dit op sociaal leren; op burgers die leren van elkaars inzichten en ervaringen. Dit door te leren in de argumentatie voor de eigen mening de persoonlijke leefwereld te overstijgen en door redenen van anderen te begrijpen. We stellen vast dat de VVSG dit – sociaal leren –

47 Wanneer we alle deelnemers die sociaal geleerd hebben in fase 1 of 2 vergelijken met diegenen die in geen van beide fasen sociaal leerden, merken we geen significante verschillen op het vlak van gender, noch op het vlak van opleidingsniveau. Deze conclusie gaat zowel op voor zij die sociaal geleerd hebben op de eigen argumentatie (vs. diegenen die dit niet deden), als voor zij die sociaal geleerd hebben op de argumentatie van andere meningen (vs. diegenen die dit niet deden). Ondanks het feit dat deze verschillen statistisch niet-significant zijn, merken we echter wel duidelijke verschillen op wanneer we de percentages op een diepgaand beschrijvende wijze analyseren (zie tabel 1). Dat deze verschillen omwille van de beperkte omvang van de steekproef in dit type onderzoek statistisch niet-significant te noemen zijn, is als conclusie met andere woorden voorbarig; het gaat voorbij aan de manifeste verschillen die we in de data merken.

48 Renson.

49 Ibid.

in een synthesedocument rond lokale participatie zelf naar voren schuift als incentive voor lokale besturen om mee op de participatiekar te stappen.[50]

Het kenmerkt het maatschappelijk debat waarin het belang om rekening te houden met perspectieven van anderen met een andere leefwereld of ervaring steeds luider klinkt. Steeds vaker stelt men de morele en materiële onwenselijkheid in vraag van burgers (lees: consumenten) die in een democratie stemmen voor een partij omdat ze ervan uitgaan dat die ervoor zal zorgen dat de belastingen voor hen zullen verlagen, of dat hun net aangekochte zonnepanelen economisch rendabel zullen worden.[51] In zo'n politieke context is het maatschappelijk belang van sociaal leren gewichtiger dan ooit. In dat opzicht laten beleidsmakers zich dan ook logischerwijs steeds nadrukkelijker inspireren door de – tot de verbeelding sprekende – theoretische veronderstelling dat deliberatieve democratie sociaal leren stimuleert.

Zo stellen we bijvoorbeeld vast dat het Gentse Burgerkabinet en de Antwerpse Burgerbegroting, twee van de grootste, lokaal deliberatieve trajecten die in 2017 in Vlaanderen gehouden werden, verantwoord werden door te verwijzen naar wat in deze bijdrage als sociaal leren gelabeld wordt.[52] Burgemeester Termont (sp.a) verwoordde het in de gemeenteraad waarin de Gentse meerderheid het voorstel tot referendum over het circulatieplan wegstemde en ter vervanging het Burgerkabinet initieerde als volgt: "Het gaat hier om het algemeen belang versus het individueel belang. Gaan we allemaal samen iets inleveren? Ben ik, Daniël Termont, die elke dag met zijn auto van Mariakerke naar het stadhuis rij, bereid om om te rijden langs de Dampoort. Als ik daarmee de Brugse Poort veiliger maak, dan zeg ik ja". De grootste trekker achter het Antwerpse initiatief (toenmalig districtsschepen van participatie) Willem-Frederik Schiltz (Open Vld) sprak over de Burgerbegroting als een 'burgerschapsvorming-light': "het leren van elkaars perspectief, elkaars leeromgeving, ontwikkeling van wederzijds begrip, dat proberen we ook via de Burgerbegroting te bekomen".

Op basis van dit onderzoek suggereren we dan ook dat investeringen in deliberatieve democratische experimenten wenselijk zijn – vanuit een gemeenschapsgezind perspectief op burgerschap. Dat op de facto anderhalf uur deliberatie de helft van de deelnemers betere burgers wordt, is een ontzettend gunstige en stimulerende conclusie.

Desalniettemin moeten de conclusies uit dit onderzoek met de nodige voorzichtigheid gehanteerd worden.[53] Het gaat hier om de eerste empirische data over het deliberatieve effect op sociaal leren waarbij het aantal deelnemers relatief beperkt is. We moeten met andere woorden afwachten in welke mate verder onderzoek de resultaten van deze studie al dan niet bevestigt.

Niettemin selecteerden we met de Antwerpse Burgerbegroting een case met een apolitieke (versus bijvoorbeeld het Gentse Burgerkabinet over het gecontesteerde

50 VVSG.
51 Renson.
52 Ibid.
53 Ibid.

circulatieplan) en veel voorkomende setting van een burgerbegroting, en met een specifiek besluitvormingsmodel dat in het buitenland zelfs gekopieerd wordt. De resultaten van dit onderzoek zeggen met andere niet louter iets over een evolutie bij burgers in 't Stad, maar zijn ook relevant voor andere lokale gemeenschappen, de parking zo u wil.

We wensen echter nogmaals te onderstrepen dat de laatste fase niet in de analyse opgenomen werd,[54] daar waar onze responsgraad hier veel lager lag (9%). Dit is opmerkelijk aangezien dezelfde bevragingstechniek en –strategie gebruikt werd ten aanzien van gelijkaardige – en vaak ook dezelfde – deelnemers. Dat deelnemers in die laatste fase waarin beslist moet worden welke concrete projecten al dan niet gefinancierd zouden worden aangaven 'geen tijd meer te hebben om een survey in te vullen' aangezien zij 'de tijd vooraf wouden gebruiken om campagne te voeren voor hun project', 'allianties te smeden', 'of zich te informeren over andere projecten', doet vermoeden dat de context in die derde fase minder gunstig was voor evoluties in sociaal leren. Een vergelijkende analyse van de debatten in de drie respectievelijke fasen moet ons meer duidelijkheid geven of het positieve effect op sociaal leren genuanceerd moet worden, eens de belangen concreter en persoonlijker worden.

Ten tweede wat betreft de bevinding dat mannen en hoogopgeleiden meer sociaal leren dan respectievelijk vrouwen en laagopgeleiden. Dat a priori politiek minder kansrijke burgers minder kans maken om sociaal te leren, als zij de weg al weten te vinden richting de deur van de deliberatieve democratie, zou iedereen die zich met participatieve praktijken bezighoudt moeten alarmeren.[55] Deze resultaten suggereren dat een klassiek deliberatief debat niet de meest geschikte vorm is om iedereen te betrekken in een evolutie van sociaal leren. Indien deze resultaten in verder onderzoek bevestigd worden, is de vraag hoe we de evolutie in sociaal leren inclusiever kunnen maken. Hoe zorgen we ervoor dat burgers van wie de deelname aan deliberatie minder vanzelfsprekend is, dezelfde kansen op ontwikkeling krijgen als meer gefortuneerde burgers? Een bezorgdheid inherent verbonden aan het gemeenschapsgezind perspectief op burgerschap van deze bijdrage.

---

[54] Zie voetnoot 26.
[55] Renson.

Burgers beoordelen burgemeesters: Evoluties in en verklaringen voor de tevredenheidsscores in Vlaamse gemeenten

Koenraad De Ceuninck, Kristof Steyvers en Tom Verhelst

1. Inleiding

In de jaren 1980 zette de democraat Ed Koch het toen fel geplaagde New York weer op de wereldkaart (Soffer, 2010). In zijn drie termijnen als burgemeester hield hij eraan zich ook naast de verkiezingen te spiegelen aan het oordeel van zijn bevolking. Koch doorkruiste de stad vaak per metro en sprak dan zijn burgers aan met '*how'm I doing*?'. De inwoners van Gotham dienden hem doorgaans wat graag van antwoord. De catchphrase die expliciet peilde naar de goed- of afkeuring voor zijn beleid zou het handelsmerk worden van zijn lokaal leiderschap. Onder burgemeesters werd Koch daarmee lang gezien als een kleurrijke pionier.

Vandaag is het peilen naar de waardering voor verkozen mandatarissen bij het publiek meer ingeburgerd. Dat geldt met name voor de Angelsaksische wereld waar zogenaamde *approval ratings* gezien worden als seismograaf voor de populariteit van bepaalde ambtsbekleders en het bestuur waar ze voor staan. De Verenigde Staten zijn niet toevallig de referentie voor dit soort evaluaties. Het land heeft een traditie van opinieonderzoek naar haar meestal verkozen uitvoerende mandatarissen. Ondanks het aangehaalde voorbeeld is die beduidend sterker nationaal dan lokaal uitgebouwd.

Vlaanderen kent dit zeker nog minder. Onze partijgecentreerde verkiezingsprocessen, collectieve leiderschapsinstellingen en consensusgerichte democratie werken dat in de hand. Toch groeit ook hier de belangstelling voor het perspectief van de burger op de performantie van het lokaal bestuur, dikwijls vanuit vertrouwen daarin of tevredenheid met het daardoor gevoerde beleid (Devos, Reynaert & Verlet, 2005; Hennau & Ackaert, 2013). De specifieke aandacht voor politieke leiders daarbinnen is recenter en beperkter.

De gegevens die *Het Nieuwsblad* verzamelde doorheen de aflopende gemeentelijke legislatuur zijn dan ook veeleer uitzonderlijk. De krant peilde op geregelde tijdstippen bij een grote groep burgers naar verschillende opinies over de lokale politiek in hun gemeente. We gebruiken deze gegevens meer specifiek om te verkennen hoe burgers hun burgemeesters beoordelen. Daarbij staan volgende vragen centraal: 1) hoe evolueerde het oordeel van de burger over de burgemeester aan het begin en het einde van de legislatuur; 2) met welke kenmerken hangt het oordeel van de burger over de burgemeester vandaag al dan niet samen en 3) welke kenmerken verklaren gelijkenissen en verschillen in het oordeel van de burger over de burgemeester vandaag? De eerste vraag vergelijkt doorheen de tijd (met 2013 en 2017 als meetmomenten), de tweede en derde tussen gemeenten (en enkel voor 2017). De gegevens van *Het Nieuwsblad* vullen we aan met deze uit het burgemeestersonderzoek van *Radio 2* en externe databanken (zie data en methoden).

Verkozen mandatarissen leggen in de logica van de electorale commandolijn aan het einde van de legislatuur verantwoording af bij de volgende verkiezingen. Dat wordt vaak gezien als de ultieme beoordeling door de burger. In de feiten zijn onze burgemeesters echter net als Koch willens nillens het voorwerp van haast permanente evaluatie door de publieke opinie (al was het maar door de toegenomen media-aandacht voor de lokale politiek). Velen hoeden zich voor die tussentijdse percepties, zeker wanneer die uitgedrukt worden in scores die een vergelijkbaarheid oproepen waar vraagtekens bij kunnen geplaatst worden. Het rapportcijfer wordt dan vaak de basis voor een rangschikking waar de beste leerlingen met de slechtste gecontrasteerd worden. Het nivellerende klasgemiddelde verhult ook ongelijke startkansen voor individuele pupillen. Niet alle factoren liggen binnen het bereik van een lokaal bestuur in het algemeen en de burgemeester in het bijzonder. Dat geldt zeker in een hedendaagse context waarin beleidsvoering en besluitvorming meer tot stand komen langsheen verschillende lagen en diverse sectoren binnen of buiten het bestuur (Steyvers, 2012). Zelfs binnen de politieke kant van het lokaal bestuur hebben we een meer collectieve traditie. Toch kunnen ook burgemeesters vandaag nog moeilijk heen om het belang van die beeldvorming over hun optreden. Dergelijke momentopnames bepalen zonder veel twijfel het vigerende prestige van het ambt, de vrijheidsgraden van haar drager en mogelijk ook diens finale bilan. Dagelijks werk en eindexamen gaan zo meer overlappen. We wijzen verder nog op enkele evoluties in het hedendaagse lokale leiderschap die burgemeesters ook ruimer meer centraal stellen als het gezicht van hun bestuur.

We vertrekken in deze bijdrage dus vanuit het veronderstelde belang van het gegeven subjectieve oordeel. Het is ons niet te doen de objectieve juistheid ervan na te gaan. Wel willen we dieper ingaan op veranderingen in en verklaringen voor dat oordeel op het niveau van de gemeenten en dat van de burgemeester. Dit kan helpen om beter te begrijpen of en hoe burgemeesters zelf kunnen ingrijpen op hun evaluatie dan wel gevat worden door constante en/of contextgebonden factoren.

De bijdrage ontwikkelt langsheen de hierboven geformuleerde centrale vragen. We situeren die echter eerst binnen de beschikbare literatuur en maken daarbij de vertaalslag naar toepasbaarheid op de Vlaamse burgemeester. We formuleren op basis daarvan ook een aantal tentatieve antwoorden. Die geven dan richting aan de tweede en derde door ons geformuleerde vragen.

2. Verkozen mandatarissen beoordelen: een literatuurschets

Van waardering voor de president

Het onderzoek naar de tussentijdse beoordeling van verkozen mandatarissen door de burger heeft zijn wortels in de Verenigde Staten. Het befaamde onderzoeksbureau *Gallup* begon er al midden de jaren 1930 na te gaan of de Amerikanen de manier waarop de zetelende president zijn job invulde goed- dan wel afkeurden. De vraag naar de *approval* voor de *incumbent* geeft uiteraard slechts een algemene indruk (en zegt weinig tot niets over het waarom van de positionering of de sterkte daarvan). Door het regelmatig bevragen van een doorsnede van de bevolking groeide het gestandaardiseerde peilinstrument echter uit tot de referentie voor presidentiële populariteit bij beleidsmakers, in de media en de bredere publieke opinie. En zo kreeg het ook de status de realiteit dicht te benaderen (Neustadt, 1960).

Politicologen zouden zich daarom eveneens snel gaan richten op de analyse van tijdsreeksen in die *presidential approving* (Mueller, 1970). Sommigen toonden vooral interesse in het verklaren van verschillen in waardering tussen presidenten of evoluties daarin. Ze legden dan het verband met de stand van de economie of onderzochten de invloed van markerende gebeurtenissen (zoals oorlogen of schandalen) of de rol van opiniemakers in en nieuwsgaring door de media (Gronke & Newman, 2003). Anderen stelden scherp op de gevolgen van die verschillen in waardering voor de beleidsvoering en het verkiezingsproces. Het vermogen om beleidsdoelstellingen in het congres te bereiken, het succes van zijn partij in de congresverkiezingen of de eigen kansen op herverkiezing bleken samen te gaan met *presidential approval* (Canes-Wrone & de Marchi, 2002; Campbell, 2005).

Over de wisselwerking tussen omstandigheden evalueren en mandaten waarderen

De studie van *executive approval* breidde later uit naar het niveau van de deelstaten in de Verenigde Staten, specifiek voor het ambt van gouverneur (Cohen & King, 2004). Daarnaast werd waardering thematisch ook sterker in verband gebracht met mechanismen van mandatering (*mandating*) en processen van verantwoording (*accountability*) en hoe het veronderstelde ingrijpen van mandatarissen op hun omgeving daarop inwerkt. Dit kadert in een ruimere onderzoekslijn die nagaat of beleidsperformantie bij maar ook tussen verkiezingen beloond wordt, dan wel een gebrek daaraan afgestraft (Fiorina, 1981).

Het uitgangspunt is dat burgers een evaluatie maken van bepaalde omstandigheden in een specifieke bestuursentiteit. Die slaat met name op de ervaren kwaliteit van de daar gerealiseerde beleidsuitkomsten. Vervolgens zouden burgers dit als basis nemen voor hun waardering en/of kiesgedrag t.a.v. de daarmee geïdentificieerde ambtsdragers.[1] Daarbij heeft zich vooral een sterke bewijslast ontwikkeld rond het effect van de economische omstandigheden. Vergelijkend onderzoek (dat ook de Europese context in toenemende mate insluit) verfijnde het inzicht dat *economy matters*. Zo bleken bepaalde aspecten daarvan (zoals persoonlijk inkomen of werkloosheid) meer betekenisvol dan andere. Daarnaast is er sprake van een wisselwerking tussen objectieve factoren (het bilan dat een ambtsdrager met het bestuur effectief kan voorleggen) en de subjectieve beoordeling daarvan door specifieke burgers (Hellwig, 2010). Het performantiemodel vond buiten de economie ook verder ingang in andere domeinen van het openbaar beleid.

Naar een verkenning voor het burgemeesterschap

De meer recente verkenningen voor burgemeesters situeren zich op het snijpunt van die territoriale en thematische verruiming in dit soort onderzoek. De waardering voor het burgemeestersambt bleef echter lang buiten beeld, zelfs in de bakermat van de Verenigde Staten: '...*few urban specialists have examined the links between local conditions and citizens' evaluations of mayors*' (Arnold & Carnes, 2012: 950).

Dit kan enerzijds worden teruggevoerd op de veronderstelling dat lokale besturen en dus ook hun ambtsdragers bij voorbaat beknot zijn in hun optreden (economisch, juridisch of politiek). Als zij relatief weinig vat hebben op lokale omstandigheden wordt het belang van de waardering voor hun burgemeesters ook minder vanzelfsprekend. Sommige auteurs plaatsen vraagtekens bij die aanname en zien burgemeesters wel degelijk het verschil maken (Gerber & Hopkins, 2011). Anderen wijzen erop dat ook elders ambtsdragers verantwoordelijk worden gehouden voor zaken die binnen of buiten hun directe en effectieve controle liggen en overeenkomstig beloond of bestraft worden (Arnold & Carnes, 2012). Anderzijds speelt de beperkte uitbouw van onderzoek naar de dynamiek van lokale verkiezingen en kiesgedrag en de wisselwerking tussen mandatering, waardering en verantwoording daarbinnen (Berry & Howell, 2007; Marschall, 2010; Kjaer & Steyvers, 2018). Dat geldt zeker ook voor de Europese context: '...*elections and their outcomes have largely been overlooked in the study of urban politics in recent years* (Clark & Krebs, 2012: 87).

---

1 Het gaat daarbij meer over het door de burger opgebouwde redeneerproces dan over de feitelijke juistheid van elke stap daarbinnen. Het is duidelijk dat dergelijke keten heel wat vraagt van die burger: het kunnen inschatten van de kwaliteit van bepaalde uitkomsten (waar men zich al bewust moet van zijn), deze kunnen toewijzen aan bepaalde ambtsdragers en de waardering voor dit laatste laten afhangen van de evaluatie van het eerste. Of die burger dat 'correct' doet is – in het licht van het verband tussen evaluatie en waardering – echter ondergeschikt aan het feit dat hij of zij het doet. Uiteraard zal dit soort redenering in bepaalde gevallen gemakkelijker kunnen opgebouwd worden dan andere: denk aan beleidsdomeinen die duidelijk kunnen worden toegewezen aan een specifiek niveau en/of ambten met afgebakende verantwoordelijkheden (vergelijk een rechtstreeks gekozen en eenhoofdige uitvoerende mandataris met een collega die functioneert in een collectief samengesteld executief dat bestaat uit meerdere partijen).

Helemaal afwezig is het waarderingsonderzoek voor burgemeesters echter niet. Overeenkomsten in de bestuurs- of campagneomgeving tussen de niveaus maken dat burgers wellicht soortgelijke beslissingsregels hanteren en uitspraken doen in het beoordelen (en dus ook belonen of straffen) van hun burgemeesters. De evaluatie van de lokale omstandigheden heeft vaak wel betrekking op andere domeinen of aspecten daarvan dan deze die in het waarderingsonderzoek meer gebruikelijk zijn. Dit gaat dan van het hele bereik van de gemeentelijke dienstverlening tot specifieke plaatsgebonden vraagstukken. Veiligheid, onderwijs, nutsvoorzieningen, transport, openbare ruimte, publieke faciliteiten of sociale dienstverlening worden dan vaak genoemd naast het meer gangbare beleidsdomein economie. Dikwijls zijn dit issues waar de burger veel belang aan hecht en waarbij het optreden van het lokaal bestuur rechtstreeks en zichtbaar effect sorteert (zelfs wanneer het bereik daarvan bij aanvang beperkt of contingent is). Variatie tussen gemeenten en burgemeesters in beleidskeuzes (en overeenkomstige verschillen in verwachtingen van burgers daaromtrent) maken het lokale niveau bijkomend relevant voor de studie van waardering en het effect daarvan (Arnold & Carnes, 2012). Hoe meer verschil in omstandigheden en appreciatie voor leiderschap (objectief en subjectief), hoe sterker eventuele conclusies over de relatie daartussen.

Het bestaande onderzoek vertrekt doorgaans wel vanuit een momentopname van de waardering voor de burgemeester en koppelt dit aan de daaraan gebonden evaluatie van bepaalde lokale omstandigheden (door verschillende gemeenten met elkaar te vergelijken, door verscheidene ambtsdragers in één gemeente te bekijken of door een combinatie van beide). De bewijslast is ook dikwijls indirect: de evaluatie wordt dan gezien als één aspect dat waardering en/of kiesgedrag kan verklaren (Howell & Perry, 2004; Howell, 2007). Bij uitzondering is ook werk terug te vinden dat scherpstelt op hoe de waardering van burgemeesters doorheen de tijd al dan niet spoort met veranderingen in de lokale omstandigheden. Onderzoek voor New York sinds Koch (Arnold & Carnes, 2012) bevestigde bijvoorbeeld de invloed van fluctuaties in misdaad en economische ellende op de vigerende waardering van burgers voor hun burgemeester (die belangrijker bleken dan de factor ras waaraan in de Amerikaanse context doorgaans veel belang wordt gehecht).

Relevantie voorbij de bakermat: ook in België?

De aangehaalde onderzoeken spreken impliciet over slechts een deel van de lokale besturen in de Verenigde Staten, dat waar het format van de *mayor-council* de dienst uitmaakt. Het gaat dan om de minderheid van gemeenten waar de burgemeester rechtstreeks door de burgers wordt gekozen naast de gemeenteraad en de politieke kant van de beleids(uit)voering in zijn functie concentreert[2] (Nelson & Svara, 2010). De institutionele hefbomen van dat zogenaamde *strong mayor* model maken leiderschap meer prominent en de link tussen gepercipieerde beleids-

[2] Dit model is vooral populair in de grotere steden en/of het noordoosten van de VS (goed voor iets meer dan één derde van alle lokale besturen). Elders ligt het uitvoerend leiderschap doorgaans in handen van een door de gemeenteraad aangestelde manager naast een overwegend ceremoniële burgemeester.

performantie en ambtswaardering evenzo pertinent. De betekenisvolle autonomie van Amerikaanse lokale besturen versterkt de toewijsbaarheid.

In heel wat Europese landen duikt de laatste decennia ook een tendens op naar meer uitgesproken leiderschap door burgemeesters als antwoord op de lokale uitdagingen van *multilevel governance* (Borraz & John, 2004; Steyvers, 2016). Vergelijkende overzichten tonen dat sommige landen daartoe kiezen voor formele institutionele hervormingen (meer gepersonaliseerde leiderschapsselectie en/of minder collectieve executieven) terwijl andere op zoek gaan naar rolverandering binnen de bestaande kaders (Steyvers et al., 2008; Hendriks, Loughlin & Lidström, 2011). Veel landen in continentaal Europa neigen naar die laatste aanpak. België is dan een goed voorbeeld waarbij meer geprofileerd lokaal leiderschap samengaat met het voortbestaan van het parlementaire systeem (met formeel benoemde burgemeesters die functioneren in een collegiaal executief) en een consensusgerichte lokale democratie die sterk vervlochten is met bovenlokale bestuurslagen (Wayenberg, De Rynck, Steyvers & Pilet, 2011). Dit institutionele kader met vele alternatieve vetospelers en –punten lijkt minder gunstig voor geïndividualiseerd leiderschap. Het maakt falen of succes minder toewijsbaar en het belonen of bestraffen van specifieke mandatarissen ook dito eenduidig.

De laatste decennia hebben burgemeesters in België echter een meer centrale plaats verworven in de lokale electorale arena, bepalen ze in belangrijke mate de bestuurlijke prioriteiten en treden ze op als spelverdelende eersten onder hun uitvoerende gelijken (Steyvers & Reynaert, 2005). Het ambt verkreeg een extensieve politieke betekenis met de burgemeester als beleidsmaker, vertrouwensman en coalitiebeheerder (Ackaert, 2005; Steyvers et al., 2006). De traditionele kenmerken van de consensusdemocratie en de sterke partijpolitieke logica in de lokale besluitvorming kunnen dan helpen begrijpen waarom de uitvoerende macht als geheel dominant is geworden over haar wetgevende tegenhanger. De specifieke positie van de burgemeester binnen dat executief kan bijkomend geduid worden door de these van de presidentialisering waarbij leiders aan machtsbronnen en autonomie winnen t.a.v. de rest van de uitvoerende macht en hun partij en centraler komen te staan in het electorale proces. Recent onderzoek stelt dat vooral dit laatste gezicht de Vlaamse praktijk kenmerkt. Zelf interpreteren heel wat burgemeesters hun leiderschap vanuit een haast persoonlijk electoraal mandaat (Rodenbach, 2017).[3]

Deze evoluties roepen een zekere ambivalentie op in de toepasbaarheid van het door ons gekozen perspectief op de Vlaamse burgemeester. De traditionele institutionele context bemoeilijkt enerzijds het leggen van een rechtstreeks verband tussen de lokale omstandigheden en (de waardering voor) dat ene specifieke ambt. De door burgers ervaren kwaliteit van de beleidsuitkomsten is bovendien het resultaat van een samenspel met heel wat andere al dan niet bestuurlijke en/of lokale actoren. De relevantie van die veelheid aan stakeholders is de voorbije decennia al-

3 Ze geven dan aan dat hun partij hen expliciet als kandidaat-burgemeester naar voren heeft geschoven, de media over de verkiezingen bericht hebben als een strijd tussen kandidaat-burgemeesters en kiezers zich bij het uitbrengen van hun stem meer door die kandidaatskenmerken hebben laten leiden. De concentratie van persoonlijke voorkeurstemmen bij de uiteindelijke burgemeesters lijkt dit te bevestigen.

leen maar toegenomen in de plaatsgebonden netwerksturing (of *local governance*, zie Denters, 2011). Daarbij treedt een burgemeester vaak meer faciliterend op dan bepalend (met nadruk op onderhandelen, bemiddelen en arbitreren).

Anderzijds verwachten we van onze burgemeesters ook meer zichtbaar en ondernemend leiderschap dat interacties stimuleert en richt (Steyvers, 2016). Dat maakt het ambt focaal in de plaatselijke besluitvorming en de beleidsvoering. Burgemeesters zijn dan het gezicht waar het lokaal bestuur mee vereenzelvigd wordt en dat maakt de band tussen ervaren uitkomsten en waardering voor het ambt in hoofde van de burgers dan weer vermoedelijk hechter. Met die bedenkingen in het achterhoofd bekijken we hierna de praktijk in Vlaanderen: hoe tevreden zijn burgers over hun burgemeester, hoe evolueert dat en wat kan dit (het meest) verklaren?

3. Verkozen mandatarissen beoordelen: quid Vlaamse burgemeesters?

Onderzoeksmethoden en -data

Het doel van deze bijdrage is dus om meer zicht te krijgen op de grote patronen in en onderliggende mechanismen van de tevredenheid over de Vlaamse burgemeesters. Omdat dit onderwerp in Vlaanderen vooralsnog onontgonnen terrein is, gaan we hoofdzakelijk exploratief te werk. Deze verkenning gebeurt aan de hand van kwantitatieve analysemethoden die we toepassen op een grote dataset met kenmerken van 306 Vlaamse gemeenten en hun burgemeesters.[4] De analyse bestaat globaal uit drie onderdelen.

Het eerste luik omvat een algemene analyse van de tevredenheidsscores van de Vlaamse burgemeesters. Deze analyse start met een blik op de variatie in de scores van de totale onderzoekspopulatie (i.e. de Vlaamse burgemeesters). De burgemeestersscores zijn afkomstig uit het onderzoek 'Het Gemeenterapport' van de krant *Het Nieuwsblad*.[5] In februari 2017 heeft *Het Nieuwsblad* via het onderzoeksbureau *iVOX* een selectie inwoners uit alle Vlaamse gemeenten (uitgezonderd Herstappe) online bevraagd.[6] De totale groep respondenten bedroeg zo'n 65.000 inwoners en werd per gemeente gewogen naar leeftijd en geslacht. De centrale vraag uit het Gemeenterapport voor ons onderzoek betrof de tevredenheid over de burgemeester ("*Hoe tevreden bent u over uw huidige burgemeester?; score van 0 tot 10*") en resulteerde per gemeente in een bijhorend gemiddelde. Deze scores vergelijken we vervolgens ook met de gemiddelde scores uit het onderzoek 'Het Gemeenterapport' van december 2013. Door middel van deze vergelijking krijgen we meer inzicht in de evolutie van de tevredenheid over de Vlaamse burgemeesters

4 Enkel Herstappe en Linkebeek ontbreken in de analyse.
5 De krant stelde de originele dataset ter beschikking.
6 Deze respondenten behoren tot het *iVOX*-panel of de geregistreerde bezoekers van de website van de krant (www.nieuwsblad.be). In een vijftiental kleinere gemeenten werd de online enquête aangevuld met een telefonische enquête bij een random selectie van inwoners.

doorheen de voorbije bestuursperiode. Tot slot linken we deze cijfers aan de burgemeesterswissels die plaatsvonden tussen de twee metingen van *Het Nieuwsblad* (december 2013 – februari 2017) teneinde het algemene beeld van de evolutie in de burgemeesterstevredenheid verder te verfijnen en te contextualiseren.

In het tweede grote luik van de analyse onderzoeken we via een reeks bivariate analyses de samenhang tussen een aantal kenmerken van de gemeenten en de burgemeesters enerzijds en de tevredenheidsscores van de burgemeesters anderzijds. We hanteren daarvoor twee soorten tests. De statistische test die wordt toegepast om de samenhang tussen deze variabelen te toetsen is afhankelijk van het meetniveau van de variabelen. De samenhang tussen twee metrische variabelen (bv. burgemeestersscore 2017 en het gemiddelde inkomen van de gemeenten) wordt bepaald door de correlatiecoëfficiënt (Pearson R) en bijhorende significantietoets. Wanneer we de samenhang testen tussen de burgemeestersscore 2017 en categorische variabelen (bv. geslacht of politieke partij) presenteren we per categorie van deze variabele de gemiddelde burgemeestersscore. Zijn de gevonden verbanden bovendien statistisch significant, dan worden ze in het vet aangeduid in de tabellen.[7]

Een aantal kenmerken destilleren we uit de conclusies van de voorgaande literatuurschets. Deze hebben voornamelijk betrekking op de economische toestand voor de inwoners, de ervaren kwaliteit van het gevoerde gemeentebeleid en het electoraal mandaat van de burgemeester. Daarnaast brengen we een aantal typische kenmerken van het Belgische lokaalpolitieke landschap in rekening waarvan we kunnen verwachten dat ze de burgemeestersscore mee bepalen (bv. partij van de burgemeester, specifieke invulling van het burgemeestersambt). Concreet levert deze selectie een groep van 22 variabelen op die we thematisch opdelen in drie groepen (zie tabel 1).

Een eerste groep kenmerken kunnen we catalogeren onder de noemer 'contextfactoren'. Dit betreft een aantal parameters die hoofdzakelijk verband houden met de objectieve geografische en sociaaleconomische toestand van de gemeenten en hun inwoners. Wellicht zijn dit dus ook de factoren waar burgemeesters zelf het minst vat op hebben vanuit de uitoefening van hun politiek mandaat. De vijf contextfactoren in onze analyse zijn: het inwonertal van de gemeenten, het sociaaleconomisch profiel van de gemeenten (op basis van de sociaaleconomische *Belfius*-typologie),[8] de provincie, de totale werkloosheidsgraad van de gemeenten in 2015 (op basis van de gemeentelijke profielschetsen van de Vlaamse overheid) en het gemiddeld inkomen van de bevolking in de gemeenten in 2015 (op basis van cijfers van *Statbel*).[9] Inzake contextfactoren is het bijvoorbeeld aannemelijk dat de

---

7 De gekozen bijhorende significantietoets is afhankelijk van het aantal categorieën van de categorische variabele (voor een variabele met 2 categorieën, zoals geslacht, gebruiken we de t-test; voor een variabele met meer dan 2 categorieën, zoals bv. politieke partij, gebruiken we de Anova-test). Voor alle bivariate analyses passen we de gangbare kritische limiet ($p<.05$) toe om de statistische significantie van het verband te bepalen.

8 Belfius (2007). Lokale financiën. Sociaaleconomische typologie van de gemeenten. Geraadpleegd op https://www.belfius.be/publicsocial/nl/media/typologie_new_nl_tcm_31-36262.pdf.

9 Geraadpleegd op de website van de krant *De Standaard* op http://www.standaard.be/cnt/dmf20171025_03151950.

tevredenheid over de burgemeester lager is in de uitdagende sociaaleconomische setting van een grootstad, een armere plattelandsgemeente of een gemeente waar meer inwoners te kampen hebben met werkloosheid of een lager inkomen. In woongemeenten, met traditioneel een minder uitdagende sociaaleconomische setting, verwachten we dan weer een gemiddeld hogere burgemeestersscore.

Een tweede groep kenmerken verwijst naar de figuur van de burgemeester zelf. Geslacht en leeftijd zijn twee persoonlijke factoren die traditioneel aan bod komen in politiekwetenschappelijke analyses van bewindsvoerders. Als politieke kenmerken van de burgemeesters opteren we vervolgens voor zijn of haar politieke partij en de stempenetratiegraad en anciënniteit als indicatoren van het persoonlijk politiek kapitaal. Van burgemeesters die zich op een groter politiek kapitaal kunnen beroepen (bv. in de vorm van een grote electorale achterban of de nodige jaren ervaring en bijkomende bekendheid in het ambt) kunnen we verwachten dat zij meer steun onder de bevolking genieten.

Tot slot selecteren we een aantal variabelen die verwijzen naar de specifieke invulling van het burgemeestersambt: het al dan niet cumuleren van het burgemeesterschap met een ander verkozen politiek mandaat; het al dan niet uitoefenen van het burgemeesterschap als een voltijds mandaat; het al dan niet organiseren van een spreekuur voor de bevolking; het al dan niet gebruiken van sociale media in functie van het ambt en het aantal uren dat de burgemeester besteedt aan direct contact met de bevolking. Deze data verkregen we uit een onderzoek van *Radio 2* (opgesteld in samenwerking met het *Centrum voor Lokale Politiek*, Universiteit Gent) waarbij de burgemeesters van alle Vlaamse gemeenten (uitgezonderd Linkebeek) in de periode december 2015 – januari 2016 telefonisch werden bevraagd.[10] De link tussen de invulling van het burgemeestersambt en de burgemeestersscore is gestoeld op de verwachting dat burgemeesters die meer investeren in hun ambt (bv. door dit voltijds uit te oefenen en niet te combineren met andere politieke mandaten) en in het contact met de bevolking (bv. via een spreekuur, sociale media) een grotere waardering zullen krijgen van de bevolking.

De derde en laatste groep kenmerken in de bivariate analyse verwijst naar het gemeentebestuur en (de perceptie bij de bevolking van) het gevoerde gemeentebeleid. Enerzijds kunnen we verwachten dat het aantal partijen dat de politieke meerderheid in het gemeentebestuur uitmaakt een invloed heeft op de appreciatie van de burgemeester. Homogene meerderheden maken het besturen immers doorgaans gemakkelijker en vergroten wellicht ook de zichtbaarheid van de burgemeester als uithangbord van het bestuur. De cijfers over het aantal partijen vertegenwoordigd in het politiek bestuur van de gemeenten verkregen we van het

[10] In 25 gemeenten vond bovendien een burgemeesterswissel plaats tussen het tijdstip van de enquête van *Radio 2* (december 2015) en de enquête van *Het Nieuwsblad* (februari 2017). Gelet op de keuze voor de burgemeestersscore uit 2017 (onderzoek *Het Nieuwsblad*) als centrale variabele in ons onderzoek, werd getracht een aantal kenmerken uit de *Radio 2*-dataset te actualiseren voor de nieuwe burgemeester in deze gemeenten (namelijk geslacht, leeftijd, anciënniteit, partij). Een aantal andere kenmerken ontbreken echter voor deze burgemeesters in de finale dataset (namelijk de kenmerken omtrent de invulling van het ambt). Daarnaast berekenden we zelf de stempenetratiegraad van de burgemeesters als de verhouding van het aantal voorkeurstemmen van de burgemeester tot het totale aantal gemeentestemmen. Voor de multivariate analyse maken we gebruiken van een lineaire regressieanalyse.

Agentschap Binnenlands Bestuur. Anderzijds testen we ook de vermeende positieve band tussen de beleidstevredenheid bij de bevolking en de waardering van de burgemeester. We baseren ons hiervoor op een reeks vragen die eveneens uit het onderzoek van *Het Nieuwsblad* afkomstig zijn. Deze vragen hebben betrekking op de tevredenheid van de bevolking met de volgende elementen van het gemeentebeleid en -bestuur:

- Werk en ondernemen in de gemeente (% respondenten per gemeente die vinden dat hun gemeentebestuur dit goed heeft aangepakt)
- Betaalbaarheid woningen (% respondenten per gemeente die vinden dat hun gemeentebestuur dit goed heeft aangepakt)
- Aanpak van criminaliteit en kleine overlast (% respondenten per gemeente die vinden dat hun gemeentebestuur dit goed heeft aangepakt)
- Vernieuwing van openbare ruimte (bv. pleinen, gebouwen, monumenten) (% respondenten per gemeente die vinden dat hun gemeentebestuur dit goed heeft aangepakt)
- Gemeentefaciliteiten ("*Hoeveel sterren zou u de faciliteiten van uw gemeente/stad geven als inwoner?*"; gemiddelde score op 5 per gemeente)
- Algemene tevredenheid over het gemeentebestuur ("*Hoeveel punten op 10 zou u uw huidige gemeente- of stadsbestuur geven?*"; gemiddelde score per gemeente)

Tabel 1. Overzicht van de geselecteerde verklaringsfactoren van burgemeesterstevredenheid

Factoren	Theoretische verwachting	
	Categorie	Burgemeestersscore
Contextuele factoren		
Inwonertal	Grotere gemeenten	Lagere score
Gemeentetype	Woongemeenten	Hogere score
	Centrumgemeenten	Lagere score
	Plattelandsgemeenten	Lagere score
Provincie	/	/
Werkloosheid	Hogere werkloosheid	Lagere score
Gemiddeld inkomen	Hoger inkomen	Hogere score
Bestuur en beleid		
Type bestuur	Minder partijen	Hogere score
Appreciatie gemeentebestuur en -beleid	Grotere appreciatie	Hogere score
Burgemeesterskenmerken		
Geslacht	/	/
Leeftijd	/	/
Politieke partij	/	/
Stempenetratiegraad	Stemmenkampioen	Hogere score
Anciënniteit	Nieuwkomers	Lagere score
Voltijds	Ja	Hogere score
Cumul	Ja	Lagere score
Sociale media	Ja	Hogere score
Spreekuur	Ja	Hogere score
Contact met de bevolking	Meer direct contact	Hogere score

In het derde luik van de analyse willen we tot slot een meer algemeen verklaringsmodel voor de tevredenheid over de burgemeesters in Vlaanderen ontwikkelen. We hanteren daartoe een multivariate lineaire regressieanalyse die zowel de collectieve als de individuele impact van een reeks verklaringsfactoren op de burgemeestersscores van 2017 nagaat. Voor de selectie van deze verklaringsfactoren baseren we ons zowel op bovenstaande theoretische verwachtingen als op de uitkomsten van de bivariate analyses (we concentreren ons dan op die factoren die daar ook al significant bleken).

Algemene evaluatie van de burgemeestersscores

In welke mate worden de Vlaamse burgemeesters gewaardeerd door de inwoners van hun gemeente, en hoe evolueerde deze waardering doorheen de voorbije legislatuur? In tabel 2 presenteren we een aantal kerncijfers voor zowel de evaluatie uit 2013, aan het begin van de lokale legislatuur, als de score in 2017, het ijkpunt voor onze analyse.

Tabel 2. Burgemeestersscores 2013 en 2017

	Gemiddelde	Standaard-afwijking	Mediaan	Minimum	Maximum
2013	6,25	,75	6,30	3,1	8,3
2017	6,64	,78	6,70	4,4	8,7

Het valt meteen op dat de gemiddelde Vlaamse burgemeester meer dan behoorlijk scoort. Met een gemiddelde van meer dan 6 op 10 zijn maar weinig burgemeesters niet geslaagd. Bovendien is de gemiddelde score er in onze referentieperiode op vooruit gegaan met 0,39. In maar liefst 241 gemeenten (78,8% van de Vlaamse gemeenten) scoorde de burgemeester in 2017 beter dan in 2013. Die burgemeesters gaan er gemiddeld 0,60 op vooruit. Dat gemiddelde wordt uiteraard deels onderuit gehaald door de 65 gemeenten waar de burgemeester erop achteruit is gegaan. De gemiddelde daling die de betrokken burgemeesters lieten noteren was 0,37. Wanneer we kijken naar de verdeling van de tevredenheidsscores (zie Grafiek 1) dan tekent die stijgende trend zich duidelijk af. Zo lieten er in 2017 64 burgemeesters een score noteren van 7,5 of meer. In 2013 waren dat er met 27 meer dan de helft minder.

Grafiek 1. Verdeling van de tevredenheidsscores voor 2017 en 2013

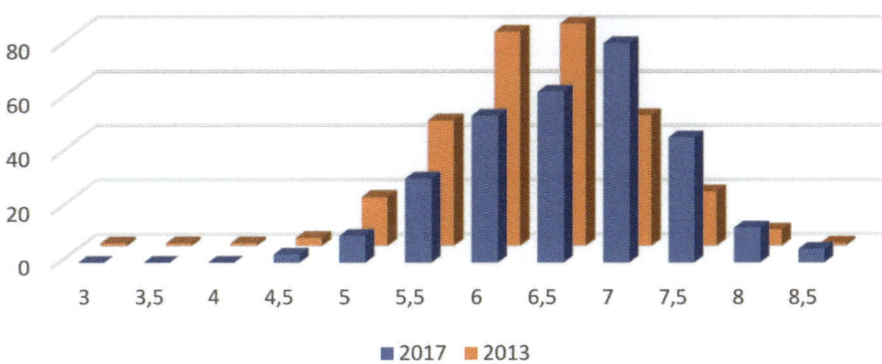

Om bovenstaand beeld nog verder te verfijnen, kunnen we ook nagaan in welke mate de scores van 2013 en 2017, en de evolutie tussen beide, variëren tussen gemeenten waar een nieuwe burgemeester werd benoemd in deze periode en gemeenten waar de burgemeester op post bleef. De resultaten van deze vergelijking vind je in tabel 3.

Tabel 3. Burgemeestersscores opgedeeld volgens burgemeesterswissel 2013-2017

	Gemiddelde	Standaardafwijking	N
Burgemeestersscore 2013			
Wissel	**5,65**	**,85**	**39**
Geen wissel	**6,34**	**,70**	**265**
Algemene score	*6,25*	*,75*	*306*
Burgemeestersscore 2017			
Wissel	**6,39**	**,76**	**39**
Geen wissel	**6,68**	**,77**	**265**
Algemene score	*6,64*	*,78*	*306*
Evolutie burgemeestersscore 2013 => 2017			
Wissel	**+0,74**	**,85**	**39**
Geen wissel	**+0,34**	**,50**	**265**
Algemene score	*+0,39*	*,57*	*306*

Er waren in de referentieperiode burgemeesterswissels in 39 Vlaamse gemeenten.[11] Dat waren in hoofdzaak wissels ten gevolge van politieke afspraken gemaakt aan het begin van de legislatuur waarbij het mandaat van burgemeester werd verdeeld tussen twee verkozenen. In een heel beperkt aantal gevallen waren de wissels ingegeven door problemen van politieke onbestuurbaarheid. Wanneer we kijken naar de cijfers dan valt het op dat burgemeesters die hun mandaat voortijdig beëindigd zagen, in 2013 een lagere tevredenheidsscore lieten noteren dan hun collega's die de rit zouden uitzitten. Mogelijks lieten de respondenten zich in hun beoordeling al leiden door het feit dat de burgemeester er vervroegd zou mee ophouden en gaven ze daarom een lagere score. Toch verdient dit aspect het om verder in detail onderzocht te worden. Een sluitende verklaring is er immers niet meteen. We zien in de cijfers van 2017 ook dat de nieuwe burgemeesters duidelijk beter scoren dan hun collega's die in 2013 het mandaat bekleedden. Mogelijks genieten zij nog het spreekwoordelijke 'voordeel van de twijfel', waardoor inwoners hen positiever beoordelen. Nieuwe burgemeesters laten in hun gemeente bovendien een hogere stijging noteren (0,74) dan hun collega's die op post bleven (0,34). Echter, ze blijven qua algemene appreciatie wel nog steeds onder hun langer zetelende collega's hangen. Een mogelijke verklaring daarvoor is uiteraard hun nog relatieve onbekendheid op het moment van de bevraging.

[11] De gemeenten Damme en Nieuwpoort, waar in deze periode noodgedwongen een wissel werd doorgevoerd na het overlijden van de burgemeester, worden in de analyse buiten beschouwing gelaten.

De samenhang tussen contextfactoren en de burgemeestersscores

Na dit algemene overzicht gaan we in het tweede deel van de analyse dieper in op het verband tussen de burgemeestersscores en een aantal kenmerken van de gemeenten en de burgemeesters die deze scores kunnen beïnvloeden. We vatten deze bivariate analyse aan met een blik op de samenhang tussen contextgebonden kenmerken van de gemeenten enerzijds en de burgemeestersscores uit 2017 anderzijds.

Een eerste contextfactor is het inwonertal van de gemeenten. Omdat de totale populatie Vlaamse gemeenten erg ongelijk verdeeld is naar inwonertal (i.e. een relatief grote groep kleine gemeenten tegenover een kleine groep grotere gemeenten) hercoderen we deze variabele in een nieuwe variabele die de groep grootste gemeenten (i.e. 1/3 gemeenten met minstens 19.000 inwoners) afzet tegenover een referentiegroep (i.e. 2/3 gemeenten met een inwonertal lager dan 19.000). Ten tweede en voor de variabele gemeentetype, baseren we ons op de sociaaleconomische *Belfius*-typologie die alle Vlaamse gemeenten opdeelt in 16 clusters. We brengen deze clusters onder in drie grote categorieën: woongemeenten, landelijke gemeenten en centrumgemeenten.[12] Als derde algemene gemeentekenmerk in onze analyse selecteren we de provincie. De objectieve economische indicatoren, namelijk het werkloosheidscijfer van de gemeenten en het gemiddeld inkomen van de bevolking in de gemeenten in 2015, vervolledigen de rij. Tabel 4 toont de samenhang tussen de categorische variabelen inwonertal, gemeentetype en provincie met de burgemeestersscore. In tabel 5 geven we een overzicht van de samenhang tussen de economische indicatoren werkloosheidscijfer en gemiddeld inkomen en de burgemeestersscore.

Tabel 4. Burgemeestersscore volgens algemene gemeentekenmerken

	Burgemeestersscore 2017		
	Gemiddelde	Standaardafwijking	N
Inwonertal			
Grootste gemeenten	**6,51**	**,71**	**102**
Referentiegroep	**6,71**	**,80**	**204**
Gemeentetype			
Woongemeenten	**6,54**	**,73**	**82**
Landelijke gemeenten	**6,81**	**,79**	**149**
Centrumgemeenten	**6,44**	**,72**	**75**
Provincie			
Antwerpen	**6,74**	**,71**	**70**

[12] De woongemeenten bevatten de Dexia-clusters 'woongemeenten in landelijke zones', 'woongemeenten in de stadsrand', 'agglomeratiegemeenten met tertiaire activiteit' en 'residentiële gemeenten met hoge inkomens'; de landelijke gemeenten bevatten de Dexia-clusters 'kleine agrarische gemeenten', 'erg landelijke gemeenten met sterke vergrijzing', 'landelijke gemeenten of verstedelijkte plattelandsgemeenten met sterke demografische groei', 'landelijke en agrarische gemeenten met industriële activiteit', 'verstedelijkte plattelandsgemeenten met industriële activiteit en demografische groei' en 'weinig verstedelijkte gemeenten met lage inkomens'; de centrumgemeenten bevatten de Dexia-clusters 'steden en agglomeratiegemeenten met een industriële activiteit', 'sterk verstedelijkte gemeenten met lage inkomens', 'middelgrote steden', 'regionale steden', 'grote steden en regionale steden' en 'kustgemeenten'.

	Burgemeestersscore 2017		
	Gemiddelde	Standaardafwijking	N
Limburg	**6,61**	**,73**	**43**
Oost-Vlaanderen	**6,70**	**,75**	**65**
Vlaams-Brabant	**6,31**	**,83**	**64**
West-Vlaanderen	**6,85**	**,75**	**64**
Algemene score	***6,64***	***,78***	***306***

Een eerste belangrijke vaststelling bij het interpreteren van deze cijfers is dat de onderlinge verschillen die gevonden worden tussen de gemeentekenmerken beperkt zijn, maar wel degelijk statistisch significant. Zo leren we dat '*size*' wel degelijk '*matters*', al is '*big*' niet altijd '*better*'. Burgemeesters in de grotere lokale besturen scoren namelijk minder goed (6,51) dan hun collega's in onze referentiegroep (6,71). Zoals al eerder gezegd kan de meer uitdagende stedelijke context dat wellicht deels verklaren. In kleinere lokale besturen is het voor burgemeesters alleen al door de schaal van dat bestuur gemakkelijker om het overzicht te bewaren en zelf een zekere zichtbaarheid op te bouwen. Ook het type lokaal bestuur bevestigt deze tendens. Burgemeesters in de centrumgemeenten (waaronder ook de centrumsteden en de kleine regionale steden) halen een lagere gemiddelde tevredenheidsscore (6,44) dan hun collega's in woongemeenten (6,54). Deze burgemeesters moeten echter de duimen leggen voor hun collega's in de landelijke gemeenten, die de hoogste tevredenheidsscores laten noteren (6,81). Tot slot gingen we ook na of de provincie enige invloed had op de tevredenheidsscores van de Vlaamse burgemeesters. Alhoewel ook hier de onderlinge verschillen beperkt zijn, noteren we dat de West-Vlaamse burgemeesters de hoogste tevredenheidsscores (6,85) laten optekenen. Hun collega's in Vlaams-Brabant zijn hekkensluiter met 6,31. Daarbij moet echter worden vermeld dat de standaardafwijking vrij groot is (,83), wat wijst op een brede spreiding van de resultaten. Enkele mindere scores halen het provinciale gemiddelde bijgevolg naar beneden.

Tabel 5. Burgemeestersscore volgens economische situatie gemeenten

	Burgemeestersscore 2017	
	Correlatie	N
Werkloosheid	**-,140**	**306**
Gemiddeld inkomen	-,079	306

Uit de literatuur bleek al dat ook economische parameters invloed hebben op de tevredenheid over politieke leiders. Dat '*economy matters*' blijkt ook uit het gevonden negatieve verband tussen de werkloosheid in de betrokken stad of gemeente en de tevredenheidsscores. Het gevonden verband is niet sterk, maar wel aanwezig. Hoe hoger de lokale werkloosheid, hoe lager de appreciatie voor het werk van de burgemeesters. Die laatsten worden dus duidelijk geassocieerd met de economische toestand van hun bestuursomgeving. Het gemiddeld inkomen van de inwoners van de gemeente blijkt dan weer geen invloed te hebben op de burgemeestersscores.

De samenhang tussen burgemeesterskenmerken en de burgemeestersscores

Na de analyse van de samenhang tussen de burgemeestersscore en de kenmerken op gemeenteniveau buigen we ons nu over de samenhang van de burgemeestersscore met enkele kenmerken van de burgemeesters zelf. Deze kenmerken verwijzen zowel naar de algemene persoon (leeftijd en geslacht), het politieke profiel (partij, stempenetratiegraad, anciënniteit) als naar de specifieke invulling van het burgemeestersambt (i.e. professionele kenmerken, namelijk voltijds burgemeesterschap, politieke cumul, gebruik sociale media, gebruik spreekuur voor de inwoners, direct contact met de bevolking).

In functie van de analyse dienden we opnieuw enkele variabelen te hercoderen. Zo herleidden we de partij van de burgemeester naar 5 grote groepen: CD&V, N-VA, Open VLD, SP.A en 'ander'. Deze laatste groep bevat lokale lijsten en kartels, Franstalige partijen en Groen.[13] De stempenetratiegraad van de Vlaamse burgemeesters (actief op het ogenblik van de survey) herschaalden we omwille van de sterk uiteenlopende en ongelijk verdeelde scores tussen de burgemeesters (de gemiddelde Vlaamse burgemeester wist 18,3% van het totale aantal gemeentestemmen te behalen, de maximale en minimale scores bedragen respectievelijk 1,7% en 63,1%). De nieuwe variabele maakt een onderscheid tussen de groep burgemeesters met de hoogste stempenetratiegraad (de 'stemmenkampioenen' of het 1/3 burgemeesters met de hoogste score, i.e. 20,34% en meer) en de referentiegroep (i.e. overige 2/3 van de burgemeesters met een percentage lager dan 20,34%). Ook de anciënniteit van de burgemeesters hercodeerden we omwille van de sterk ongelijk verdeelde waarden. De originele variabele (i.e. het aantal jaren burgemeesterschap op het ogenblik van de survey) werd daarom herleid naar een nieuwe variabele die een onderscheid maakt tussen de nieuwkomers, de burgemeesters actief in een tweede legislatuur en de burgemeesters die hun ambt al een derde legislatuur of meer bekleden. In tabel 6 tonen we de samenhang tussen de categorische variabelen en de burgemeestersscores. De samenhang tussen de metrische variabelen leeftijd en aantal uur contact met de bevolking enerzijds en de burgemeestersscore anderzijds vind je in tabel 7.

Tabel 6. Burgemeestersscore volgens persoonlijke, politieke en professionele kenmerken

	Burgemeestersscore 2017		
	Gemiddelde	Standaard-afwijking	N
Geslacht			
Vrouw	**6,31**	**,73**	**43**
Man	**6,70**	**,77**	**263**
Politieke partij			
CD&V	6,70	,69	132

13 Franstaligen partijen en Groen tellen niet genoeg burgemeesters om als zelfstandige categorie in de analyse te worden opgenomen.

	Burgemeestersscore 2017		
	Gemiddelde	Standaard-afwijking	N
N-VA	6,62	,64	48
Open VLD	6,57	,81	54
SP.A	6,41	,99	21
Andere (Groen, lokale lijst, kartels)	6,71	,94	51
Stempenetratiegraad			
Stemmenkampioen	**7,00**	**,71**	**102**
Referentiegroep	**6,47**	**,74**	**204**
Anciënniteit			
Nieuwkomers	**6,59**	**,73**	**146**
Tweede legislatuur	**6,75**	**,77**	**72**
Meest ervaren	**6,65**	**,84**	**88**
Voltijds burgemeester			
Ja	6,61	,81	126
Neen	6,69	,76	154
Cumul			
Ja	6,70	,86	61
Neen	6,64	,76	220
Sociale media			
Ja	6,72	,82	144
Neen	6,58	,73	137
Spreekuur			
Ja	6,63	,79	166
Neen	6,69	,77	115
Algemene score	***6,64***	***,78***	***306***

Niet alle onderzochte burgemeesterskenmerken leverden een statistisch significant verband op. We beperken ons in deze bespreking dan ook tot die kenmerken die wel relevant bleken te zijn. Zo blijkt het geslacht van de burgemeester statistisch significant te zijn bij de verklaring van de burgemeestersscores. Mannelijke burgemeesters halen een hogere score dan hun vrouwelijke collega's. Ook het aantal voorkeurstemmen blijkt een goede graadmeter te zijn voor de tevredenheidsscores van de Vlaamse burgemeesters. Diegenen die in hun gemeente of stad bekend staan als de stemmenkampioen, halen een hogere tevredenheidsscore dan hun collega's die minder voorkeurstemmen wisten te verzamelen. Dat is op zich niet zo verwonderlijk. Populaire burgemeesters genieten wellicht ook meer waardering dan hun minder populaire collega's.

De anciënniteit van de Vlaamse burgemeesters blijkt eveneens samen te gaan met de mate waarin hun werk door de bevolking wordt gewaardeerd. Burgemeesters die zich op het moment van de bevraging in hun eerste legislatuur bevonden, halen een gemiddelde tevredenheidsscore van 6,59. Hun collega's die zich in hun tweede legislatuur bevonden scoorden iets beter, met een gemiddelde score van 6,75. Dit kan erop wijzen dat er wel degelijk zoiets is als een kanseliersbonus. Burgemeesters in hun tweede legislatuur hebben ook al meer kansen gekregen om aan hun bekendheid te werken of om zichzelf te bewijzen. Toch blijkt het effect niet eenduidig. Burgemeesters die zich in hun derde legislatuur (of meer) bevonden lieten terug een lagere gemiddelde score noteren, namelijk 6,65. Het gaat weliswaar om kleine nuances, maar ze zijn wel degelijk statistisch significant.

De andere onderzochte kenmerken leverden hele kleine verschillen op in de tevredenheidsscores die bovendien niet statistisch significant waren. Zo heeft het feit of een burgemeester het mandaat voltijds bekleedt geen invloed op zijn/haar tevredenheidsscore. Hetzelfde geldt voor het al dan niet cumuleren met een ander politiek mandaat of het al dan niet organiseren van een spreekuur. Ook het gebruik van sociale media bleek geen invloed te hebben op de algemene tevredenheidsscore. Er moet wel op gewezen worden dat enkel werd gepolst naar het gebruik van sociale media op zich. Er werd geen verdere inhoudsanalyse gedaan van de specifieke manier waarop burgemeesters omgaan met die sociale media. Hier ligt ongetwijfeld een pad voor verder onderzoek, gegeven het toegenomen belang van online aanwezigheid voor politieke mandatarissen de laatste jaren.

Tabel 7. Burgemeestersscore volgens leeftijd en contact met de burger

	Burgemeestersscore 2017	
	Correlatie	N
Leeftijd	**-,195**	**306**
Aantal uren direct contact met burger	,051	275

De metrische variabelen leeftijd en het aantal uren direct contact met de burger worden in bovenstaande tabel 7 gepresenteerd. Enkel de leeftijd van de burgemeester levert hier een significant verband op. Het negatieve verband wijst erop dat naarmate de leeftijd van de burgemeester toeneemt, de behaalde tevredenheidsscore afneemt. Het feit dat jongere burgemeesters meer gewaardeerd worden dan hun oudere collega's kan erop wijzen dat er wel degelijk een houdbaarheidsdatum is voor politiek personeel, althans in de hoofden van een deel van de bevolking. Dat lijkt in overeenstemming te zijn met de bevindingen rond anciënniteit, die eerder al wezen op een afnemende tevredenheidsscore bij burgemeesters die drie of meer legislaturen meedraaien in de lokale politiek. Het aantal uren direct contact met de burger leverde geen significant verband op.

De samenhang tussen het bestuur en beleid van de gemeente en de burgemeestersscores

Het derde luik van de bivariate analyse heeft tot slot betrekking op het gemeentebestuur en –beleid. Ten eerste onderzoeken we de samenhang tussen de omvang van het gemeentebestuur (i.e. de politieke meerderheid) in de gemeenten en de burgemeestersscore (tabel 8). Vervolgens testen we de relatie tussen de burgemeestersscore en de appreciatie van enkele elementen van het gemeentebeleid (namelijk werk en ondernemen, de betaalbaarheid van woningen, de aanpak van criminaliteit en overlast en de vernieuwing van de openbare ruimte), de appreciatie van de gemeentefaciliteiten en de algemene tevredenheid over het gemeentebestuur (tabel 9). Uit een verkennende factoranalyse bleek bovendien dat de vier beleidsdomeinen empirisch tot één nieuwe betrouwbare variabele kunnen worden herleid. Deze nieuwe variabele bevat de som van de waarden van de appreciatie van de vier specifieke beleidsdomeinen en wordt 'tevredenheid beleid' genoemd.[14] De tabel geeft ook de samenhang tussen deze nieuwe variabele en de burgemeestersscore weer.

Tabel 8. Burgemeestersscore volgens omvang gemeentebestuur

	Burgemeestersscore 2017		
	Gemiddelde	Standaard-afwijking	N
Absolute meerderheid	**7,04**	**,74**	**75**
Twee partijen	**6,55**	**,75**	**149**
Drie partijen	**6,50**	**,76**	**74**
Vier partijen	**6,13**	**,34**	**8**
Algemene score	***6,64***	***,78***	***306***

De omvang van het gemeentebestuur werd door ons gemeten aan de hand van het aantal politieke partijen dat deel uitmaakt van de lokale bestuursmeerderheid. We gingen er in onze hypothese vanuit dat hoe meer partijen deel uitmaken van die lokale bestuursploeg, hoe moeilijker het voor de burgemeester zou zijn om zichzelf te profileren. Grotere coalities beperken immers de bewegingsruimte van de burgemeester. Bijgevolg zou een coalitie met meer partijen kunnen wegen op de tevredenheidsscore van die burgemeester. Onze gegevens bevestigen die veronderstelling, met een duidelijk negatieve correlatie tussen beide variabelen (R= -0,265). Hoe meer partijen deel uitmaken van de bestuursmeerderheid, hoe lager de burgemeester dus scoort bij de bevolking. Omgekeerd, burgemeesters die het voorrecht hebben om te besturen met een absolute meerderheid laten de hoogste tevredenheidsscores noteren (7,04).

Tabel 9. Burgemeestersscore volgens appreciatie gemeentebeleid

	Burgemeestersscore 2017	
	Correlatie	N
Werk en ondernemen	**,523**	**306**
Betaalbaarheid woningen	**,467**	**306**
Criminaliteit en overlast	**,607**	**306**
Vernieuwing openbare ruimte	**,705**	**306**
Tevredenheid beleid	**,748**	**306**
Faciliteiten gemeente	**,638**	**306**
Algemene tevredenheid bestuur	**,916**	**306**

De laatste onderzochte elementen hebben betrekking op de samenhang tussen de burgemeestersscore enerzijds en de appreciatie voor het gevoerde beleid anderzijds. Voor alle onderzochte elementen tekent zich een duidelijke positieve correlatie af tussen beide factoren. Dat bevestigt de verwachting dat de burgemeester

[14] Deze nieuwe variabele vormt een statistisch voldoende betrouwbaar overkoepelende factor van de vier onderliggende variabelen (Cronbach's Alpha =,773).

door velen wordt gezien als het gezicht van de gemeente, de emanatie ook van het gevoerde gemeentebeleid. Dat is op zich niet verwonderlijk. Het behoort tot de taken van de burgemeester om het gemeentelijke beleid vorm te geven en te verdedigen. Het is bijgevolg logisch dat hij/zij daarop wordt afgerekend. Dat geldt in het bijzonder wanneer het gaat over de vernieuwing van de openbare ruimte (,705). De oorzaak hiervoor schuilt wellicht in het feit dat dit een heel zichtbaar element is van het gevoerde beleid waar mensen zich ook heel concreet iets kunnen bij voorstellen. Die hoge correlatie noteren we trouwens ook bij de door ons samengestelde variabele, namelijk de algemene tevredenheid met het beleid (,748). We merken ten slotte op dat de algemene tevredenheid met het bestuur nagenoeg volledig correleert met de tevredenheidsscore van de burgemeester (,916). Dit bevestigt nogmaals de innige verstrengeling tussen de perceptie van het lokaal bestuur enerzijds en zijn burgemeester anderzijds.

Een algemeen verklaringsmodel voor de tevredenheidsscores van de Vlaamse burgemeesters

In het derde en laatste luik van de analyse construeren we een meer omvattend verklaringsmodel voor de burgemeestersscores. Het is immers aannemelijk dat bepaalde kenmerken uit de voorgaande bivariate analyses onderling gerelateerd zijn en elkaar en de burgemeestersscore ook op die manier beïnvloeden (denk bijvoorbeeld aan leeftijd en anciënniteit, of gemeentetype en het gemiddeld inkomen of de werkloosheidsgraad van de bevolking). Door de verschillende variabelen samen in één multivariaat verklaringsmodel op te nemen wordt dan als het ware het 'netto-effect' van elke individuele variabele weergegeven (dit is de verklarende waarde van de variabele onafhankelijk van de samenhang van die variabele met andere kenmerken in het model). De resultaten staan opgelijst in tabel 10. Een positieve score duidt op een positieve impact van het desbetreffende kenmerk op de burgemeestersscore, een negatieve score impliceert dat de variabele tot een minder hoge burgemeestersscore leidt. Wanneer deze relaties statistisch significant zijn, worden ze bovendien opnieuw in het vet aangeduid.

Terwijl de bivariate analyses uit het voorgaande luik dus louter de algemene samenhang tussen kenmerken en de burgemeestersscores aangeven, kunnen we aan de hand van deze multivariate analyse afleiden welke kenmerken de burgemeestersscore nu specifiek in welke mate bepalen. We selecteren voor deze oefening hoofdzakelijk de factoren die in de voorgaande analyse significant bleken samen te gaan met de waardering van de burgemeester.[15] Deze factoren voegen we in drie opeenvolgende stappen aan de analyse toe. Het eerste model bevat de kenmerken van het gemeentebestuur en –beleid: deze variabelen bleken immers zowel vanuit

[15] Bij de kenmerken van het gemeentebestuur en -beleid onderzoeken we de impact van de algemene, samengestelde variabele 'appreciatie gemeentebeleid' en wordt de variabele 'algemene appreciatie van het gemeentebestuur' uit de analyse gelaten (deze variabele correleert namelijk te sterk met de burgemeestersscore, wat doet vermoeden dat de respondenten beide elementen niet strikt onderscheiden in hun evaluatie). Kenmerken van de invulling van het ambt bleken in de bivariate analyse niet significant geassocieerd met de burgemeestersscore en worden daarom eveneens niet opgenomen in ons verklaringsmodel. Bij de contextfactoren nemen we de provincie niet in de analyse op omdat deze variabele in mindere mate uitdrukking geeft aan de algemene sociaaleconomische context van de gemeenten.

theoretisch perspectief als op basis van onze bivariate analyses het grootste verklarend potentieel te bezitten. Het effect van deze bestuurs- en beleidskenmerken verfijnen we vervolgens in een tweede model door ook de kenmerken van de burgemeesters toe te voegen. Als laatste stap brengen we de contextuele factoren op gemeenteniveau in rekening. Per stap staat de algemeen verklarende waarde of sterkte van het model (i.e. de Adjusted R^2-score) aangeduid. Deze waarde geeft aan hoeveel variatie in de burgemeestersscore in het totaal door de variabelen in het model samen wordt verklaard.

Tabel 10. Determinanten van de burgemeestersscore: een multivariate analyse (N=306)

	Burgemeestersscore 2017		
	Model 1	Model 2	Model 3
Bestuur & Beleid			
Aantal partijen in gemeentebestuur	**-,086****	-,061	-,058
Appreciatie gemeentebeleid	**,560*****	**,487*****	**,544*****
Appreciatie gemeentefaciliteiten	**,241*****	**,263*****	**,229*****
Kenmerken burgemeester			
Geslacht: man		**,126*****	**,130*****
Leeftijd		**-,117*****	**-,117*****
Stempenetratiegraad: stemmenkampioen		**,148*****	**,147*****
Anciënniteit [ref: tweede legislatuur]			
Nieuwkomers		,001	,004
Meest ervaren burgemeesters		**-,088***	**-,085***
Contextfactoren			
Inwonertal: grootste gemeenten			-,006
Gemeentetype [ref: woongemeenten]			
Landelijke gemeente			**-,163*****
Centrumgemeente			**-,189*****
Werkloosheidsgraad			,000
Gemiddeld inkomen			-,047
Adjusted R^2	*,59****	*,63****	*,65****

****p<.01, **p<.05, *p<.10*

Welke factoren bepalen nu de verschillen in de tevredenheidsscores van de Vlaamse burgemeesters? Uit de eerste stap van de multivariate analyse kunnen we afleiden dat de impact van de bestuurs- en beleidsgerichte variabelen heel sterk en significant is. Bijna 60% van de totale variatie in de burgemeestersscores wordt immers door het samenspel van deze variabelen verklaard. De sterkste voorspeller van de tevredenheid over de burgemeester blijkt de tevredenheid over (de weerhouden aspecten van) het gemeentebeleid. In deze analyse betreft dit de optelsom van de vernieuwing van de openbare ruimte, de aanpak van criminaliteit en kleine overlast, de betaalbaarheid van woningen en werken en ondernemen. Ook de appreciatie van de gemeentefaciliteiten straalt duidelijk positief en statistisch significant af op de waardering van de burgemeester. Het subjectieve tevredenheidsgevoel van de inwoners over hun gemeente vertaalt zich aldus in een positieve houding ten opzichte van de burgemeester. Daarnaast zien we dat het aantal partijen dat in het gemeentebestuur is vertegenwoordigd een licht negatieve impact heeft op de burgemeestersscores.

De introductie van de burgemeesterskenmerken in het tweede model verhoogt de verklarende waarde van de analyse verder naar 63%. De significant positieve impact van de tevredenheid over het gemeentebeleid en de gemeentefaciliteiten blijft sterk, terwijl de direct significante impact van het aantal partijen in het gemeentebestuur verdwijnt. Opvallend zijn verder de significante scores voor de persoonsgebonden kenmerken geslacht en leeftijd. Mannelijke en jongere burgemeesters laten immers significant hogere tevredenheidsscores optekenen dan hun vrouwelijke en oudere collega's. Het grootste effect onder de burgemeesterskenmerken is echter afkomstig van het politiek kapitaal van de burgemeester, uitgedrukt in diens stempenetratiegraad. De groep burgemeesters die bij de verkiezingen van 2012 op de grootste electorale achterban kon rekenen, lijkt dit tijdens de legislatuur te kunnen verzilveren in de vorm van een hogere waardering door de burgers. Tot slot kunnen we uit de lijst een klein significant verband van de anciënniteit van de burgemeesters aflezen. Meer bepaald merken we dat de groep meest ervaren burgemeesters (i.e. minstens bezig aan een derde bestuurstermijn) iets lagere waarderingscijfers laat optekenen.

Het derde analysemodel houdt ten slotte bijkomend rekening met de contextfactoren van de gemeenten zelf. Deze stap doet de totaal verklarende waarde van het model nog lichtjes verder stijgen tot 65%. Samen slagen bestuurs-, beleids-, burgemeester- en gemeentekenmerken er zo in om bijna twee derden van de totale variatie in de burgemeestersscore te verklaren. De bijkomend significante relaties geven aan dat burgemeesters uit centrumgemeenten en landelijke gemeenten het algemeen moeilijker hebben dan burgemeesters uit woongemeenten om een hoog waarderingscijfer van hun bevolking te bekomen.

Samengevat kunnen we stellen dat de burgemeesterstevredenheid in de eerste plaats wordt bepaald door de perceptie van het gevoerde gemeentebeleid en de appreciatie van de gemeentefaciliteiten. In tweede orde is de burgemeesterstevredenheid mee het gevolg van het electorale politiek kapitaal van de burgemeester en, misschien verrassend in hun uitwerking, geslacht, leeftijd en anciënniteit. Vooral het effect van deze laatste twee variabelen ontkracht onze initiële verwachting dat politiek kapitaal in de vorm van de opgebouwde bestuurservaring (gekoppeld aan leeftijd) als een belangrijke troef geldt bij waarderingsonderzoek bij de bevolking. Het zijn in tegendeel vaker jongere burgemeesters die nog niet die aanzienlijke bestuurservaring hebben opgebouwd die hoger scoren. De impact van de gemeentecontextfactoren ligt deels in de lijn der verwachtingen. Burgemeester zijn in de uitdagende sociaaleconomische setting van een centrumgemeente leidt vaker tot een minder hoog waarderingscijfer van de bevolking dan burgemeester zijn in een woongemeente. Voor burgemeesters in landelijke gemeenten kunnen we hetzelfde besluiten.

4. CONCLUSIE

We hebben in deze bijdrage ons licht laten schijnen op de tevredenheidsscores van de Vlaamse burgemeesters. We deden dit door de gegevens van *Het Nieuwsblad*, die op meerdere tijdstippen bij een grote groep burgers peilde naar de opinies over de Vlaamse burgemeesters, te koppelen aan diverse databanken (waaronder data van *Radio 2*). We leren daaruit in eerste instantie dat de Vlamingen gemiddeld genomen best tevreden zijn met hun burgervader/-moeder. Die tevredenheid nam zelfs toe in de loop van de aflopende legislatuur. Een opvallende kanttekening daarbij wordt gemaakt voor die gemeenten waar er in de door ons onderzochte periode een burgemeesterswissel is doorgevoerd. Doorgaans scoren die nieuwe burgemeesters opvallend beter dan hun voorgangers, al laten ze gemiddeld genomen wel een lagere score noteren dan burgemeesters die de rit volledig uitzitten.

Aan de hand van een bivariate analyse wilden we te weten komen met welke kenmerken het oordeel van de burger over de burgemeester al dan niet samenhangt. Een aantal contextfactoren bleek wel degelijk een samenhang te vertonen met de tevredenheidsscores van de Vlaamse burgemeesters. Burgemeesters in de grotere lokale besturen scoorden minder goed dan hun collega's in de kleinere besturen. Op het vlak van gemeentetype konden we zien dat burgemeesters in een centrumgemeente minder goed scoorden dan hun collega's in woongemeenten of landelijke gemeenten. Uit de literatuur konden we verwachten dat ook de lokale economie een invloed zou hebben op de tevredenheidsscores, iets wat werd bevestigd door onze vaststellingen. Burgemeesters die geconfronteerd werden met een hogere werkloosheid in hun stad of gemeente lieten een lagere score noteren dan hun collega's met minder lokale werkloosheid.

In tweede instantie gingen we na in welke mate persoonlijke en politieke kenmerken van de burgemeester samenhang vertoonden met hun behaalde tevredenheidsscores. Uit die analyse bleek de samenhang vooral voor geslacht en leeftijd significant. Mannelijke en jongere burgemeesters scoren beter dan hun oudere en/of vrouwelijke collega's. Ook de politieke context waarin de burgemeester zijn/haar mandaat opnam had een invloed op de manier waarop hij/zij door de burger werd beoordeeld. Burgemeesters die hun gemeente met een volstrekte meerderheid besturen lieten een hogere tevredenheidsscore noteren dan burgemeesters die met een brede coalitie besturen. Verder bleek uit deze analyse dat de burgemeester heel erg werd vereenzelvigd met het gevoerde beleid. De algemene tevredenheid over dat beleid ging immers nagenoeg perfect samen met de score van de burgemeester.

Een multivariate analyse droeg ten slotte bij tot een verdere verfijning van bovenstaand beeld en stelde ons in staat om concreet vast te stellen welke factoren de burgemeestersscore nu precies in welke mate bepalen. Uit die analyse bleek opnieuw dat de burgemeesterstevredenheid het sterkst samenhing met de perceptie over het gevoerde beleid. We kunnen hieruit alleen maar concluderen dat de burgemeester in de hoofden van velen nog steeds wordt gezien als de burgervader/-moeder die niet los wordt gezien van wat zijn/haar gemeente presteert. Hij/zij is en blijft de eindverantwoordelijke voor het gevoerde beleid en wordt er sterk mee vereenzelvigd ook al is dat beleid misschien steeds meer het resultaat van een complex samenspel van allerlei (ook niet-bestuurlijke) actoren. Verder blijft ook de invloed van persoonlijke kenmerken in onze multivariate analyse overeind. Het geslacht van de burgemeester, de leeftijd en de anciënniteit verklaren een deel van de algemene tevredenheidsscore. Datzelfde kan ook gezegd worden van de sociaaleconomische context van het betrokken lokaal bestuur.

Een laatste bemerking moeten we bij dit alles in het achterhoofd houden. Hoewel ons analysemodel erin slaagt om een belangrijke proportie van de tevredenheid over de Vlaamse burgemeesters te verklaren, blijft nog ruim een derde van deze variantie onder de radar van deze bijdrage. Het gepercipieerde gemeentebeleid en de burgemeesters- en gemeentekenmerken bepalen dus wel deels de burgemeesterswaardering, het belang van meer individuele en moeilijk kwantificeerbare factoren zoals leiderschapsstijl en imago, of de specifieke invulling van het contact met de bevolking, spelen ongetwijfeld eveneens mee wanneer aan inwoners wordt gevraagd om hun burgervader of –moeder te beoordelen. We hebben ons in deze bijdrage daarnaast ook geconcentreerd op het vergelijken van gemeenten en burgemeesters. Welke kenmerken van inwoners de toegekende score bepalen en hoe dat inwerkt op de eigenschappen van hun burgemeesters en/of gemeenten blijft eveneens buiten beeld. We werken met gemiddelden van bevraagden over dat mandaat in die bestuurseenheid. Het antwoord op de vraag '*how'm I doing*?' blijft dus voor de Vlaamse burgemeesters ook ten dele: '*it depends*'. We hopen echter net als Koch wat pionierswerk verricht te hebben voor het zicht op de tevredenheid over dit cruciale lokale ambt.

Referenties

Arnold, R. & Carnes, N. (2012). Holding Mayors Accountable: New York's Executives from Koch to Bloomberg. *American Journal of Political Science, 56*(4), 949-963.

Berry, C. & Howell, W. (2007). Accountability and Local Elections. Rethinking Retrospective Voting. *Journal of Politics, 69*(3), 844-858.

Borraz, O. & John, P. (2004). The Transformation of Urban Political Leadership in Western Europe. *International Journal of Urban and Regional Research, 28*(1), 107-120.

Campbell, J. (2005). The Fundamentals in US Presidential Elections. *Journal of Elections, Public Opinion and Parties, 15*(1), 73-83.

Canes-Wrone, B. & de Marchi, S. (2002). Presidential Approval and Legislative Success. Journal of Politics, 64(2), 491-509.

Cohen, J. & King, J. (2004). Relative Unemployment and Gubernational Popularity. *Journal of Politics, 66*(4), 1267-1282.

Clark, A. & Krebs, T. (2012). Elections and Policy Responsiveness. In: K. Mossberger, S. Clarke & P. John (Eds.), *The Oxford Handbook of Urban Politics* (pp.87-113). Oxford: Oxford University Press.

Denters, B. (2011). Local Governance. In M. Bevir (Ed.), *The Sage Handbook of Governance* (pp.313-330). London: Sage.

Devos, C., Reynaert, H. & Verlet, D. (2005). *Burgers in de Vlaamse grootsteden: tevredenheid, vertrouwen, veiligheidsgevoel en participatie in Gent, Brugge en Antwerpen*. Brugge: Vanden Broele.

Fiorina, M. (1981). *Retrospective Voting in American National Elections*. New York: Yale University Press.

Gerber, E. & Hopkins, D. (2011). When Mayors Matter. Estimating the Impact of Mayors' Partisanship on City Policy. *American Journal of Political Science, 55*(2), 326-339.

Gronke, P. & Newman, B. (2003). From FDR to Clinton, Mueller to? A Field Essay on Presidential Approval. *Political Research Quarterly, 56*(4), 501-512.

Hellwig, T. (2010). Elections and the Economy. In: L. LeDuc, R. Niemi & P. Norris (Eds.). *Comparing Democracies. Elections and Voting in the 21st Century* (pp.184-201). London: Sage.

Hendriks, F., Loughlin, J. Lidström, A. (2011). European Subnational Democracy: Comparative Reflections and Conclusions. In: J. Loughlin, F. Hendriks, A. Lidström (Eds.), *The Oxford Handbook of Local and Regional Democracy in Europe* (pp.715-743).

Hennau, S. & Ackaert, J. (2013). Vertrouwen en stemgedrag bij lokale verkiezingen. In: R. Dassonneville, M. Hooghe, S. Marien & J.-B. Pilet (Eds.), *De lokale kiezer. Het kiesgedrag bij de Belgische gemeenteraadsverkiezingen van oktober 2012* (pp.245-274). Brussel: ASP.

Howell, S. (2007). *Race, Performance, And Approval of Mayors*. New York: Palgrave.

Howell, S. & Perry, H. (2004). Black Mayors, White Mayors: Explaining Their Approval. *Public Opinion Quarterly, 68*(1), 32-56.

Kjaer, U. & Steyvers, K. (2018). Second Thoughts on Second-Order? Towards a Second-Tier Model of Local Government Elections and Voting. In: R. Kerley, P. Dunning and J. Liddle (Eds.). *Routledge Handbook on International Local Government Research* (in print). London: Routledge.

Marschall, M. (2010). The Study of Local Elections in American Politics. In: J. Leighly (Ed.), *The Oxford Handbook of American Elections and Political Behavior* (pp.471-492). Oxford: Oxford University Press.

Mueller, J. (1970). Presidential Popularity from Truman to Johnson. *American Political Science Review, 64*(1), 18-34.

Nelson, K. & Svara, J. (2010). Adaptation of Models versus Variations in Form: Classifying Structures of City Government. *Urban Affairs Review, 45*(4), 544–562.

Neustadt, R. (1960). *Presidential Power.* New York: Wiley.

Rodenbach, J. (2017). Van spelverdeler tot spits? Over de presidentialisering van het burgemeestersambt in Vlaanderen. Gent: Universiteit Gent.

Soffer, J. (2010). *Ed Koch and the Rebuilding of New York City.* New York: Columbia University Press.

Steyvers, K. (2012). Toeschouwer, scheidsrechter of spelverdeler? Lokale besturen in de gelaagde netwerksturing. *Vlaams Tijdschrift voor Overheidsmanagement, 17*(1), 51-59.

Steyvers, K. (2016). A Knight in White Satin Armor? New Institutionalism and Mayoral Leadership in the Era of Governance. *European Urban and Regional Studies, 23*(3), 289–305.

Steyvers, K., Bergström, T., Bäck, H., Boogers, M., Ruano De La Fuente, J. & Schaap, L. (2008). From Princeps to President? Comparing Local Political Leadership Transformation. *Local Government Studies, 34*(2), 131-146.

Steyvers, K. & Reynaert, H. (2005). Een noord-zuid kloof in de lokale politiek? Een vergelijking tussen de Vlaamse en de Waalse burgemeester, *Burger, Bestuur & Beleid, 1*(3), 223-241.

Steyvers, K., Reynaert, H., De Ceuninck K. & Valcke, T. (2006). Mayors in Governance: Heading for Efficiency and Democracy? The Belgian Case. *Local Government Studies, 32*(4), 1-18.

Wayenberg, E., De Rynck, F., Steyvers, K. & Pilet, J.-B. (2010). Belgium: A Tale of Regional Divergence? In: J. Loughlin, F. Hendriks & A. Lidström (Eds.), *The Oxford Handbook of Local and Regional Democracy in Europe* (pp.71-95). Oxford: Oxford University Press.

De integratie van gemeente en OCMW: Een vloek of een zegen?

Piet Van Schuylenbergh[1]

Op 21 december 2017 keurde het Vlaams parlement het decreet lokaal bestuur (DLB) goed.[2] Dit decreet vervangt in grote mate het gemeentedecreet, het OCMW-decreet, het decreet houdende de intergemeentelijke samenwerking en het decreet vrijwillige samenvoeging van gemeenten. Het wijzigt verschillende bepalingen van de nieuwe gemeentewet, de OCMW-wet, het lokaal en provinciaal kiesdecreet en het decreet betreffende de materiële organisatie en de werking van de erkende erediensten. Het wordt dus de basisregelgeving bij uitstek over de werking en de organisatie van het lokaal bestuur.[3] De meeste bepalingen van het DLB treden in werking op 1 januari 2019, nl. bij de start van de nieuwe gemeentelijke legislatuur na de gemeenteraadsverkiezingen van 14 oktober 2018.

In het kader van deze bijdrage focussen we op één aspect van het DLB, nl. de integratie van gemeente en OCMW. Het is ongetwijfeld de belangrijkste vernieuwing van het DLB dat verder vooral de verspreide decretale bepalingen over de werking en de organisatie van het lokaal bestuur samenbrengt, coördineert en consolideert.

1. Fusie – inkanteling – integratie?

Het DLB heeft een bochtig parcours gereden van het Vlaams regeerakkoord van 22 juli 2014 tot de goedkeuring in het Vlaams parlement.

In het Vlaamse regeerakkoord stond het voornemen van de Vlaamse regering om de OCMW's uiterlijk tegen de start van de volgende lokale bestuursperiode volledig te integreren in de gemeentebesturen. Op 16 januari 2015 keurde de Vlaamse regering hierover een conceptnota goed waarin o.a. verwezen werd naar de federale wetswijzigingen die nodig zijn *"om organiek mogelijk te maken dat bepaalde taken die vandaag nog aan de OCMW's zijn toegewezen, door de gemeenten worden opgenomen."* Hiermee lag de bal in het kamp van de federale regering.

---

1 De auteur heeft dit artikel in persoonlijke naam geschreven. Het verbindt alleen hem.

2 Het DLB werd door de Vlaamse regering op 22 december 2017 bekrachtigd en draagt bijgevolg die datum.

3 Decreet over het lokaal bestuur van 22 december 2017, vermoedelijke datum van publicatie: BS 15 februari 2018, Gemeentedecreet van 15 juli 2005, decreet van 19 december 2008 betreffende organisatie van de openbare centra voor maatschappelijk welzijn, decreet van 6 juli 2001 houdende de intergemeentelijke samenwerking, decreet houdende de regels voor vrijwillige samenvoeging van gemeenten van 24 juni 2016, Nieuwe Gemeentewet van 26 mei 1989, organieke wet van 8 juli 1976 betreffende openbare centra voor maatschappelijk welzijn, lokaal en provinciaal kiesdecreet van 8 juli 2011, decreet van 7 mei 2004 betreffende de materiële organisatie en de werking van de erkende erediensten, allemaal met inbegrip van latere wijzigingen

Op 26 februari 2016 keurde de federale ministerraad een voorontwerp van wet principieel goed, dat tegemoet wilde komen aan de wens van de verschillende deelstaten om de relatie gemeente-OCMW vorm te kunnen geven volgens hun eigen inzichten, zoals opgenomen in het federale regeerakkoord. Dat ontwerp creëerde de mogelijkheid om gemeenten de opdrachten die worden toegewezen aan de OCMW's rechtstreeks te laten uitvoeren, maar hield nog een slag om de arm voor de toezichthoudende overheid die anders kon beslissen. Het voorontwerp werd voor advies overgemaakt aan de afdeling wetgeving van de Raad van State, die hierover op 9 mei 2016 het volgende zei: "*Het voorliggende voorontwerp voorziet weliswaar niet de jure in de uitdrukkelijke opheffing van de OCMW's, maar aangezien het daarbij mogelijk gemaakt wordt hen al hun bevoegdheden te ontnemen, belet het niet dat ze omgevormd worden tot een lege schelp.*" Volgens de Raad van State zette dit voorontwerp hiermee de bevoegdheidsregels met betrekking tot het beleid inzake maatschappelijk welzijn met inbegrip van de organieke regels betreffende de OCMW's op zijn kop. Volgens de bevoegdheidsregels uit de Bijzondere Wet tot Hervorming van de Instellingen (BWHI)[4] kan de federale wetgever de OCMW's oprichten, hun opdrachten bepalen en hun band met de gemeente bepalen, de gemeenschappen regelen de interne werking en organisatie van de OCMW's en de gewesten regelen de opdrachten van de gemeenten, een aantal zaken uitgezonderd die federaal blijven (bv. politie). Het voorontwerp doorkruist deze bevoegdheidsverdeling, wat een wijziging van de BWHI veronderstelt en niet bij gewone wet kan, aldus de Raad van State.

Intussen maakte minister van Maatschappelijke Integratie Willy Borsus in de Kamer van Volksvertegenwoordigers duidelijk dat de gewenste wetswijziging niet meer voor deze legislatuur zou zijn, en dat het federale regeerakkoord op dat vlak dus onuitgevoerd zou blijven.

De Vlaamse regering besloot daarom niet langer te wachten op de federale initiatieven en keurde op 13 mei 2016 een nieuwe conceptnota (bis) over de integratie gemeente-OCMW goed. De essentie van de nieuwe conceptnota van de Vlaamse regering van 13 mei 2016 is dat men het OCMW als aparte rechtspersoon laat bestaan bij gebrek aan een gewijzigde federale regelgeving, maar dat men het OCMW de facto politiek en ambtelijk integreert in de gemeente. Deze conceptnota diende als basis voor het decreet lokaal bestuur dat de integratie juridisch vorm moet geven.

Van een fusie, zoals gesuggereerd door het Vlaams regeerakkoord, is dus geen sprake. Gemeente en OCMW blijven immers als aparte rechtspersonen bestaan met hun eigen wettelijke en decretale opdrachten. Ook de veelgebruikte term "inkanteling" is vanuit een juridisch oogpunt niet goed gekozen; uit wat volgt zal blijken dat het DLB niet de verplichting oplegt om de diensten van het OCMW over te hevelen naar de gemeente. Het is eerder een integratie van gemeente en OCMW op een aantal cruciale punten (beleidsorganen, ambtelijke leiding en aansturing)

4 Bijzondere Wet van 8 augustus 1980 tot Hervorming van de Instellingen.

tot één nieuwe organisatie maar met heel wat vrijheid in het organiseren van de dienstverlening via beide rechtspersonen.

2. Verplichte integratie van gemeente en OCMW op vijf punten

Het DLB legt vijf verplichtingen op die in elke gemeente in Vlaanderen onverkort van toepassing zullen zijn, met uitzondering van de zes Vlaamse randgemeenten rond Brussel en de gemeente Voeren[5] waarvoor deels afwijkende regels gelden waar we hier niet op ingaan.
De vijf verplichtingen zijn:

- een identieke samenstelling van de beleidsorganen van gemeente en OCMW;
- gezamenlijke beleidsrapporten voor gemeente en OCMW;
- één algemeen directeur en één financieel directeur voor gemeente en OCMW;
- één organogram voor gemeente en OCMW;
- één managementteam voor gemeente en OCMW.

2.1. Een identieke samenstelling van de beleidsorganen van gemeente en OCMW

Gemeente en OCMW behouden hun huidige beleidsorganen: de gemeenteraad en het college van burgemeester en schepenen bij de gemeente, de raad voor maatschappelijk welzijn en het vast bureau bij het OCMW. Ook de burgemeester blijft op post met behoud van zijn huidige bevoegdheden. De integratie tussen beide besturen bestaat erin dat de beleidsorganen van gemeente en OCMW vanaf de volgende gemeentelijke legislatuur een zelfde samenstelling zullen hebben.

2.1.1. Gemeenteraad en raad voor maatschappelijk welzijn

Concreet zullen alle gemeenteraadsleden door hun verkiezing als gemeenteraadslid automatisch ook lid van de raad voor maatschappelijk welzijn worden. Ze krijgen dus een dubbelmandaat. De raad voor maatschappelijk welzijn krijgt er in één klap een flink aantal leden bij. In een gemeente van bv. 21.000 inwoners heeft de gemeenteraad thans 27 leden en de raad voor maatschappelijk welzijn 11 leden. In

[5] Het betreft de zes gemeenten die bedoeld zijn in artikel 7 van de wetten op het gebruik van de talen in bestuurszaken (de zgn. randgemeenten rond Brussel) nl. Drogenbos, Kraainem, Linkebeek, Sint-Genesius-Rode, Wemmel en Wezembeek-Oppem en daarnaast de gemeente Voeren. In deze gemeenten gelden taalfaciliteiten voor de Franstalige inwoners. Ze vallen op een aantal punten van de bestuurlijke organisatie van gemeente en OCMW onder de bijzondere wet van 9 augustus 1988, de zogenaamde pacificatiewet. Vlaanderen is niet bevoegd om deze regels te wijzigen. Zo worden in deze gemeenten het college van burgemeester en schepenen, de raad voor maatschappelijk welzijn en het vast bureau rechtstreeks door de kiezer verkozen en wordt de voorzitter van het OCMW benoemd door de Vlaamse regering op voordracht van de raad voor maatschappelijk welzijn.

de toekomst zal de raad voor maatschappelijk welzijn ook 27 leden tellen. Minder mandatarissen maar meer mandaten dus. De voorzitter van de gemeenteraad wordt uit en door de gemeenteraad verkozen; het kan – zoals nu reeds het geval is – de burgemeester, een ander lid van het college van burgemeester en schepenen of een ander gemeenteraadslid zijn. De voorzitter van de gemeenteraad wordt automatisch voorzitter van de raad voor maatschappelijk welzijn.

2.1.2. College van burgemeester en schepenen en vast bureau

Hetzelfde scenario voor het college van burgemeester en schepenen en het vast bureau: de leden van het college worden automatisch door hun verkiezing als schepen lid van het vast bureau. De burgemeester zit het college van burgemeester en schepenen voor en is ook voorzitter van het vast bureau. Meteen wordt het vast bureau terug een verplicht orgaan van het OCMW. Het is voortaan geen orgaan meer dat louter belast is met daden van dagelijks bestuur maar een echt uitvoerend orgaan. Tot nu toe werd het vast bureau gekozen door de raad voor rmaatschappelijk welzijn in één stemronde waarbij elk lid van de raad over één stem beschikte, het college echter – dat nu ook als vast bureau zal fungeren – wordt aangesteld door de gemeenteraad op basis van een voordrachtsakte ondertekend door de meerderheid van de gemeenteraadsleden en de meerderheid van de leden van de eigen fractie. Het vast bureau is voortaan de emanatie van de meerderheid in de raad voor maatschappelijk welzijn zoals het college dat is t.a.v. de gemeenteraad en telt geen raadsleden uit de oppositie meer.

2.1.3. Bijzonder comité voor de sociale dienst

De raad voor maatschappelijk welzijn en het vast bureau zijn de beleidsorganen van het OCMW. Daarnaast wordt er in elk OCMW een bijzonder comité voor de sociale dienst opgericht. Dit wordt een verplicht orgaan en is niet langer facultatief. Het is ook het enige bijzonder comité dat binnen het OCMW kan opgericht worden. Het is geen beleidsorgaan met een brede regelgevende of uitvoerende bevoegdheid; het is een orgaan met een gesloten taakstelling, nl. het nemen van beslissingen over de toekenning, de terugvordering, de herziening en de schorsing van individuele steun op het vlak van maatschappelijke dienstverlening en maatschappelijke integratie. Daarnaast bekrachtigt het bijzonder comité de beslissingen van haar voorzitter over het toekennen van dringende hulpverlening en heeft het bijzonder comité een adviesrecht t.a.v. de beleidsorganen van gemeente en OCMW. Andere bevoegdheden kunnen niet aan het bijzonder comité voor de sociale dienst toevertrouwd worden.

Het bijzonder comité wordt gekozen door de raad voor maatschappelijk welzijn en bestaat uit OCMW-raadsleden en/of derden. Het bijzonder comité heeft een voorzitter en een aantal leden dat afhangt van het aantal inwoners van de gemeente; hun aantal varieert van 6 tot 8, 10 of 12 leden. De voorzitter van het bijzonder comité voor de sociale dienst wordt door de raad voor maatschappelijk welzijn aangeduid en moet een OCMW-raadslid zijn. Als de voorzitter van het bijzonder comité geen lid is van het college van burgemeester en schepenen wordt hij als extra lid toegevoegd aan het college. Behalve het voorzitten van de vergadering kent de voorzitter van het bijzonder comité dringende hulpverlening in individuele dossiers toe. Deze beslissingen worden op de eerstvolgende vergadering van het bijzonder comité bekrachtigd.

OCMW's kunnen beslissen in de schoot van het bijzonder comité voor de sociale dienst subcomités op te richten waaraan ze de bevoegdheden kunnen toekennen die het bijzonder comité heeft. Deze subcomités bestaan uit leden van het bijzonder comité. Zo kan men een taakverdeling afspreken en de dossiers verdelen over verschillende kleinere subcomités wat nuttig kan zijn voor OCMW's met veel individuele hulpverleningsdossiers.

2.1.4. Exit OCMW-voorzitter

De functie van voorzitter van het OCMW zal niet meer bestaan. De OCMW-voorzitter zat tot nu toe alle vergaderingen van de beleidsorganen van het OCMW voor: de raad voor maatschappelijk welzijn (verplicht orgaan) en eventueel het vast bureau en de bijzondere comités (facultatieve organen). Bij gebrek aan een college was de voorzitter het uitvoerend orgaan van het OCMW. In de toekomst is er een voorzitter van de raad voor maatschappelijk welzijn (de voorzitter van de gemeenteraad), een voorzitter van het vast bureau (de burgemeester) en een voorzitter van het bijzonder comité voor de sociale dienst. Dat kunnen twee of drie verschillende personen zijn, dat kan ook één persoon zijn, nl. de burgemeester.

2.1.5. Minder schepenen

Volledigheidshalve voegen we nog toe dat het maximaal aantal 'gewone' leden van het college van burgemeester en schepenen verminderd wordt met één. Aangezien tot nu toe de OCMW-voorzitter als extra 'buitengewoon' lid toegevoegd werd aan het college en de functie van OCMW-voorzitter in de toekomst niet meer zal bestaan, daalt het maximaal aantal leden van het college met twee, tenzij de voorzitter van het bijzonder comité voor de sociale dienst op het ogenblik van zijn verkiezing tot voorzitter geen lid is van het college en automatisch toegevoegd wordt aan dat college. In dat geval wordt het maximaal aantal leden van het college verminderd met één.

2.2. Gezamenlijke beleidsrapporten voor gemeente en OCMW

Voortaan worden er gemeenschappelijke beleidsrapporten voor gemeente en OCMW opgesteld. Het gaat over het meerjarenplan, de aanpassingen van het meerjarenplan en de jaarrekening. Ze vormen een geïntegreerd geheel. Omdat gemeente en OCMW nog aparte besturen zijn met eigen beleidsorganen moeten het meerjarenplan, de aanpassingen van het meerjarenplan en de jaarrekening een luik 'gemeente' en een luik 'OCMW' bevatten. Het zijn twee onderdelen van het gemeenschappelijk beleidsrapport. Het luik 'gemeente' van de beleidsrapporten wordt vastgesteld door de gemeenteraad, het luik 'OCMW' door de raad voor maatschappelijk welzijn. Na vaststelling door de raad voor maatschappelijk welzijn wordt het luik 'OCMW' nog eens ter goedkeuring aan de gemeenteraad voorgelegd. Aangezien de leden van de gemeenteraad en van de raad voor maatschappelijk welzijn dezelfde zijn, is dit vooral een theoretische oefening.

2.3. Eén algemeen directeur en één financieel directeur voor gemeente en OCMW

Ook de ambtelijke leiding van gemeente en OCMW wordt voortaan geïntegreerd. Er komt één algemeen directeur voor gemeente en OCMW samen, ter vervanging van de gemeentesecretaris en de OCMW-secretaris. Daarnaast komt er één financieel directeur ter vervanging van de financieel beheerders bij gemeente en OCMW. De algemeen directeur en de financieel directeur worden aangesteld door de gemeenteraad. Ze zijn in dienst van de gemeente en bedienen ook het OCMW.

Er komt een overgangsregeling voor de huidige gemeente- en OCMW-secretarissen en financieel beheerders van gemeente en OCMW. Vóór 1 augustus 2018 moet de gemeenteraad de titularissen voor de beide nieuwe functies aanduiden. In die gemeenten waar men in het verleden reeds vrijwillig gekozen heeft voor één secretaris of financieel beheerder voor gemeente en OCMW samen, wordt de secretaris algemeen directeur en de financieel beheerder financieel directeur. In de andere gemeenten heeft de gemeenteraad de keuze tussen een open aanwervings- en/of bevorderingsprocedure of een gesloten procedure die de keuze beperkt tot de huidige secretarissen of financieel beheerders van gemeente en OCMW die zich kandidaat kunnen stellen. Als er in de gesloten procedure slechts één kandidaat is, wordt hij/zij aangesteld in de nieuwe functie. Als er geen kandidaten zijn worden de nieuwe functies ingevuld via aanwerving en/of bevordering.

De titularissen van de nieuwe functies krijgen een salarisschaal die 30% hoger ligt dan de huidige salarisschaal van gemeentesecretaris of financieel beheerder van de gemeente. De niet-gekozen secretarissen en financieel beheerders kunnen aangesteld worden als adjunct van de algemeen directeur of de financieel directeur of krijgen een andere passende functie bij de gemeente, het OCMW of bij een andere lokale instelling met behoud van hun huidige salarisschaal. Tot eind 2023 worden ze geacht te voldoen aan de aanwervings- of bevorderingsvoorwaarden voor de functie van algemeen directeur of financieel directeur zodat ze bij een toekomstige vacature binnen hun bestuur of in een ander lokaal bestuur kunnen aangesteld worden als algemeen directeur of financieel directeur.

Indien de gemeenteraad de algemeen directeur en de financieel directeur niet aanstelt vóór 1 augustus 2018 wordt de secretaris of financieel beheerder met de meeste anciënniteit als waarnemer aangesteld. Deze waarnemer vult de functie tijdelijk in tot de nieuwe gemeenteraad na de gemeenteraadsverkiezingen van 14 oktober 2018 de aanstellingsprocedure opstart.

Lokale besturen die vandaag zowel bij de gemeente als bij het OCMW een gewestelijk ontvanger hebben die de functie van financieel beheerder bij gemeente en OCMW invult, kunnen ervoor kiezen met deze gewestelijke ontvanger verder te werken mits de gemeenteraad en de raad voor maatschappelijk welzijn vóór 31 juli 2018 hierover een eensluidende beslissing treffen.

2.4. Eén organogram voor gemeente en OCMW

Voortaan wordt de organisatie van gemeente en OCMW in één organogram gevat dat goedgekeurd wordt door de gemeenteraad en de raad voor maatschappelijk welzijn. Hiermee zegt het DLB dat men beide besturen als één organisatie moet beschouwen, weliswaar met twee rechtspersonen. Een organogram geeft de verschillende diensten van gemeente en OCMW weer en duidt de rapporteringslijnen aan die binnen de organisatie gehanteerd worden.

2.5. Eén managementteam voor gemeente en OCMW

Tot slot komt er één gemeenschappelijk managementteam voor beide besturen. Het managementteam is een sturend en coördinerend orgaan op ambtelijk niveau. Het heeft een belangrijke rol in de voorbereiding, de uitvoering en de evaluatie van het beleid en waakt over de kwaliteit van de organisatie, de eenheid van de werking en de interne communicatie. Het wordt voorgezeten door de algemeen directeur en bevat verder de financieel directeur, eventueel de adjunct-algemeen directeur en de belangrijkste leidinggevenden en verantwoordelijken van de eengemaakte organisatie. De gemeenteraad en de raad voor maatschappelijk welzijn keuren dit organogram goed. De burgemeester of een schepen die hij aanduidt maakt met raadgevende stem deel uit van het managementteam.

3. Keuzevrijheid

De integratie van gemeente en OCMW creëert één nieuwe organisatie met twee rechtspersonen. De politieke aansturing zit in één hand omwille van de identieke samenstelling van de beleidsorganen van gemeente en OCMW. Er komt één ambtelijke leiding (één algemeen directeur, één financieel directeur, één managementteam). Eén organogram maakt duidelijk dat de diensten van gemeente en OCMW en hun onderlinge verhoudingen als één geheel beschouwd worden. Gemeente en OCMW worden gezamenlijk aangestuurd en geëvalueerd via geïntegreerde beleidsinstrumenten (meerjarenplanning en jaarrekening).

Anderzijds blijven gemeente en OCMW aparte rechtspersonen. De beide rechtspersonen worden niet gefusioneerd tot één rechtspersoon. Ze kunnen zelf kiezen hoe ze hun diensten inrichten en of ze de diensten positioneren bij de gemeente of bij het OCMW. Het DLB legt immers niet de verplichting op om alle diensten bij één rechtspersoon te zetten. Zo is er ook geen verplichting om het personeel van het OCMW over te hevelen naar de gemeente. De bestaande uitzonderingen op de rechtspositieregeling van het gemeentepersoneel voor sommige personeelscategorieën bij het OCMW (de zogenaamde specifieke diensten in de zorgsectoren) blijven behouden (afwijkende regels qua arbeidsvoorwaarden, vergoedingen,...). De enige uitzonderingen op die keuzevrijheid zijn de algemeen directeur en de financieel directeur die personeelslid van de gemeente moeten zijn en minstens één maatschappelijk werker die in dienst van het OCMW moet zijn omwille van de wettelijke opdrachten van het OCMW op het vlak van maatschappelijke dienstverlening en maatschappelijke integratie. Het OCMW-patrimonium moet ook niet overgedragen worden aan de gemeente. Hetzelfde geldt voor alle rechten (subsidies, allerlei ontvangsten) en verplichtingen (aangegane engagementen) van het OCMW.

Juridisch blijven gemeente en OCMW twee aparte rechtspersonen. Beleidsmatig wordt het lokaal bestuur één organisatie. Met deze realiteit zal men in elke gemeente de komende legislatuur aan de slag moeten gaan. De keuzes die men lokaal zal maken zullen vaak beïnvloed worden door externe factoren.

Aangezien gemeente en OCMW nog steeds aparte besturen blijven, worden ze als aparte werkgevers beschouwd o.a. voor het financieren van de pensioenen van personeelsleden. Voor de financiering van de pensioenen van hun vastbenoemde ambtenaren die ze vroeger in dienst hadden, betalen de lokale besturen een percentage op de lonen van al hun huidige vastbenoemde ambtenaren. Daarnaast betalen sommige besturen ook een responsabiliseringsbijdrage indien de bijdrage op de lonen van de vastbenoemde ambtenaren niet volstaat om de volledige kost van het pensioen van hun gepensioneerde ambtenaren te dekken. Het kan in het voordeel van gemeente en OCMW zijn om hun pensioensverplichtingen samen te leggen en als één werkgever beschouwd te worden door al het personeel naar één bestuur over te hevelen. Afhankelijk van de concrete lokale situatie (de verhouding tussen het huidige aantal vastbenoemde personeelsleden en het huidige aantal contractuele personeelsleden, het aantal gepensioneerde vastbenoemde ambtenaren,...) kan daardoor de responsabiliseringsbijdrage aanzienlijk verminderen of zelfs wegvallen. Voor andere besturen speelt dit voordeel niet.

De regelgeving met betrekking tot de sociale maribel is een tweede externe factor die de lokale keuzes zal bepalen. OCMW's genieten voor al hun personeelsleden van een korting op de patronale bijdrage op de lonen. Deze korting wordt omgezet in bijkomende tewerkstelling. Gemeenten genieten ook van deze korting maar enkel voor de persoonsleden van bepaalde diensten (welzijn, cultuur), en niet voor administratieve functies. Een overheveling van OCMW-diensten naar de gemeente kan een aanzienlijk verlies aan sociale maribelmiddelen voor het betrokken lokaal bestuur betekenen.

Lokale besturen zullen met deze factoren rekening moeten houden. Op zich hoeft dat geen groot probleem te zijn. Je kan perfect één organisatie vormen terwijl de personeelsleden in dienst blijven van hun huidige werkgever, gemeente of OCMW. Men moet natuurlijk wel tussen beide besturen de nodige afspraken maken over welke leidinggevenden de personeelsleden aansturen, wie ze evalueert, aan wie er gerapporteerd wordt,... Hierover kunnen gemeente en OCMW een beheersovereenkomst afsluiten. Zo hebben heel wat gemeenten en OCMW's de afgelopen jaren tot ieders tevredenheid gewerkt, zelfs zonder één politieke aansturing. A fortiori geldt dit als in de toekomst de politieke aansturing in één hand zal liggen. Van de ervaringen van die lokale besturen kunnen andere besturen heel wat leren.

4. VAN LOKAAL SOCIAAL BELEID NAAR SOCIAAL LOKAAL BELEID

Het DLB is geen geïsoleerd decreet. In de memorie van toelichting bij het DLB lezen we dat de Vlaamse regering met de integratie van gemeente en OCMW het lokaal sociaal beleid wil versterken: *"Een goed hedendaags, sterk en efficiënt sociaal beleid ten bate van de inwoners van de gemeente is geïntegreerd in het hele gemeentelijk beleid. Het is geen geïsoleerd onderdeel van het lokaal beleid maar maakt deel uit van alle aspecten van het lokaal-maatschappelijk functioneren. (...). Een blijvende institutionele verkokering tussen armoede en welzijnsbeleid enerzijds en de andere beleidsdomeinen is dan ook contraproductief voor een effectief geïntegreerd lokaal sociaal beleid."*[6] In dat opzicht spoort het DLB samen met een aantal evoluties binnen het sociaal beleid op lokaal en bovenlokaal vlak.

Zo is het duidelijk dat de federale en Vlaamse overheid meer en meer naar de lokale besturen kijken om een sociaal beleid te ontwikkelen en om de regie in handen te nemen op het lokale niveau. Het nieuwe decreet lokaal sociaal beleid, dat het vroegere decreet van 19 maart 2004 zal vervangen, vormt het meest sprekende voorbeeld. Het werd op 31 januari 2018 door het Vlaams parlement goedgekeurd.[7]

Zo legt het nieuwe decreet lokaal sociaal beleid de verantwoordelijkheid voor het voeren van een lokaal sociaal beleid bij het lokaal bestuur. De meerjarenplanning van gemeente en OCMW moet dit vorm geven. Het gaat over een beleid dat vanuit een grondrechtenbenadering vertrekt en een inclusief en integraal beleid is met acties binnen alle beleidsdomeinen. Dit beleid moet vorm krijgen in nauw overleg en met betrokkenheid van een netwerk van lokale actoren. Die actoren worden betrokken bij de voorbereiding, de uitvoering en de monitoring van het meerjarenplan. Ook burgers moeten inspraak krijgen, niet in het minst de meest kwetsbare burgers.

---

6 Decreet over het lokaal bestuur, Memorie van Toelichting, A. Algemene toelichting, 2. Situering, p.2, doc. Vlaams Parlement 1353 (2017-2018) – Nr.1: Ontwerp van decreet

7 Op de afsluitingsdatum van deze bijdrage moest het decreet nog bekrachtigd worden door de Vlaamse regering.

Verder voert het lokaal bestuur voortaan de regie van de lokale hulp- en dienstverlening. Welke diensten en voorzieningen zijn nodig in onze gemeente, hoe stemmen we dit aanbod af op de behoeften van de burgers, welke organisatie neemt de verantwoordelijkheid op. Ook deze regie gebeurt in overleg met alle voorzieningen en diensten binnen de gemeente. Belangrijk is dat de Vlaamse regering de opdracht krijgt de regierol van het lokaal bestuur verder uit te werken in concrete instrumenten. Zo wordt er gedacht aan een zgn. slot op de middelen: door Vlaanderen erkende en gesubsidieerde voorzieningen zouden pas een deel van hun Vlaamse subsidies krijgen als ze kunnen aantonen dat ze meewerken aan de uitvoering van het lokaal sociaal beleid. Dit zou een zeer krachtig regie-instrument zijn in handen van het lokaal bestuur.

Ook op het niveau van de contacten met individuele burgers krijgt het lokaal bestuur de regie in handen. Een sociaal huis in elke gemeente, dat al in het decreet lokaal sociaal beleid van 19 maart 2004 voorzien was, wordt bevestigd als herkenbaar aanspreekpunt voor alle inwoners. Het nieuwe decreet voegt daar nu het geïntegreerd breed onthaal aan toe. Minstens het OCMW, de ziekenfondsen en het CAW[8] moeten de handen in elkaar slaan om hun cliënten te informeren, hun rechten te verkennen en te realiseren, hun hulpvragen te verhelderen en ze desgevallend door te verwijzen naar het geschikte aanbod. Ook de Huizen van het Kind worden in het decreet vermeld als een samenwerkingsconcept met allerlei actoren rond de leefwereld van jonge kinderen.

Tot slot verwacht het nieuwe decreet lokaal sociaal beleid dat het lokaal bestuur initiatieven neemt om de vermaatschappelijking van de zorg vorm te geven. Zo rekent het decreet op lokale ondersteuning van de informele en de vrijwillige zorg en kijkt men naar het lokale bestuur om de bevolking te informeren en te sensibiliseren. Zorgen voor elkaar is immers niet enkel een opdracht voor professionele zorgvoorzieningen maar voor iedereen.

Er zijn nog verschillende voorbeelden van deze nieuwe visie op de rol van het lokaal bestuur. De Vlaamse wooncode duidt de gemeente als regisseur en eindverantwoordelijke aan voor het lokaal woonbeleid. De reorganisatie van de eerstelijnszorg in eerstelijnszones en regionale zorgzones ziet het lokaal bestuur als een onmisbare sturende partner in de eerstelijnszorg.[9] De federale en Vlaamse overheid kijken naar het lokaal bestuur om de opvang van asielzoekers mee vorm te geven maar ook om bij te dragen tot de integratie van erkende vluchtelingen in onze samenleving.[10] In de sector van de kinderopvang komen er lokale loketten kinderopvang die in elke gemeente de inwoners wegwijs moeten maken in het aanbod aan kinderopvang. Gemeenten krijgen in de toekomst zelfs de eindverantwoordelijkheid om in samenwerking met de scholen op hun grondgebied, de zorg- en welzijnsorganisaties en de vrije tijdsactoren, een aanbod buitenschoolse kinderopvang

8 Centrum voor Algemeen Welzijnswerk, door Vlaanderen erkend op basis van het decreet van 8 mei 2009 betreffende het algemeen welzijnswerk.

9 Conceptnota van Vlaams minister van Welzijn, Volksgezondheid en Gezin Jo Vandeurzen "Een geïntegreerde zorgverlening in de eerste lijn", goedgekeurd door de Vlaamse regering op 17 februari 2017

10 Besluit van de Vlaamse Regering van 13 mei 2016 houdende de bepaling van de voorwaarden voor de toekenning van subsidies aan gemeenten in het kader van de vluchtelingenproblematiek.

op hun grondgebied te voorzien.[11]De plaatselijke werkgelegenheidsagentschappen worden opgevolgd door het Wijk-werken met een sterke focus op het lokaal beleid en op samenwerking tussen gemeenten.[12]

Op federaal vlak zien we een analoge evolutie. Een concreet voorbeeld is het activeringsbeleid. Meer en meer zien we dat OCMW's de mazen in het stelsel van de werkloosheid dichten. Het aantal leefloners stijgt spectaculair terwijl het aantal uitkeringsgerechtigde werkzoekenden daalt. Het verstrengen van de werkloosheidsreglementering draineert op een sluipende wijze heel wat werkzoekenden naar het stelsel van het leefloon. De OCMW's leveren heel wat inspanningen om leefloners naar de arbeidsmarkt te leiden en boeken ook succes.[13] Hiermee nemen ze voor een stuk de taak van de RVA en de VDAB over.

Ook in een breder Europees en internationaal kader zien we dezelfde evolutie. Meer en meer kijkt men naar steden en gemeenten om de samenlevingsproblemen van deze tijd aan te pakken. In zijn bekende werk "If mayors ruled the world" stelt Benjamin R. Barber onomwonden dat de natiestaten afgedaan hebben en de steden de bestuursvorm van de toekomst zijn. Klimaatveranderingen, bestrijden van terrorisme en armoede, steden en hun burgemeesters kunnen ze met succes aanpakken omdat ze niet-dogmatisch handelen en dicht bij de mensen staan. De Duurzame Ontwikkelingsdoelstellingen van de Verenigde Naties (Sustainable Development Goals, SDG's)[14] kijken uitdrukkelijk naar steden en gemeenten en vormen een heel interessant kader voor lokale besturen om hun beleid er de komende jaren op te enten.[15]

---

11 Nota van de Vlaamse Regering, ingediend in het Vlaams Parlement op 6 januari 2016 door minister Jo Vandeurzen over de krachtlijnen voor een nieuwe organisatie voor de opvang en vrije tijd van kinderen.

12 Decreet van 19 juli 2017 betreffende het wijk-werken

13 Zie het statistisch verslag oktober 2017 van de POD Maatschappelijke integratie, https://www.mi-is.be/sites/default/files/statistics/mi-is_2017.2_bulletin_nl_0.pdf.

14 Van 25 tot 27 september 2015 vond in het hoofdkwartier van de Verenigde Naties in New York de Duurzame Ontwikkelingstop plaats waar alle staatshoofden, overheids- en topvertegenwoordigers samenkwamen. Ze bespraken de nieuwe Duurzame Ontwikkelingsdoelstellingen (SDG's) die tegen 2030 bereikt moeten worden. Die traden in werking vanaf 1 januari 2016.

15 Zie de handleiding voor lokale besturen, Lokale schouders voor Mondiale Uitdagingen, uitgegeven door de VVSG, http://www.vvsg.be/Internationaal/Noord-uid/Documents/Leidraad%20SDGs%20Versie%20201604.pdf

Al deze bewegingen tonen aan dat het lokale bestuur als meest burgernabije bestuur een belangrijke sociale rol te spelen heeft en een sterk sociaal beleid moet ontwikkelen. Dat beleid komt tot stand in samenwerking met een netwerk van vele actoren, met betrokkenheid van de inwoners. Het vertrekt vanuit de gedachte dat de burgers sociale grondrechten hebben en elke overheid moet meewerken aan de realisatie van deze grondrechten. De sociale grondrechten zijn de concretisering van het recht op een menswaardig bestaan. Omdat deze grondrechten breed opgevat zijn,[16] beslaat het sociaal beleid alle beleidsdomeinen waarbinnen het lokaal bestuur actief is. Het is dus geen stukje beleid in de marge van het gemeentelijk beleid maar maakt integraal deel uit van het gemeentelijk beleid en zit verweven binnen alle doelstellingen en acties die het lokaal bestuur opzet. In feite gaat het niet meer over lokaal sociaal beleid maar over sociaal lokaal beleid: heel het lokaal beleid moet sociaal zijn.

5. KANSEN

Versterkt het DLB effectief het lokaal sociaal beleid zoals de ontwerpers van het decreet het beogen? Het integreren van de beleidsorganen van gemeente en OCMW versterkt in elk geval de mogelijkheid om een meer geïntegreerd lokaal sociaal beleid te voeren dat niet beperkt is tot de traditionele OCMW-beleidsdomeinen welzijn en zorg maar aandacht heeft voor sociale accenten binnen alle beleidsdomeinen waarop het lokaal bestuur actief is: wonen, werk, onderwijs, vrije tijd, veiligheid, publieke ruimte, mobiliteit,... Het lokaal bestuur wordt aangespoord om een sociale agenda op te maken voor de komende legislatuur.

Deze beweging wordt nog versterkt door het decreet lokaal sociaal beleid. Dat decreet hecht bovendien veel belang aan de betrokkenheid van actoren en burgers bij het beleid en roept de lokale besturen uitdrukkelijk op om ook de moeilijk bereikbare groepen mee in het verhaal te betrekken. De uitgesproken grondrechtenbenadering van het decreet lokaal sociaal beleid is een pluspunt en een duidelijke oproep naar de lokale besturen die perfect aansluit bij de missie van de OCMW's zoals ze nog steeds geformuleerd staat in art.1 van de OCMW-wet, nl. mensen in staat

16 Art. 23 Grondwet: " Ieder heeft het recht een menswaardig leven te leiden.
Daartoe waarborgen de wet, het decreet of de in artikel 134 bedoelde regel, rekening houdend met de overeenkomstige plichten, de economische, sociale en culturele rechten, waarvan ze de voorwaarden voor de uitoefening bepalen.
Die rechten omvatten inzonderheid:
1° het recht op arbeid en op de vrije keuze van beroepsarbeid in het raam van een algemeen werkgelegenheidsbeleid dat onder meer gericht is op het waarborgen van een zo hoog en stabiel mogelijk werkgelegenheidspeil, het recht op billijke arbeidsvoorwaarden en een billijke beloning, alsmede het recht op informatie, overleg en collectief onderhandelen;
2° het recht op sociale zekerheid, bescherming van de gezondheid en sociale, geneeskundige en juridische bijstand;
3° het recht op een behoorlijke huisvesting;
4° het recht op de bescherming van een gezond leefmilieu;
5° het recht op culturele en maatschappelijke ontplooiing;
6° het recht op gezinsbijslagen."

stellen een menswaardig leven te leiden.[17] Het sociaal huis en het geïntegreerd breed onthaal zijn concepten die samenwerking tussen het lokaal bestuur en andere actoren tot stand brengen en sterk focussen op de toegankelijkheid van de dienstverlening voor de burgers.

Bovendien heeft het DLB aandacht voor de specifieke aanpak die eigen is aan individuele maatschappelijke hulpverlening: het bijzonder comité voor de sociale dienst (BCSD) wordt een apart orgaan dat los staat van de beleidsorganen van het lokaal bestuur en met respect voor de persoonlijke levenssfeer van hulpvragers beslissingen neemt over individuele hulpverleningsdossiers; de rol van de maatschappelijk werker in de voorbereiding van deze dossiers en de begeleiding van hulpvragers wordt uitdrukkelijk bevestigd.

Tot slot moet ook gewezen worden op de federale waarborgen uit enerzijds de OCMW-wet met betrekking tot de maatschappelijke dienstverlening verleend door de OCMW's en anderzijds uit de RMI-wet met betrekking tot het recht op maatschappelijke integratie dat door de OCMW's toegekend wordt. Deze bepalingen blijven uiteraard overeind en worden niet gewijzigd door het DLB. Dat verwijst zelfs uitdrukkelijk naar de opdrachten van de OCMW's zoals vastgelegd in deze wetgeving en naar de missie van de OCMW's, opgenomen in artikel 1 van de OCMW-wet.

Concreet gaat het dan over een aantal werkingsprincipes die de professionaliteit van de hulpverlening moeten borgen: het OCMW vervult zijn opdracht volgens de meest aangepaste methoden van het maatschappelijk werk en met eerbiediging van de ideologische, filosofische of godsdienstige overtuiging van de betrokkenen;[18] een beslissing wordt steeds genomen op basis van een sociaal onderzoek door een maatschappelijk werker die een diagnose maakt over de behoefte van de cliënt en een voorstel van hulpverlening doet; zijn verslag over de feiten wordt tegensprekelijk opgemaakt en geldt tot bewijs van het tegendeel.[19]

6. Bedreigingen

Anderzijds leeft er heel wat ongerustheid naar aanleiding van de integratie van gemeente en OCMW, vooral bij diegenen die rechtstreeks betrokken zijn bij de sociale diensten van de OCMW's: maatschappelijk werkers, diensthoofden en OCMW-secretarissen, maar ook bij armoedeorganisaties en hulpverleners die samenwerken met de OCMW-sociale diensten. Weinig inhoudelijke garanties voor een sterk lokaal sociaal beleid, weinig aandacht voor participatie van mensen in armoede, bezorgdheden rond de vertrouwelijke behandeling van individuele dossiers en

---

17 Art.1 OCMW-wet: "Elke persoon heeft recht op maatschappelijke dienstverlening. Deze heeft tot doel eenieder in de mogelijkheid te stellen een leven te leiden dat beantwoordt aan de menselijke waardigheid. Er worden OCMW's opgericht die, onder de door deze wet bepaalde voorwaarden, tot opdracht hebben deze dienstverlening te verzekeren."

18 Art.59 OCMW-wet

19 Art.60, § 1 OCMW-wet en art.19, § 1 RMI-wet

rond de inbreng van maatschappelijk werkers en het diensthoofd van de sociale dienst bij de besluitvorming in de schoot van het bijzonder comité voor de sociale dienst, zijn de meest gehoorde opmerkingen [20]

De integratie van gemeente en OCMW leidt tot een nieuwe organisatie van het lokaal bestuur. De concrete invulling en taakverdeling zal wellicht sterk verschillen van gemeente tot gemeente, maar één zaak is wel duidelijk: het bestuursmodel van de nieuwe organisatie is het gemeentelijk bestuursmodel. Dat gemeentelijk bestuursmodel verschilt fundamenteel van het huidige bestuursmodel van het OCMW.

Het OCMW-bestuursmodel is een model dat sterk gebaseerd is op de missie van het OCMW: mensen in staat stellen een menswaardig leven te leiden. Deze gedachte bepaalt in grote mate het denken en handelen van de hulpverleners van het OCMW, maar ook van het management (secretaris, diensthoofden, managementteam) en van de OCMW-bestuurders (voorzitter en leden van de raad voor maatschappelijk welzijn). Deze gedachte is zo sterk dat ze zeer vaak de partijpolitieke tegenstellingen binnen de nochtans politiek samengestelde OCMW-raad doet overstijgen. "We zitten hier allemaal om hetzelfde te verdedigen, nl. mensen in armoede kansen geven en ze terug in de maatschappij integreren", is een vaak gehoorde opmerking bij raadsleden die niet enkel beleden maar ook effectief beleefd wordt.

Bovendien is voor heel wat mensen het OCMW het laatste vangnet; als men bij het OCMW niet terecht kan gaapt de grote leegte. OCMW's moeten heel vaak de gaten in het sociale zekerheidsnet dichten en falend overheidsbeleid op federaal en Vlaams niveau verhelpen. Dat creëert vanzelfsprekende openingen naar samenwerking met andere sociale organisaties of voorzieningen met hetzelfde belang. Het is niet voor niets dat de trekkers van het lokaal sociaal beleid de afgelopen jaren meestal bij de OCMW's te vinden waren en niet bij de gemeenten. OCMW's werken vaak in een netwerk samen met organisaties met een zelfde opdracht. OCMW's trachten bovendien in hun beleid rekening te houden met de inbreng van mensen in armoede, wat perfect aansluit bij wat die partnerorganisaties ook beogen.

De sterke focus op de menselijke waardigheid creëert een bestuursmodel dat erg gericht is op consensus. Consensus bij de bestuurders onderling, maar ook als resultaat van nauw overleg en samenspraak met het management en de hulpverleners op het terrein. De bestuurders, het management en de hulpverleners zijn zich bewust van hun gezamenlijke verantwoordelijkheid. Het management krijgt veel verantwoordelijkheid, de hulpverleners krijgen veel handelingsruimte en beschikken over vrij veel professionele autonomie om hulpverleningstrajecten met de cliënten op te zetten.

---

[20] Zie het verslag van het overleg met het Netwerk tegen Armoede en andere armoedeorganisaties naar aanleiding van de armoedetoets die uitgevoerd werd op het ontwerp van decreet lokaal bestuur. http://lokaalbestuur.vlaanderen.be/beslissing-vlareg/decreet-lokaal-bestuur-principiële-goedkeuring-voorontwerp-van-decreet, bijlage armoedetoets.

OCMW's zijn vaak ook beheerders van heel wat zorgvoorzieningen. Het beheren van een zorgvoorziening vergt in dat geval een aantal politieke beslissingen: beslissingen over het aanbod, over het opnamebeleid en de toegang van de gebruikers tot de voorzieningen, over dagprijzen en bijdrage van de gebruikers en over investeringen. De dagdagelijkse werking is echter een taak voor het management in een goede samenwerking met de zorgverstrekkers op de werkvloer. Daar komt de politiek best niet in tussen.

In dat opzicht vertoont het bestuursmodel van het OCMW veel gelijkenissen met andere organisaties in de hulpverlening, zoals CAW's, centra geestelijke gezondheidszorg,...: een raad van bestuur legt de grote beleidslijnen vast, het management onder leiding van een directeur of een afgevaardigd beheerder is verantwoordelijk voor de operationele werking en de professionele hulpverleners krijgen de ruimte om op maat van de cliënt een hulpverleningstraject op te zetten. Het is een model dat zijn deugdelijkheid bewezen heeft en sterk gefocust is op participatief werken: we trekken aan hetzelfde zeel, iedereen vanuit zijn eigen verantwoordelijkheid.

Het gemeentelijk model zit anders in elkaar. Het gemeentelijk bestuursmodel is een meerderheidsmodel: het college van burgemeester en schepenen is de emanatie van de meerderheid in de gemeenteraad en vormt de motor van het gemeentelijk beleid. Van de gemeenteraadsleden die behoren tot de meerderheidsfracties wordt verwacht dat ze de voorstellen van het college ten volle steunen; de gemeenteraadsleden die behoren tot de oppositie worden verwacht het college te bestrijden. Voor de OCMW's is dat vreemd: een OCMW-raadslid uit de oppositie die zijn dossiers goed voorbereidt kan echt invloed hebben op het beleid; in de gemeente is dit ondenkbaar. Het gemeentelijk bestuursmodel is niet gericht op consensus maar is een model dat de tegenstellingen tussen meerderheid en oppositie eerder uitvergroot dan overbrugt. Het heeft meer weg van het klassieke parlementaire model met een regering die sterk stuurt en kan rekenen op een meerderheid in het parlement.

Het beleid wordt ook meer op het publieke forum gevoerd, voor de ogen van de media. Het effect daarvan is dat electorale overwegingen meer meespelen en het moed vergt om een beleid te voeren dat ook rekening houdt met de "moeilijke klanten", de mensen die in de marge van de samenleving leven en afwijken van het klassieke leefpatroon van de doorsnee burger. Dat zijn nu precies de mensen voor wie het OCMW het moet opnemen.[21]

De ervaring leert ons dat in gemeenten het management en zeker de overige personeelsleden een meer uitvoerende rol hebben. Het college neemt graag zelf de operationele beslissingen, wat de ruimte voor het management niet groot maakt. De personeelsleden van de gemeente krijgen, in vergelijking met de collega's van het OCMW, een meer uitvoerende rol toegewezen. Het budgethouderschap voor

21 Treffend was de boutade van prof. Rudi Roose (UGent) op de VVSG-Trefdag van 12 oktober 2017 tijdens zijn lezing over de rol van het sociaal werk: "Als je als maatschappelijk werker complimenten krijgt van de goegemeente ben je waarschijnlijk slecht bezig."

ambtenaren bijvoorbeeld wordt in gemeenten veel beperkter ingevuld dan bij de OCMW's waar het vrij courant is dat dienstverantwoordelijken ook budgetbevoegdheid krijgen.

Deze vergelijking tussen beide bestuursmodellen is scherp en ongenuanceerd. In de praktijk is de situatie verschillend van gemeente tot gemeente en zijn er veel tussenvormen. Ze heeft ook geen wetenschappelijke ambities maar duidt op een aantal verschillen, gebaseerd op ervaringen op het terrein.

In de toekomst zal het lokaal bestuur het gemeentelijk bestuursmodel hanteren. Dé fundamentele vraag is of dit model een goed model is om een sterk sociaal beleid tot stand te brengen, om de hulpverlening te organiseren, om zorgvoorzieningen te beheren.

Anders gesteld: welke goede elementen uit het OCMW-bestuursmodel zou men best overnemen naar het nieuwe bestuursmodel van het lokaal bestuur om ervoor te zorgen dat de OCMW-opdrachten ook in de toekomst goed uitgevoerd worden? En hoe kunnen deze goede elementen ertoe bijdragen dat het gemeentelijk bestuursmodel op alle punten verbetert, ook voor de uitvoering van andere opdrachten, zodat de gemeentelijke dienstverlening in zijn geheel erop vooruit gaat?

7. VAN VLOEK NAAR ZEGEN

Het gehanteerde bestuursmodel moet de bestuurskracht van het lokaal bestuur versterken. Als we bestuurskracht definiëren als de capaciteit om de missie van de eigen organisatie te verwezenlijken, moeten we nagaan hoe we de lokale besturen in staat kunnen stellen hun missie beter te vervullen, de missie van gemeente én OCMW. Dit heeft te maken met de positie die Vlaanderen tegenover de lokale besturen inneemt en de ruimte die Vlaanderen aan de lokale besturen laat om te besturen. Het heeft ook in niet geringe mate te maken met de wijze waarop het lokaal bestuur zichzelf organiseert.

Lokale besturen dragen op het lokale niveau duurzaam bij aan het welzijn van hun inwoners; ze voeren een burgernabij, democratisch, transparant en doelmatig beleid. Lokale besturen stellen mensen in staat een menswaardig leven te leiden.[22] Dit is een verhaal van integratie en samenhorigheid. Mensen integreren in de samenleving gebeurt in eerste instantie door de mensen niet te zien als lijdend voorwerp van de aangeboden hulp- en dienstverlening en als mensen met gebreken maar door integendeel te vertrekken van hun capaciteiten en mogelijkheden, door de kracht van mensen centraal te stellen en hun autonomie te verhogen. De bestuurskracht van het lokaal bestuur versterken betekent op zoek gaan naar de organisatorische context die bijdraagt tot kwaliteitsverbetering van de hulp- en dienstverlening die de autonomie van de mensen versterkt en de samenhorigheid in de samenleving op duurzame wijze bevordert.

---

22 Art.2 DLB, art.1 OCMW-wet.

Dat betekent in eerste instantie dat zo'n lokaal bestuur sterk gericht is op de externe omgeving; het staat open voor en speelt in op maatschappelijke veranderingen en heeft aandacht voor nieuwe doelgroepen. Zo'n lokaal bestuur is erop gericht een draagvlak te creëren en met andere organisaties samen te werken.

Op organisatieniveau hanteert het lokaal bestuur een gedragen visie op hulp- en dienstverlening die vertrekt van de eigen missie en die tot stand komt in dialoog met het beleid, het management, de medewerkers en de burgers. Die visie geeft richting aan de medewerkers en ze wordt voortdurend verwoord en ondersteund door een coachend leiderschap. De cultuur van dit lokaal bestuur is er een van dialoog en overleg.

Zo'n visie wordt vertaald in de meerjarenplanning die zich niet laat verleiden tot een optelsom van sectorale acties; ze stelt een breed geïntegreerde aanpak over alle beleidsdomeinen heen voor die vertrekt van de leefwereld van de burgers. Een mobiliserend verhaal zoals de duurzame ontwikkelingsdoelstellingen is de inhoudelijke kapstok en de basis voor communicatie naar de burgers.

Het management van het lokaal bestuur creëert een goede organisatiestructuur die ondersteunt en niet afremt. Het HR-beleid, het financiële beleid, de ICT-ondersteuning staan in functie van de hulp- en dienstverlening. Samenwerking met andere lokale besturen of andere organisaties is vanzelfsprekend. Het management is innovatief ingesteld en ondersteunt initiatieven van onderuit. Er is goede interne communicatie die de samenwerking bevordert. Hokjesdenken wordt tegengegaan; de deskundigheid en de ervaring van medewerkers delen wordt sterk aangemoedigd. De leidinggevenden geven veel handelingsruimte aan de medewerkers zodat ze op maat van de burgers kunnen werken. De burger met zijn noden en behoeften staat centraal, niet de regel of de procedure.

Het decreet lokaal bestuur biedt de nodige instrumenten om zo'n nieuwe visie op de organisatie te concretiseren. Een goede afsprakennota tussen bestuur en management en een doordacht systeem van organisatiebeheersing bieden ruime kansen om de verantwoordelijkheden van het bestuur, het management en de medewerkers goed te omschrijven. Veel verantwoordelijkheden zo laag mogelijk in de organisatie leggen, een goed systeem van rapportage, korte lijnen in de besluitvorming, besturen op hoofdlijnen (geen college-agenda's meer met puur operationele agendapunten maar de focus op de grote beleidslijnen), open communicatie van top naar basis en omgekeerd.

Specifiek voor individuele hulpverleningsdossiers is er een hulpverleningskader dat tot stand komt in overleg tussen de sociale dienst en het bestuur en door het bestuur bekrachtigd wordt. Dat kader bevat een aantal inhoudelijke richtlijnen die door de sociale dienst gehanteerd worden in individuele dossiers: hoe vertalen we het recht op een menswaardig bestaan in concrete hulpverleningstrajecten (activering, vorming en opleiding, deelname aan maatschappelijk zinvolle activiteiten, financiële hulpverlening, schuldbemiddeling, woonbegeleiding, ...). Daarnaast maakt het duidelijk hoe het besluitvormingsproces rond deze dossiers verloopt: wat beslist het bijzonder comité voor de sociale dienst, welke informatie wordt aan de leden van het comité ter beschikking gesteld om een goede beslissing te kunnen nemen, welke ruimte hebben de hulpverleners, hoe rapporteren ze over hun dossiers en over de hulpverlening van de sociale dienst.

Medewerkers worden sterk betrokken bij het beleid van het lokaal bestuur en op hun kracht ingezet; deskundigheid en specialisatie worden positief gewaardeerd, er is ruimte voor de toepassing van verschillende methodieken. Medewerkers worden ondersteund via teamoverleg en intervisie, er is permanente aandacht voor vorming en bijscholing. Leidinggevenden stimuleren een positieve basishouding bij hun medewerkers.

Burgers worden actief betrokken bij de hulp- en dienstverlening. Het lokaal bestuur hanteert participatieve methoden die verder reiken dan de formele adviesraden en tracht burgers vanuit hun ervaringsdeskundigheid bij het beleid te betrekken via klankbordgroepen en andere vormen van overleg en inspraak. Het lokaal bestuur maakt burgerinitiatieven mogelijk en moedigt mensen aan zich te organiseren.

En als kers op de taart: waarom niet experimenteren met afspiegelingscolleges? Dat is een college van burgemeester en schepenen waarvan de samenstelling een getrouwe afspiegeling is van de politieke verhoudingen in de gemeenteraad. In Nederlandse gemeenten is zo'n 'college op brede basis' zeer gangbaar. Politieke fracties besturen met elkaar en niet tegen elkaar, het debat in de gemeenteraad is open en meer vrij omdat de meerderheid en de minderheid zich niet per se tegen elkaar moeten afzetten en men de voorstellen van het college meer op hun verdiensten kan beoordelen. Hierdoor wordt de positie van de gemeenteraad versterkt, wordt de sfeer constructiever en minder gehinderd door loopgravenoorlogen en achterkamertjes. Gecombineerd met een ambitieuze politiek van inspraak en participatie van de burgers zou dit kunnen leiden tot een totaal andere bestuursstijl in onze gemeenten. Niet om de tegenstellingen en de verschillende belangen in de gemeente te verdoezelen en de oppositie 'mee in het bad te nemen', wel om de verschillen tot hun recht te laten komen en volwaardig bij het beleid te betrekken. Op zoek naar wat ons bindt in plaats van wat ons scheidt. Wat tot nu toe met redelijk succes mogelijk was in het consensusmodel van de OCMW's kan misschien ook in de toekomst bij de gemeenten?

De kracht van een provinciaal bestuursniveau ligt in haar weerbaarheid

Raymond Van Loock

Vanaf begin 2018 mogen de provinciebesturen van de Vlaamse overheid noch persoonsgebonden noch culturele bevoegdheden behartigen. Toch wel een drastische maatregel ten opzichte van een verkozen bestuursniveau! Wat is er aan de hand? Hoe legitimeert de Vlaamse overheid zich? Wat is de toekomstige positie van de provinciebesturen in het geheel van bestuurlijk Vlaanderen dit met zowel provincieraadsverkiezingen (2018) als Vlaamse parlementsverkiezingen (2019) in het verschiet?

1. Een beetje geschiedenis

De historiek van het provinciaal bestuursniveau kan men het best samenvatten als een soort van politiek 'eb en vloed'- gebeuren met 2 dominante krachten nl. enerzijds de verhouding tussen de bestuursniveaus onderling en anderzijds de communautaire verhoudingen. Ter illustratie enkele voorbeelden:
De oorspronkelijke provinciewet werd gepubliceerd in het BS van 30 april 1831. De basistekst ervan lag al geruime tijd ter beschikking maar de wetgever vond dat eerst de gemeentewet diende goedgekeurd te worden. Na de stemming van deze wet besteedde de toenmalige senaat nog 2 dagen aan de provinciewet. Deze gang van zaken is niet vreemd aan de wijze waarop in 2005-2006 het gemeente- en het provinciedecreet tot stand kwam en waarbij de volle aandacht van het Vlaams parlement ging naar de totstandkoming van het gemeentedecreet. Voor de goedkeuring van het provinciedecreet had het parlement maar enkele uren nodig...
Belangrijk is echter erop te wijzen dat de tekst van de oorspronkelijke provinciewet een vrij centralistisch karakter had. De nieuwe Belgische overheid wilde er immers zorg voor dragen dat het provinciaal bestuursniveau niet zou uitgroeien tot een 'concurrentiële' overheid. De oorspronkelijke provincieraad werd niet zozeer als een politiek dan wel als een administratief orgaan beschouwd. In 1893 veranderde dit omdat de provincies de bevoegdheid verwierven om provinciale senatoren aan te duiden (tot 1993) en dus politieke verantwoordelijkheid moesten opnemen.
Niettegenstaande dat er ondertussen heel wat gesleuteld is aan de basiswetgeving van de provincies is toch de directe relatie met de hogere overheid in de provinciale wetgeving blijven bestaan o.m. via de figuur van de gouverneur, die naast het voorzitterschap van het uitvoerend orgaan van de provincie, zijnde de deputatie, ook commissaris van de Vlaamse en federale regering is gebleven. Daarnaast is ook de controle op de provincies vanuit het federaal Rekenhof blijven bestaan.

Een tweede factor die niet onbelangrijk is met betrekking tot de bestuurlijke evolutie van het provinciaal bestuursniveau wordt bepaald door de communautaire verhoudingen in het land die al van in het begin van de 20ste eeuw de kop opsteken. De eerste aanzet daarvan vindt men terug in 1912 bij de samenkomst van het Congrès National Wallon waarbij het voorstel op tafel lag om België op te delen in 3 gewesten en dit vanuit de provincieraden. Na WOII werd het Harmel-centrum (1948) opgericht. In haar eindrapport (1958) werd gepleit voor decentralisatie van federale bevoegdheden naar de provinciebesturen. Maar anderzijds ook voor de oprichting van agglomeratieraden in stedelijke gebieden en voor 'landelijke streekraden' in de meer landelijke gebieden. De studie bracht een golf teweeg van wetsvoorstellen die ofwel een centraal ofwel een decentraal karakter hadden.

Na de verkiezingen van 1968 met o.a. 'Leuven Vlaams!', in die tijd het symbool van de Vlaams-Waalse tegenstelling, werd in de regeringsverklaring gepleit voor zowel de modernisering van het provinciaal bestuursniveau als voor de toewijzing van meer bevoegdheden aan de provinciebesturen.
De werkzaamheden van de 'werkgroep der 28' leidde echter in 1970 tot een grondwetsherziening waardoor in België 6 bestuursniveaus het daglicht zouden zien: de centrale Belgische overheid, de gemeenschappen, de gewesten, de provincies, de agglomeraties of federaties en de gemeenten. Het werd al vlug duidelijk dat er enige concurrentie zou ontstaan tussen deze bestuursniveaus.
In het regeerakkoord van 1973 werd er echter gepleit voor een vereenvoudiging van de instellingen door o.m. tussen het gemeentelijk en het gewestelijk niveau één tussenbestuur te voorzien ofwel de provincie ofwel de agglomeratie of federatie. Opmerkelijk is dat er voorgesteld werd om de gewestraden samen te stellen vanuit het 'bottom up' principe nl. vanuit de provincieraden! Uiteindelijk koos men voor rechtstreekse verkiezingen.
De toekomst van het provinciaal bestuursniveau kwam echter in 1977 aan een zijden draadje te hangen omwille van de toenmalige communautaire akkoorden (met het 'Egmontpact' waardoor de provincieraad en de deputatie als politieke instellingen zouden worden afgeschaft[1] en anderzijds in 1978 het Stuyvenbergakkoord waarin gepleit werd voor de oprichting van subgewesten. 11 in Vlaanderen.). Weliswaar schafte een gewone wet in 1980 kortstondig de provinciale fiscaliteit af maar dit wordt enkele maanden later, via de grondwetsherziening, opnieuw rechtgezet via het huidig artikel 170 GW waardoor de provincies in 1982 opnieuw hun belastingbevoegdheid verwerven[2]. Bovendien kwam er in de jaren 1980 een herwaardering van het provinciaal bestuursniveau door een grondige aanpassing van de provinciewet met o.m. de mogelijkheid van de provincieraad om te vergaderen telkens wanneer hij dat nodig acht.

De relatief bestuurlijke rust werd echter in 1992 onderbroken door het project 'Vlaanderen – Europa 2002'. In de eerste editie van deze publicatie werd het rechtstreeks verkozen provinciaal bestuursniveau als overbodig beschouwd. In de

---

1 Hierbij kan verwezen worden naar het huidig Waals regeerakkoord waar evenzeer wordt in aangekondigd dat de politieke organen van de Waalse provincies zouden verdwijnen. Hiervoor is er wel een tweederde meerderheid nodig.

2 Hierbij kan de link gelegd worden naar het project 'afslanking van de provincies' in Vlaanderen. Zie supra.

tweede editie in 1994 werd deze standpuntbepaling bijgeschaafd en werd er gepleit voor een open dialoog tussen de drie bestuursniveaus.
Dit leidde in het Vlaams regeerprogramma van 1995 tot de erkenning van de provincies als de beleidsmotor op het intermediair niveau. Op p.9 van dit regeerakkoord wordt o.m. het volgende gesteld *'De Vlaamse overheid dringt zich daarbij niet op de voorgrond. Zij wil eerder 'samen met' dan 'in plaats van' optreden. Zij wil haar eigen rol scherper afbakenen maar met meer slagkracht vervullen. Wat wijzelf doen moeten wij gewoon beter doen.'*
In hetzelfde regeerakkoord worden de provincies beschouwd als bevoorrechte partners (p.14).
Tevens is men in het regeerakkoord vrij streng t.o.v. het doen en laten van de Vlaamse administratie.

Ondertussen werd ook in 1992 het Sint-Michielsakkoord goedgekeurd. In dit akkoord werd niet alleen beslist om de provincie Brabant te splitsen en de provincieraadsverkiezingen te koppelen aan de gemeenteraadsverkiezingen maar ook om over te gaan tot de regionalisering van de gemeente- en provinciewet. Deze werd door de vijfde staatshervorming (Lambermontakkoord, 2000) gerealiseerd en concreet van toepassing gemaakt op basis van de bijzondere wet van 13 juli 2001 waardoor op 1 januari 2002 de gewesten verantwoordelijk werden voor de organisatie van hun respectievelijk binnenlands bestuur. In die zin zagen in Vlaanderen in 2005 het gemeentedecreet (BS 31.08.2005) en in 2006 het provinciedecreet het daglicht (BS 29.01.2006).

In 1997 wordt door de Vlaamse overheid het initiatief genomen om het gesprek aan te gaan met de drie verkozen bestuursniveaus om na te gaan hoe het één en het ander in de toekomst beter kan functioneren. De Commissie Bestuurlijke Organisatie stelt het resultaat van haar werkzaamheden voor in het rapport met als titel 'De organisatie van het Binnenlands bestuur in Vlaanderen'. Het CBO-rapport voorziet drie taakstellingen voor het provinciaal bestuursniveau: decretale bevoegdheden, gebiedsgerichte taken en medebewindstaken.
Op basis van dit rapport wordt in 1999 een afsprakennota ondertekend tussen de Vlaamse regering en de provincies waarbij de provincies erkend worden als een volwaardige bestuurlijke partner.
Het CBO-rapport leidde in 2002 tot het kerntakendebat tussen Vlaamse overheid, provincie- en gemeentebesturen. De conclusies van het kerntakendebat vormde de basis voor de omschrijving van de missie van het provinciaal bestuursniveau in het provinciedecreet van 2005. De provinciale missie steunt daarbij op een drietal bevoegdheden: taken van bovenlokaal belang, ondersteunende taken ten dienste van de lokale overheid en gebiedsgerichte samenwerking.

In het Vlaams regeerakkoord van 2009-2014 wordt de 'interne staatshervorming' aangekondigd waarbij de provinciale missie in het art.2 van het provinciedecreet gewijzigd wordt en waardoor het provinciaal initiatiefrecht inzake de cultuur- en persoonsgebonden bevoegdheden verengd wordt tot die materies die decretaal opgesomd worden. Een Bestuursakkoord, dat in de uitvoering dient te voorzien, wordt ondertekend.

Ondertussen komt in 2011 op federaal niveau het Vlinderakkoord tot stand (BS 31 januari 2014). Dit akkoord geeft de bevoegdheid aan de gewesten om de toekomst van het provinciaal bestuursniveau zelf te bepalen. 3 mogelijkheden worden voorzien: (1) ofwel het behoud van het provinciaal bestuursniveau; (2) ofwel beslist men op basis van een twee derde meerderheid om (2) de provincies als bestuursniveau af te schaffen waardoor er geen middenbestuur meer is (3) ofwel beslist men om een nieuw 'bovenlokaal bestuur' op te richten dat verantwoordelijk is voor de bovengemeentelijke belangen.

Over naar de actualiteit...

De aanzet tot het Vlinderakkoord en dus de grondwettelijke aanpassing kwam vanuit Wallonië bij de totstandkoming van de Waalse gewestregering (2004-2009) waarbij de Waalse Groenen aansturen op een aanpassing van de grondwet o.m. dus m.b.t. het provinciaal bestuursniveau.

In het toenmalig Waals regeerakkoord wordt gesteld dat de provincies dienen te evolueren naar 'communautés territoires à l'échelle d'un bassin de vie' of m.a.w. een soort van bovenlokaal bestuur. Uiteindelijk veranderde er op dat ogenblik niet echt veel bij de Waalse provinciebesturen... maar de zesde staatshervorming of het Vlinderakkoord kwam er en de grondwet werd gewijzigd (BS 31 januari 2014 met toepassing vanaf 1 juli 2014) waardoor o.m. het Vlaamse en Waalse gewest autonoom bevoegd werden voor de toekomst van het provinciaal bestuursniveau.

Concreet betekent dit nu dat elk gewest zelfstandig bepaalt of het al dan niet dit bestuursniveau behoudt. Daarenboven heeft de grondwetgever een nieuwe rechtsfiguur verankerd in de grondwet die als bestuurlijk alternatief kan dienen voor het huidig provinciaal bestuursniveau nl. het bovengemeentelijk bestuur.

Sinds de grondwetswijziging beschikt zowel het Vlaamse als het Waalse gewest over drie mogelijkheden om hun respectievelijk intermediair niveau te organiseren: ofwel het behoud van het provinciaal bestuursniveau; ofwel beslist het gewestparlement op basis van een twee derde meerderheid om het provinciaal bestuursniveau af te schaffen. Indien het parlement dit zou doen, zijn er nog twee alternatieven (1) ofwel opteert men voor geen middenbestuur en komt er aldus de rechtstreekse lijn tot stand tussen de lokale en de gewestelijke overheid, (2) ofwel wordt er een nieuw bovengemeentelijk bestuur opgericht dat de bovengemeentelijke belangen behartigt.

Belangrijk inzake deze evolutie over het denken over het provinciaal bestuursniveau is de rol van de gouverneur. Momenteel heeft de gouverneur drie functies: (1) hij/zij is voorzitter van de deputatie maar daarnaast is hij/zij ook (2) commissaris van de federale en (3) Vlaamse overheid. Bij de herziening van de grondwet is er niet geraakt aan de rechtsfiguur 'gouverneur'. Het gouverneurschap blijft voorzien ook al zou in een bepaald gewest de provincies afgeschaft worden. Hij of zij treedt dan verder op als de commissaris van de federale en Vlaamse overheid.

De nieuwe grondwettelijke status van het provinciaal bestuursniveau kreeg tijdens de onderhandelingen voor de totstandkoming van de Vlaamse regering (2014-2019) echter heel wat aandacht. Vanuit verschillende politieke partijen werd er immers gepleit om het provinciaal bestuursniveau ofwel af te schaffen ofwel drastisch te hervormen.

Bij de voorstelling van het VLABEST memorandum, dat naar aanleiding van de parlementsverkiezingen van 2014 werd uitgewerkt, hebben afgevaardigden van de verschillende politieke partijen kleur bekend t.o.v. de toekomst van het provinciaal bestuur. Daarbij kan men de politieke partijen opdelen in twee groepen.

Enerzijds de politieke partijen die het provinciaal bestuur willen hervormen of afschaffen:

- N-VA met als go between figuur tussen Vlaanderen en de gemeenten de commissaris van de Vlaamse regering.
- Open VLD met een pleidooi voor 2 bestuurslagen om het overheidsbeslag te verminderen.
- Groen: sterke gemeenten en de creatie van stadsgewesten.
- Vlaams Belang: pleidooi voor stadsregio's.

Anderzijds de politieke partijen die het provinciaal bestuur willen behouden: de socialisten en CD&V.

Ook de Vlaamse administratie nam in haar memorandum naar de nieuwe Vlaamse regering standpunt in door het provinciaal bestuursniveau uit de bestuurlijke organisatie te halen '*Aansluitend op de principes van het witboek Interne Staatshervorming moet het Vlaamse overheidslandschap, zonder politieke tussenniveaus zoals de provincies opgebouwd worden rond twee bestuursniveaus: Vlaanderen en sterke, bestuurskrachtige gemeenten* (p.360)'.

Nieuwe Vlaamse regering (2014-2019) neemt bruuske beslissing over het provinciaal bestuursniveau

In 2014 zag het Vlaams regeerakkoord (N-VA-CD&V-Open VLD) het daglicht. Dit akkoord zette de afspraken van de 'interne staathervorming' op de helling en ontneemt op basis van het project 'afslanking van de provincies' de Vlaamse provinciebesturen volledig de bevoegdheid met betrekking tot de persoons- en culturele beleidssectoren (welzijn, cultuur, sport en jeugdbeleid) en dit vanaf 1 januari 2018.
Daarnaast dienen de provincies zich vanaf 1 januari 2019 terug te trekken uit de intergemeentelijke samenwerkingsverbanden. Bovendien wordt het aantal gedeputeerden verminderd van 6 naar 4 en wordt het aantal provincieraadsleden gehalveerd. Concreet betekent dit dat de provincieraden van Antwerpen, Vlaams Brabant, Oost- en West-Vlaanderen voortaan 36 raadsleden tellen en de provincieraad van Limburg 31. Of daarmee de kous af is, zal de toekomst uitwijzen.
In de recente beleidsnota van de minister van binnenlandse aangelegenheden (2017-2018)[3] lezen we immers volgende doelstellingen:
p.11: versterken van de dynamiek van de regiovorming op basis van een studie van het Steunpunt Bestuurlijke Vernieuwing, onderzoekstraject 'bovenlokale en (stads-)regionale arrangementen'
en
p.13: Vlaanderen en gemeenten: samen besturen in vertrouwen. Quid de provinciebesturen?

---

3 http://docs.vlaamsparlement.be/pfile?id=1340349

Vlaamse bestuurscultuur?

Bij het begin van de nieuwe Vlaamse legislatuur (2015) werd, zonder enige vorm van overleg, de interbestuurlijke adviesraad Vlabest[4] ontbonden (opgericht in 2007 als opvolger van de Hoge Raad van Binnenlands Bestuur (1999)). Deze raad had als doelstelling om advies uit te brengen rond thema's die betrekking hebben op 'binnenlandse aangelegenheden'. Naast VVSG en andere instanties zaten ook afgevaardigden van VVP rond de tafel. Door het opheffen van Vlabest werd er ook een punt gezet achter het 'interbestuurlijk overleg'.

Als middenbestuur benadrukten de provincies doorheen haar contacten met de Vlaamse overheid steeds het belang van de 'interbestuurlijke samenwerking' (cogovernance) als instrument om de problematiek van de 'bestuurlijke verrommeling' (steeds maar opzetten van nieuwe structuren) tegen te gaan.

Ondanks het feit dat de Vlaamse provinciebesturen het minst verantwoordelijk zijn voor deze 'bestuurlijke verrommeling' kreeg haar pleidooi echter vanuit het Vlaams regeerakkoord een omgekeerde reactie.

Provincies zullen immers vanaf 2019 niet langer meer kunnen participeren aan intergemeentelijke samenwerkingsvormen. Deze houding van de Vlaamse regering staat haaks tegenover datgene wat in onze omliggende landen aan interbestuurlijke wetgeving bestaat. Zo bestaat in Nederland de wet op de 'gemeenschappelijke regeling' waarbij o.m. aan de gemeenten, de provincies en het rijk de mogelijkheid gegeven wordt om tot onderlinge samenwerking te komen. Zo'n wetgeving vindt men evenzeer terug in Frankrijk, Duitsland, Denemarken,...

Maar hoe gaat het nu met het middenbestuur in het 'buitenland'?

Toegegeven, het 'klassieke' overheids-/midden-bestuur is bijna in elk West-Europees land in evolutie en dit niet alleen omwille van interne maar ook van externe factoren zoals de internationalisering en meer specifiek de Europeanisering, de economisering en de technologisering.

Een mooi voorbeeld in de zoektocht naar het juiste profiel van het middenbestuur treft men aan in *Nederland*. Doorheen de tijd werden een reeks voorstellen geformuleerd om tot een optimaal werkend middenbestuur te komen als alternatief voor het provinciaal bestuursniveau. Zo dacht men aan de opdeling van het land in 20 tot 44 gewesten, het 26- het 24- en het 17- provinciemodel, het 11-plusmodel,... Bijna elke regering had zijn voorstel tot herindeling op bovenlokaal niveau. De huidige Nederlandse regering (2017) is echter meer pragmatisch te werk gegaan door te stellen dat er beter moet samengewerkt worden tussen de gemeenten, de provincies en het rijk. Om deze samenwerking te ondersteunen is er de wet op de gemeenschappelijke regeling die de verschillende bestuursniveaus op een ordentelijke wijze laat samenwerken zonder daarvoor in een 'soort' van bestuurlijke verrommeling te komen.

Het Nederlands regeerakkoord legt dan ook het accent op 'bestuurlijke rust' en de 'optimalisering van de samenwerking tussen de verschillende bestuursniveaus'. Misschien kan dit deel van het Nederlands regeerakkoord ook inspirerend werken bij de Vlaamse regering die in haar decreet 'afslanking provincies' graag verwees

---

4 http://www.vlabest.be/

naar het vorige Nederlandse regeerakkoord. (zie p.4, 2de§ http://docs.vlaamsparlement.be/pfile?id=1205287)

Een ander voorbeeld is *Denemarken* waarbij men in 2007 de bestuurlijke organisatie van het land in haar totaliteit heeft aangepakt door: enerzijds de verplichte fusie op gemeentelijk vlak tot gemeenten van minstens 30.000 inwoners waarbij in de periode 1970 – 2007 het aantal lokale entiteiten evolueerde van 1386 naar 98 gemeenten en waardoor de intergemeentelijke structuren werden opgeheven. En anderzijds door de 25 'provincies' te hervormen tot 5 verkozen 'regiobesturen' met een duidelijke bovenlokale taakstelling zoals o.m. de organisatie van de economische en maatschappelijke streekontwikkeling, de organisatie van het openbaar vervoer, het behartigen van regionale taken op gebied van natuur, milieu en ruimtelijke ordening, het beheren van gespecialiseerde instellingen en de organisatie van specifiek onderwijs.
Bijzonder belangrijk in Denemarken is ook het overleg én de organisatie van de samenwerking tussen de verschillende bestuursniveaus om tot een maximalisering van het beleid en projecten te komen. Iets wat we ook in al onze andere buurlanden aantreffen…

Tot slot dient ook de aandacht te gaan naar het recente Waals regeerakkoord (2017) waar men o.m. de provincieraad stevig wil hervormen 'van een rechtstreeks verkozen bestuursniveau tot een overlegorgaan van al de burgemeesters van een provincie' en aldus de provincie als rechtstreeks verkozen bestuursniveau wil afschaffen. Weliswaar beschikt, sinds de grondwetsherziening van 2014, het Waals Gewest over deze bevoegdheid maar op voorwaarde dat er een tweederdemeerderheid is.

Dé conclusie uit de verschillende 'bestuurlijke veranderingen' die zich de laatste 10-tal jaar succesvol hebben voorgedaan is echter dat ze dient te gebeuren in vertrouwen, openheid en in dialoog.

2. Vergelijkende studie 'interne staatshervorming' versus 'afslanking provincies'

De Vlaamse overheid heeft tijdens de afgelopen twee legislaturen twee projecten uitgewerkt die rechtstreeks de bestuurlijke verhoudingen tussen de drie verkozen bestuursniveaus veranderde nl. het project 'interne staatshervorming' en het project 'afslanking van de provincies'.

In het Vlaams regeerakkoord 2009-2014[5] wordt het project 'Interne Staatshervorming' (IS) aangekondigd met als uitgangspunt de efficiëntie van de interne bestuurlijke organisatie van Vlaanderen te optimaliseren (p.81). Als oorzaken van in-

5 http://www.vlaanderen.be/nl/publicaties/detail/de-vlaamse-regering-2009-2014-een-daadkrachtig-vlaanderen-in-beslissende-tijden-voor-een-vernieuwende-duurzame-en-warme

efficiëntie worden o.m. de 'bestuurlijke verrommeling' op het intermediaire niveau en de taakstelling van het provinciebestuur aangehaald[6].
Het proces werd op gang getrokken door het publiceren van een 'Groenboek IS' (2010) met als doelstelling via een 'Bestuursforum', samengesteld uit afgevaardigden van Vlaanderen, de VVSG en de VVP, te komen tot een 'Witboek IS' (2011)[7] om daarna uitvoering te geven aan het project.
In het Vlaams regeerakkoord 2014-2019 wordt het project 'Afslanking van de provincies' (AP) aangekondigd met als doelstelling de taakstelling van de provinciebesturen te reduceren tot enkel de grondgebonden bevoegdheden.
Vanuit het oogpunt van de provinciebesturen wordt een korte evaluatie gemaakt op basis van de kenmerken van beide projecten.

Project interne staatshervorming (2009-2014)

Het project IS houdt voor de Vlaamse provinciebesturen twee belangrijke gevolgen in: enerzijds de *verscherping van de autonomie van het provinciaal bestuursniveau* door de aanpassing van de provinciale missie in art.2 van het provinciedecreet waardoor voortaan voor de culturele en persoonsgebonden bevoegdheden (welzijn, cultuur, sport, jeugd) de provinciebesturen over een decretale basis dienen te beschikken om aan beleid te doen. Het initiatiefrecht, eigen aan een verkozen bestuursniveau, kreeg daardoor een flinke deuk.
De uiteindelijke onderhandelde bevoegdheden werden vertaald in een 'Bestuursakkoord' per provincie. Deze Bestuursakkoorden zouden om de 3 jaar worden getoetst aan het gevoerde beleid van de provincie.
De beslissingen inzake het project interne staatshervorming werden geoperationaliseerd vanaf 1 januari 2014.
Anderzijds leidde de verscherping van de taakstelling van de provincies tot een *financiële verevening* via het mechanisme van het provinciefonds waarbij dit fonds gereduceerd werd van 92 miljoen euro naar 43 miljoen euro. Daarna werd het fonds nog eens met extra 20 miljoen verminderd. In 2015 besliste de nieuwe Vlaamse regering om het provinciefonds af te voeren en dit zonder overleg of uitleg.
Vanuit de Vlaamse overheid werd het project IS wel politiek (zie verder project 'afslanking') maar niet inhoudelijk geëvalueerd. Vanuit de Vereniging van de Vlaamse Provincies werd dit wel gedaan en kwam men tot volgende 5 vaststellingen:

Vaststelling 1

De doelstelling van het project IS dient als positief geëvalueerd te worden maar toch... Het streven naar een efficiënt werkende overheid dient immers niet alleen een permanente uitdaging te zijn maar ook een globale! Dus voor alle overheden. Het formuleren van homogene bevoegdheden per beleidsniveau is daarbij een positief uitgangspunt maar vraagt wel een ondersteunende interbestuurlijke samenwerkingsregeling en deze ontbreekt nog steeds tussen de Vlaamse overheden.

[6] Naast de problematiek van de taakstelling van het provinciaal bestuursniveau werd ook in het project IS werk gemaakt van de 'planlastenvermindering'(D8). In het kader van de toepassing van het project BBC doemt echter het probleem 'planlast' opnieuw op.

[7] http://binnenland.vlaanderen.be/interne-staatshervorming/witboek

Vaststelling 2
Vraag dient gesteld te worden of het uitgangspunt van het project IS, nl. er zijn 2 basisniveaus 'gemeenten en Vlaamse overheid', er niet voor gezorgd heeft dat er een verdere polarisatie tot stand kwam tussen de drie verkozen bestuursniveaus waardoor de initiële doelstelling van de IS, nl. het streven naar een efficiënt werkende overheid, van in het begin op de helling werd gezet.
Het principe 'samen oversteken' (zie: Kerntakendebat in Vlaanderen (2003), Nederlands regeerakkoord (2017)) verliest daardoor haar kracht. Provinciebesturen worden eerder als een tweederangs bestuursniveau beschouwd.

Vaststelling 3
Deze (gewilde) polarisatie tussen de overheden heeft ook gevolgen voor het saneren van de 'bestuurlijke verrommeling' of 'drukte' op het intermediaire niveau. In het Vlaams regeerakkoord (2009) wordt verwezen naar o.m. gedeconcentreerde diensten, intercommunales, provincies en andere intermediaire bestuursvormen. Door er echter van uit te gaan dat er twee basisniveaus zijn, werd de 'bestuurlijke verrommeling' hoofdzakelijk gerelateerd met het provinciaal bestuursniveau en werden dus onvoldoende de intermediaire structuren van de gemeenten én van Vlaanderen in vraag gesteld en gesaneerd[8].

Vaststelling 4
Het vernieuwde takenprofiel van het provinciaal bestuursniveau wordt op zich als positief geëvalueerd door de drie bestuursniveaus. Via decreten worden de provinciale bevoegdheden m.b.t. de persoonsgebonden taken vastgelegd. Het is ('was': zie verder project 'afslanking') aan de provinciebesturen om werk te maken van dit nieuw profiel en aan de bestuurlijke partners om aan de provinciebesturen de nodige ruimte en tijd te geven om dit vernieuwd profiel te kunnen ontwikkelen. Aan het project IS werd echter geen decentralisatiegolf vanuit de Vlaamse overheid naar gemeenten of provincies gekoppeld.

Vaststelling 5
Om het bestuurlijk partnerschap te bevorderen werd in het begin van het project IS een politiek samengesteld 'Bestuursforum' opgericht. Dit platform kwam maar tweemaal samen. Daardoor ontstond er een gebrek aan procesbegeleiding, dito evaluatie en uiteraard 'bestuurlijk partnerschap'. De kans om tot een interbestuurlijke 'bestuurscultuur' te komen werd daardoor gemist waardoor ook het voorstel van het Witboek 'interne staatshervorming' om te komen tot een 'Code van Interbestuurlijke Samenwerking' niet werd gerealiseerd.

8 SUYKENS, M., Regioscreening schiet doel voorbij, in Lokaal, juni 2014, p.3 nuanceert de auteur de 'bestuurlijke verrommeling' vanuit de gemeenten door te stellen dat 'In feite zijn er een 750 relevante samenwerkingsverbanden opgericht door lokale besturen die een effectieve beheers- en/of beleidsfunctie vervullen.' Verder stelt de auteur dat Vlaanderen de grootste opstarter is van bestuurlijke samenwerkingsverbanden nl. 679, de provincies met 220 en de federale overheid met 157.

Nieuwe Vlaamse regering... met een nieuw project voor het provinciaal bestuursniveau: 'de afslanking'

In het Vlaams regeerakkoord 2014-2019 wordt het project 'afslanking van de provincies' aangekondigd 'We slanken de provincies verder af' (p.7) . Er wordt geen duiding of argumentatiekader gegeven over 'het waarom?'[9]

Wel wordt er een opsomming gegeven 'hoe' de afslanking dient te gebeuren (p.14):

'Provinciebesturen focussen zich vanaf nu op de grondgebonden bevoegdheden. De persoonsgebonden bevoegdheden verliezen ze, net zoals de mogelijkheid om opcentiemen te heffen op de onroerende voorheffing. De opbrengst hiervan wordt omgezet in een dotatie rekening houdend met de uitgavenvermindering wegens het niet langer uitoefenen van de persoonsgebonden bevoegdheden.

In steden met meer dan 200.000 inwoners, oefenen de provincies niet langer bovenlokale taken uit en nemen ze geen gebiedsgerichte initiatieven meer. De opbrengsten die de eigen provinciebelastingen genereren in steden met meer dan 200.000 inwoners, worden doorgestort aan die steden.

We halveren, rekening houdend met inwonersaantal van elke provincie, het totale aantal provincieraadsleden en beperken het aantal gedeputeerden tot vier.

Provincies zullen vanaf 1 januari 2019 geen lid meer kunnen zijn van intergemeentelijke samenwerkingsvormen.'

Na advies van de Raad van State die de toetsing doet van de voorstellen van de Vlaamse regering aan de grondwet paste de Vlaamse regering haar voorontwerp van afslankingsdecreet aan op o.m. volgende twee essentiële punten:

- De steden Antwerpen en Gent worden niet provincievrij gemaakt.
- Er komt geen financieringssysteem naar de provincies op basis van dotaties.

---

9 Op de website van de Vlaamse administratie wordt het volgende gesteld: 'De zesde staatshervorming kende nieuwe bevoegdheden toe aan de regio's met betrekking tot het provinciaal bestuursniveau. De beleidsoptie tot afslanking van het provinciaal bestuursniveau werd in het Vlaams regeerakkoord geschreven met de bedoeling een vereenvoudigd bestuurlijk landschap in Vlaanderen te creëren. Het accent ligt enerzijds op een sterker lokaal bestuursniveau met meer bevoegdheden en beleidsvrijheid én anderzijds op een meer kaderstellende Vlaamse overheid. De Vlaamse Regering bereikte een akkoord over de verdere afslanking van de Vlaamse Provincies. Vanaf 2018 zullen de provincies niet langer persoonsgebonden bevoegdheden zoals sport, jeugd, welzijn, of cultuur mogen uitoefenen. Binnen dit kader hevelen de provincies op 1 januari 2018 de taken, bevoegdheden en financiële middelen die ze uitoefenen in de "persoonsgebonden" aangelegenheden, zoals gedefinieerd in de artikelen 4 en 5 van de Bijzondere Wet tot Hervorming der Instellingen, over naar de lokale besturen en/of de Vlaamse overheid. De bevoegdheden en de door deze operatie gevatte personeelsleden worden overgedragen naar de Vlaamse overheid of de lokale besturen. Op 13 december 2016 werd het decreet in het Belgisch Staatsblad bekendgemaakt.

In het kader van het proces om tot de concrete afslanking van de provincies te komen wordt door de Vlaamse overheid een projectstructuur uitgewerkt[10]:

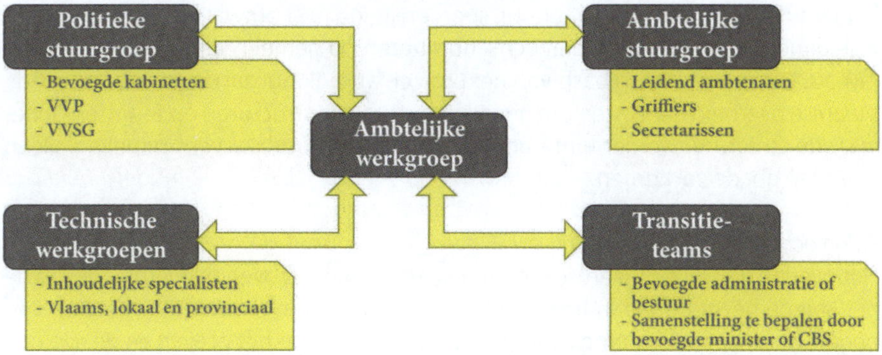

In de eerste fase van het project dienden de provinciebesturen de vraag te beantwoorden 'Over wat gaat het?' door allerhande tabellen in te vullen om de geviseerde sectoren in kaart te brengen vanuit verschillende dimensies: personeel, financiën, taakstelling,...
In de politieke en ambtelijke stuurgroep werden de provincies geïnformeerd over de globale stand van zaken van de evolutie van het project. Tevens dienden de 'stuurgroepen' om de nodige inhoudelijke en financiële probleempunten uit te klaren.
In de technische werkgroepen en transitieteams werd de overheveling van personeel, bevoegdheden, financiën, ... concreet voorbereid.
Er werd ook een draaiboek uitgewerkt. Voor meer info dient hierbij verwezen te worden naar de website van de Vlaamse overheid.[11]

Evaluatie project 'afslanking'?
Ook over dit project werd er geen inhoudelijk 'interbestuurlijk' evaluatiemoment georganiseerd. De Vlaamse regering besliste.

Toch hierbij een voorzet...
Is de basisdoelstelling van het afslankingsdecreet gehaald?
In de memorie van toelichting van het afslankingsdecreet wordt een antwoord gegeven op de vraag waarom de provincies in de toekomst niet langer persoonsgebonden en culturele bevoegdheden mogen uitvoeren: 'Zij (de betrokken sectoren welzijn, cultuur, sport en jeugd) zijn vooral gericht op personen. De Vlaamse regering is van oordeel dat deze aangelegenheden het best zo efficiënt mogelijk behartigd worden door die besturen die het dichtst bij de burger staan en waarmee zij het nauwst betrokken zijn, in casus de lokale overheden. Door hun lokale verankering kunnen de lokale besturen het beste en meest adequate antwoord geven op de bekommernissen van de burgers.'

10 Afslanking provincies, draaiboek, agentschap binnenlands bestuur, p.7.
11 http://lokaalbestuur.vlaanderen.be/strategische-projecten/afslanking-provincies/decreet

Toetsing met het project interne staatshervorming
Het project 'interne staatshervorming' (zie supra) had als doelstelling om die bevoegdheden af te bakenen en toe te wijzen aan de provinciebesturen met betrekking tot de sectoren welzijn, cultuur, sport en jeugd juist omwille van hun bovenlokale dimensie waardoor ze niet echt thuis horen op gemeentelijk noch op Vlaams niveau. De toewijzing op basis van het project 'afslanking' zal de gemeenten of de Vlaamse overheid aanzetten om nieuwe bovenlokale structuren op te zetten of bestaande structuren verder uit te bouwen wat de bestuurlijke verrommeling alleen maar ten goede zal komen…

Geen echt inhoudelijk overleg
Het overleg tussen de Vlaamse regering en de provincies over de overdracht van de geviseerde bevoegdheden beperkte zich tot het leveren en het interpreteren van gegevens en het informeren over de stand van zaken van het project en de evolutie ervan. Voor inhoudelijke discussie was er amper ruimte, laat staan voor het gezamenlijk nemen van beslissingen.

Timing
Oorspronkelijk was het de bedoeling van de Vlaamse regering om het project afslanking gerealiseerd te krijgen tegen 1 januari 2017. De omvang van de werkzaamheden verplichtte echter de Vlaamse overheid om de datum op te schuiven naar 1 januari 2018.

Personeel
Het belangrijkste zorgpunt voor de beleidsverantwoordelijken van de provincies was dat het betrokken personeel op een ordentelijke wijze zou worden overgenomen door ofwel de Vlaamse ofwel de gemeentelijke overheid. In de praktijk verliep deze overheveling correct. De meeste personeelsleden werden overgeheveld naar de Vlaamse overheid. Het is nu verder afwachten hoe dit aspect van het dossier zal evolueren doorheen de tijd…

Interbestuurlijke samenwerking op de helling
In het kader van het project 'afslanking provincies' wordt er duidelijk een stap achteruit gezet met betrekking tot de onderlinge samenwerking tussen de bestuursniveaus. Provincies worden immers uit de intergemeentelijke samenwerking gezet en dit vanaf 1 januari 2019 én opnieuw zonder veel argumentatie. Het toenmalig advies van de SERV (2000) is echter duidelijk 'De opportuniteit van een terugtreding van de provincies uit de betrokken intercommunales kan dus vanuit sociaaleconomisch oogpunt zeker in vraag gesteld worden (p.18).'[12]
De beslissing van de Vlaamse overheid staat alvast in schril contrast met alle mogelijke verklaringen waarbij er telkens gepleit wordt voor meer samenwerking tussen de bestuursniveaus…

[12] https://www.serv.be/sites/default/files/documenten/pdfpublicaties/170.pdf

En dan is er nog de strijd tegen de 'verkokering'

Eén van de belangrijkste gevolgen van het project 'afslanking' voor de provinciebesturen is dat de provincies niet langer meer een geïntegreerd beleid kunnen voeren waarbij grondgebonden en persoonsgebonden bevoegdheden 'hand in hand gaan' om tot een maximaal beleidsresultaat te komen. Het is dan ook zeer eigenaardig dat de Vlaamse regering zo'n maatregel heeft uitgewerkt op basis van een bijzondere wet van 1980!

Kan het anders? Jawel! In Nederland is de corebusiness van de provincies ook toegespitst op de grondgebonden bevoegdheden zonder, en niet onbelangrijk, dat de wetgeving daarvoor diende aangepast te worden! Via een interbestuurlijk protocol kunnen de provincies nog perfect 'persoonsgebonden materies' behartigen om een grondgebonden project maximaal te realiseren. Kwestie van het hebben van een bestuurscultuur!

Hamvraag: hoe moet het nu verder met de bestuurlijke verrommeling?

In studies over de zogenaamde 'bestuurlijke verrommeling' staan de provinciebesturen op de derde en dus laatste plaats van de oorzaak van de totstandkoming van de bestuurlijke verrommeling.

Maar wat gaat Vlaanderen nu zelf doen om haar 'eigen' bestuurlijke verrommeling aan te pakken, hierbij verwijzend naar de talrijke gedeconcentreerde diensten en andere semi-bestuurlijke circuits?

Een project decentralisatie werd op touw gezet tussen Vlaanderen en de gemeenten. Provinciebesturen mochten van de Vlaamse regering wel aan tafel zitten maar mochten niet 'meespelen' (...).

En de burger?

Uiteraard hopen we dat de burger bij de al vermelde evoluties rechtstreeks baat heeft.

Anderzijds mogen politici zo maar niet voorbij gaan aan wetenschappelijk onderzoek dat misschien andere accenten legt dan men zou verwachten. Hierbij is het recent onderzoek van prof. Ann Verhetsel (UA) niet onbelangrijk. Het onderzoek komt tot de conclusie dat de provinciegrenzen, meer dan de stadsregio's, in het DNA van de bevolking zitten. De provinciegrenzen zijn relevant voor het woon- en werkverkeer, het winkelgedrag, hoe we telefoneren, waar we gaan wonen,... Deze vaststellingen hebben volgens de onderzoekers belangrijke consequenties nl. misschien dient eerder het beleid afgestemd te worden op provinciaal niveau dan op regio-niveau!

Ter synthese: project 'interne staatshervorming' versus project 'afslanking'

Men kan stellen dat het project 'interne staatshervorming' steunt op een gedragen beleidskeuze en het project 'afslanking' eerder op een partijpolitieke keuze.

Daarbij kan de vraag gesteld worden 'Of de burger bij dit alles nu kan rekenen op een betere service van de overheid?'

Misschien moeten we het antwoord vinden bij de eerste Minister-president van de toenmalige Vlaamse regering Gaston Geens: 'wat we zelf doen, moeten we beter doen!' ... wat wel iets anders is dan 'wat we zelf doen, doen we beter!'...

3. Vlaamse provinciebesturen: oubollig of toch niet?

Hoe wenst men deze vraag te beantwoorden? Omwille van het feit dat het provinciaal bestuursniveau al een vrij lange historiek heeft (vorm)? Of omwille van het beleid dat ze voeren (inhoud)?
Laten we in het kort en exemplarisch even nagaan over welke bevoegdheden de provinciebesturen hun bestuursverantwoordelijkheid namen met betrekking tot de sectoren 'welzijn' en 'cultuur', die ze in het kader van het project 'afslanking' niet langer meer mogen behartigen.

Op het vlak van welzijn:
In het verre verleden waren het de provincies die de scholen voor vroedvrouwen, sanatoria en andere gelijkaardige instellingen hebben opgericht. Het waren ook de provincies die heel wat ondersteunend werk geleverd hebben ten voordele van de 'maatschappijen van onderlinge bijstand', de latere ocmw's.
Zij namen tijdens de afgelopen jaren, vaak in overleg met de andere bestuursniveaus, ook de nodige initiatieven rond de maatschappelijke bescherming van het gezin, de ondersteuning van de instellingen voor gehandicaptenzorg, het opzetten van zorgregio's en welzijnsoverleg, de ondersteuning van gezondheidscampagnes, de organisatie van de bovenlokale coördinatie minderhedenbeleid en inburgering, de oprichting meldpunt oudermishandeling en intra-familiaal geweld, het bevorderen van samenwerkingsinitiatieven eerstelijnsgezondheidszorg, ... Oubollig of niet?

Op het vlak van cultuur:
Enkele voorbeelden: het oprichten van provinciale musea en erfgoedcentra, de concrete ondersteuning van het gemeentelijk cultuurbeleid en het organiseren van provinciale prijzen en wedstrijden om de bevolking dichter bij cultuur te brengen, het ter beschikking stellen van verschillende soorten van premies ter bevordering van het cultureel leven. De provinciale uitleendiensten waren steeds een succes zowel naar de individuele burger als naar het verenigingsleven, de oprichting van het streekgericht bibliotheekbeleid. En last but not least de ondersteuning van het vrijwilligerswerk... Oubollig of niet?

Was deze beleidsvoering concreet inspelen op bestaande behoeften? Zeker weten!

4. Wat is nog de toekomst van het provinciaal bestuursniveau in Vlaanderen? De kracht ervan ligt in haar weerbaarheid!

In de decretale missie wordt nog steeds melding gemaakt van bovenlokale taakstelling, weliswaar beperkt tot (1) de bovenlokale grondgebonden bevoegdheden, (2) ondersteunende taakstelling naar andere overheden en (3) gebiedsgerichte samenwerking.

De wijze waarop de provincies invulling zullen geven aan hun 'vernieuwde' missie zal de beste getuigenis zijn van hun bestuurskracht en aanpassingsvermogen en dus van hun weerbaarheid.
De provinciebesturen krijgen daarbij de wind in de zeilen door de memorie van toelichting van het afslankingsdecreet zelf 'De provincies zijn territoriaal gedecentraliseerde overheden. Ook op basis '*van* de tot nu *toe*' geldende taakomschrijving, bepaald in artikel 2 van het Provinciedecreet, richten zij zich in hoofdorde op de gebieds- en streekgerichte werking. De grondgebonden bevoegdheden sluiten zodoende aan op hun opdrachten. In deze materies (bijvoorbeeld ruimtelijke ordening, leefmilieu, economie) is het aangewezen dat bevoegdheden worden uitgeoefend door een bovenlokaal bestuur, aangezien in deze materies vaak sprake is van belangentegenstellingen en een nood aan belangenafweging, zowel tussen sectoren als tussen gemeenten, op bovenlokaal niveau.'
In het kader van deze nieuwe missie werd door de VVP een 'ambitienota'[13] uitgewerkt waarin een overzicht gegeven wordt van de verschillende grondgebonden bevoegdheden en de daaraan gekoppelde beleidsuitdagingen voor het provinciaal bestuursniveau. Daarbij ligt het accent op het bepalen, het beslissen en het voeren van het behoud en de versterking van de streekidentiteit meestal in overleg met de bestuurlijke partners.
Hierbij een korte samenvatting van de ingrediënten van het takenprofiel van het provinciaal bestuursniveau waarbij het voeren van een geïntegreerd én transversaal bovenlokaal beleid centraal staat ter ondersteuning van andere overheden of instanties:

- Toerisme: promoten van de toeristische regio's
- Provinciedomeinen: knooppunten toeristisch/recreatief beleid in evenwicht met milieu en natuur
- Woonbeleid: zorg voor duurzame en betaalbare huisvesting
- Plattelandsbeleid: optimalisering van de plattelandsomgeving (woonbeleid, lokale economie, beheer waterlopen, trage wegen, landbouwbeleid)
- Integraal waterbeleid: sleutelpositie in de onbevaarbare waterlopen
- Erfgoed: monumentenwacht, landschapszorg en onroerende erfgoeddepots
- Ruimtelijk regisseur door opmaak van ruimtelijke visies en vertaling in planning en omgevingsvergunningen
- Voeren van een bovenlokaal milieubeleid door aandacht voor de biodiversiteit, regionale landschappen en bosgroepen, bevorderen van de klimaatneutraliteit.
- Organiseren van het veiligheidsonderwijs via opleidingscentra
- Bevorderen van de economische ontwikkeling en draagvlak creëren voor economische actoren in het kader van het stimuleren van de streekontwikkeling
- Bevorderen van het praktijkgerichte land- en tuinbouwonderzoek
- Europese middelen laten renderen ten behoeve van bedrijven en organisaties
- Ondersteuning van 4de pijlerorganisaties en programma's in ontwikkelingslanden

[13] VVP-ambitienota: http://www.vlaamseprovincies.be/public/uploads/files/20161203.Ambitienota.pdf

- Bevorderen van het STOP-principe in het kader van het mobiliteitsbeleid met prioritair gebruik van stappen, trappen en openbaar vervoer.
- Verlenen van de nodige ICT en GIS ondersteuning naar lokale besturen
- Organiseren van een arbeidsmarktgericht technisch en beroepsonderwijs

Het bovenlokale takenprofiel van het provinciaal bestuursniveau komt pas echt tot 'rendement' wanneer er op een geïntegreerde manier wordt gewerkt zowel met betrekking tot de bevoegdheden als met bestuurlijke partners *zonder te verzanden in nieuwe vaste structuren* die vandaag misschien wel een antwoord geven op een gesteld probleem maar morgen weer verouderd zijn omdat het maatschappelijk probleem een andere 'koers' vaart. Flexibiliteit is aldus het ordewoord. Het provinciaal bestuursniveau heeft dan juist ook die karakteristiek dat ze omvangrijk genoeg is om voldoende in te schatten dat problemen die opgelost worden in een bepaalde streek/regio niet afgewenteld worden naar een andere streek/regio!
Hierbij geven de provinciebesturen 'inhoud' en 'vorm' aan hun decretale opdracht als verantwoordelijk voor de gebiedsgerichte samenwerking. Zo komen er, in overleg met verschillende partners, heel wat interessante projecten tot stand als 'Wonen en werken rond het Albertkanaal (project: de Kanaalkant- prov. Antwerpen); het grensoverschrijdend project Maastricht – Lanaken (project: Albertknoop- provincie Limburg); het project 'groene sporen' (provincie Oost-Vlaanderen); de Zennevallei (provincie Vlaams Brabant) en Kanaalpark Bossuit-Kortrijk (provincie West-Vlaanderen)[14].

5. En nu: 'Volle kracht vooruit'!

Op 14 oktober 2018 wordt de kiezer uitgenodigd om niet alleen zijn of haar stem uit te brengen voor de samenstelling van de gemeenteraden maar ook voor de provincieraden.
De provinciebesturen willen zich hierbij profileren als krachtige en dynamische streekmotoren die nuttige initiatieven op touw zetten voor de streek en die de levenskwaliteit van de mensen en de werking van de bedrijven en de organisaties verder zullen verbeteren.
Provinciebesturen dienen daarbij problemen aan te pakken die niet opgelost geraken op lokaal niveau en te groot zijn voor gemeenten om dit individueel aan te pakken. Vaak ook omdat het zeer complexe problemen zijn, en aldus de medewerking vereisen van specialisten. Op zo'n moment is de schaalgrootte en de opgebouwde knowhow van het provinciaal bestuursniveau dan ook ideaal. Waarom? Provinciebesturen zijn flexibel en kunnen met wisselende schalen een gepast beleidsantwoord geven. Omwille van hun helikopterzicht als bovenlokaal bestuur hebben zij daarenboven ook zicht op het feit dat problemen (zie mobiliteit, waterbeleid,...) die worden opgelost in een bepaalde streek niet worden doorgeschoven naar een andere streek.

14 Voor meer info over de gebiedsgerichte werking van de provincies: http://www.vlaamseprovincies.be/provincie

Provinciebesturen zijn aldus klein genoeg om dicht bij een probleem te staan én het ook te begrijpen vanuit haar verschillende dimensies maar tevens ook groot genoeg om het aan te pakken en oplossingen mogelijk te maken, vaak in samenwerking met verschillende partners. Dat is precies de eigenheid en de kracht van de werkwijze van de provinciebesturen.

Zij werpen zich op als 'streekmotor', die beleid uittekenen op het bovenlokale niveau waar verschillende bevoegdheden worden verzoend en waarbij bijvoorbeeld noodzakelijke input vanuit sectoren als mobiliteit, economie, milieu en woonbeleid kan afgestemd worden om een bepaalde problematiek aan te pakken. Zoals bijvoorbeeld bij de aanleg van fietsostrades, waar economische, toeristische en milieu-overwegingen meespelen. Voor dit soort initiatieven is de provincie de initiator. Vanaf het moment dat een project lopende is of een probleem opgelost is kunnen ze zich terugtrekken.

Dat is samengevat de dynamiek en de meerwaarde die de provinciebesturen kunnen leveren aan het geheel van het Vlaams beleid!

Bibliografie

ANTHIERENS, G., VANSUMMEREN, L., e.a., Praktisch Handboek voor Provincierecht. Brugge, die Keure, 2010.

BOURGEOIS, G., e.a., De Vlaamse regeringsverklaring 2014 – 2019, Vertrouwen, verbinden, vooruitgaan, 2014-2019.

DE RYNCK, F., Provincies in Vlaanderen, kwaliteitszorg in het management van het binnenlands bestuur. KU Leuven, 1996.

DE WITTE, L., Samenwerking tussen overheden: de stap naar efficiënter bestuur, 2013.

PEETERS, K., e.a., De Vlaamse regering 2009-2014, Een daadkrachtig Vlaanderen in beslissende tijden. Voor vernieuwende, duurzame en warme samenleving, regeerakkoord, 2009.

REYNAERT, H., e.a., Nieuwe vormen van bestuur. Vanden Broele, 2005.

REYNAERT, H., VALCKE, T., DE CEUNINCK, K., e.a., Grensoverschrijdend of grensverleggend? De Vlaamse provincies uitgedaagd. Burger, bestuur & beleid, Vanden Broele, 2011.

SUYKENS, M., Kerntaken en bestuurskracht van lokale besturen. In: REYNAERT, H., eds., Het kerntakendebat in Vlaanderen. Vanden Broele 2002.

Witboek 'interne staatshervorming' (2009-2014): www.vlaanderen.be/nl/gemeenten-en-provincies/dienstverlening-van-gemeenten-en-provincies/interne-staatshervorming

Dossier 'afslanking Vlaamse provincies' (2014-2019): https://www.vlaamsparlement.be/dossiers/hervorming-vlaamse-provincies en www.draaiboekafslankingprovincies.be

VVP-website www.vlaamseprovincies.be, provincieraadsverkiezingen 14 oktober 2018.

VVP kandidatenbrochure 2018 'Volle kracht vooruit' http://www.vlaamseprovincies.be/public/uploads/files/Brochure_VVP_Colloquium_25nov_171546%20(4).pdf

HET GEMEENTEFONDS EN DE FINANCIERING VAN DE GEMEENTEN

Mark Suykens[1]

Het Gemeentefonds blijft een belangrijke financieringsbron voor de Vlaamse gemeenten. Het is goed voor gemiddeld 23% van de gemeentelijke inkomsten. De basisdotatie en de aanvullende dotaties (zie verder) waren in 2016 goed voor 25% van de exploitatie-ontvangsten.

In deze bijdrage maken we een aantal analyses van de verdeling van het Gemeentefonds over de Vlaamse gemeenten. Het is geen allesomvattende bespreking, we beperken ons tot een aantal aspecten.[2]

Groei Gemeentefonds tijdens deze gemeentelijke legislatuur (2013-2018)

In de Vlaamse regeringsverklaring 2014-2019 van de huidige Vlaamse regering (Bourgeois 1) staat volgende optie: *'We houden vast aan de jaarlijkse groeivoet van het Gemeentefonds (3,5%)'*.

Voor de hoofddotatie van het Gemeentefonds betekent dit het volgende:

(2012	2 098 051 000 euro)
2013	2 171 222 000 euro
2014	2 246 693 000 euro
2015	2 324 545 000 euro
2016	2 404 861 000 euro
2017	2 496 291 000 euro (raming van het agentschap Binnenlands Bestuur)
2018	2 583 662 000 euro (raming van het agentschap Binnenlands Bestuur)

Totale groei over 6 jaar (deze gemeentelijke legislatuur nl. 2013 tot 2018):
485 611 000 euro

Dit is absoluut een zeer positieve prestatie van de Vlaamse overheid tijdens een periode die vooral gekenmerkt werd door besparingen in de Vlaamse begroting.[3] Het gaat om een substantiële toename die de financiële moeilijkheden voor de gemeenten tijdens de voorbije legislatuur deels heeft opgevangen. De objectiviteit verplicht ons te vermelden dat er natuurlijk in andere financieringsstromen van de Vlaamse overheid naar de gemeenten wel een aantal besparingen zijn geweest, bv. de regularisatie van de gescosubsidies,[4] de vermindering en de niet-indexatie van de sectorale subsidies, de afschaffing van de compensaties voor de gemeenten van

[1] Met dank aan Jan Leroy en Ben Gilot van VVSG voor de hulp bij de totstandkoming van deze bijdrage.

[2] Voor de cijfers baseer ik mij op drie bronnen: de website van het Agentschap Binnenlands Bestuur www.binnenland.be, de website van de Vereniging van Vlaamse Steden en Gemeenten www.vvsg.be en op de website van FOD economie.

[3] De dotatie van het Gemeentefonds wordt sinds 2013 jaarlijks verminderd met een bedrag voor de cofinanciering voor Audit Vlaanderen (in 2017 gaat het om 2 035 800 euro). Ik ga daar in deze bijdrage niet verder op in.

de veelvuldige vrijstellingen door de Vlaamse overheid van de onroerende voorheffing op hat kadastraal inkomen van bedrijfsinvesteringen.
De toch wel grote groei in deze Vlaamse legislatuur 2014-2019 (meer dan 400 miljoen euro op 5 jaar) is evenwel niet gebruikt om enkele beperkte bijsturingen te doen. Wijzigingen aanbrengen aan de verdelingscriteria van het Gemeentefonds zijn altijd een heikele zaak. Daarom kan dat het best gebeuren op een moment dat er een substantieel bedrag bijkomt zodat je de groei kan gebruiken om sommige situaties beter te vergoeden. Op die manier moet er van geen enkele gemeente geld worden afgenomen, maar kan men een selecte groep van gemeenten beter vergoeden met het geld dat er (jaarlijks) bij komt. Het is een gemiste kans om met de groei van 400 miljoen euro niet geleidelijk aan een bijsturing te doen zonder dat er verliezers zijn bij de gemeenten. Bij de onderhandelingen van het Vlaamse regeerakkoord heeft de inbreng van Antwerpen zeker geholpen om de groeivoet van 3,5% op te nemen in het akkoord, evenzeer heeft dit geleid tot de onbespreekbaarheid om ook maar iets bij te sturen aan de verdeelcriteria.

Verdelingscriteria (decreet van 5 juli 2002 met diverse wijzigingen)[5]

Het Gemeentefonds wordt onder de gemeenten verdeeld op basis van een hele set criteria die op korte termijn door de eigen beleidsbeslissingen niet beïnvloedbaar zijn. Ze zijn goed voor een vast percentage[6] van het fonds en kunnen in vijf clusters worden opgedeeld, met een aantal voorafnames (bijzondere financiering voor een specifieke groep gemeenten) en vier andere criteria (die gelden voor alle gemeenten):

- bijzondere financiering van de centrum- en kustgemeenten (40,8%)
  - Antwerpen en Gent 30,0%
  - Brugge 1,6%
  - Leuven 1,12%
  - Centrumsteden (niet Antwerpen, Gent, Brugge, Leuven) 6,2%
  - Provinciale steden(21) 2,0%
  - Kustgemeenten (10) 1,0%
- andere criteria:
  - centrumfunctie (8%)
    - actieve bevolking in de gemeente 4,0%
    - leerlingen secundair en hoger onderwijs 4,0%

---

4 Deze regularisatie ging gepaard met een besparing van 5% op de som van wat lokale besturen kregen uit (1) de vaste gescosubsidies en (2) de kortingen op werkgeversbijdragen. Bovendien worden die kortingen (die mee-evolueerden met de loonsverhogingen door indexeringen en baremieke aanpassingen) omgezet in een vaste, niet langer geïndexeerde subsidie.

5 Voor een meer uitgebreide toelichting over de verdeelcriteria van het Gemeentefonds: Ben Gilot, Belangrijke financiële stromen voor lokale besturen. In het losbladig werk 'Financieel management'. Uitgeverij Politeia, 2017.

6 De criteria zijn sinds 2017 lichtjes aangepast.

▪ fiscale draagkracht	(30,2%)
♦ omgekeerd evenredige opbrengst personenbelasting	19,0%
♦ omgekeerd evenredig kadastraal inkomen	11,2%
▪ open ruimten	6%
♦ oppervlakte bos, tuin, park, woeste gronden, akkers, grasland, recreatieterreinen en boomgaarden	6,0%
▪ sociale maatstaven	(15%)
♦ aantal personen met een voorkeursregeling in de ziekteverzekering, exclusief inwoners met een leefloon	1,0%
♦ werklozen met lage scholing	4,0%
♦ gemiddeld aantal geboorten in kansarme gezinnen over drie jaar	3,0%
♦ sociale huurappartementen	3,0%
♦ gemiddeld aantal personen dat recht heeft op een leefloon over drie jaar	4,0%

Daarnaast hanteert het Vlaams Gewest bepaalde correctiemechanismen voor het geval gemeenten 'te lage' belastingen zouden heffen. Gemeenten die voor de aanvullende personenbelasting of de opcentiemen onroerende voorheffing een tarief hanteren dat onder de drempelwaarden ligt, krijgen een verminderd aandeel uit het Gemeentefonds. De drempelwaarden werden vastgelegd op 5% aanvullende personenbelasting en 700 opcentiemen onroerende voorheffing. Dat aandeel wordt dan herverdeeld onder de andere gemeenten. Een (theoretische) gemeente die geen van beide belastingen zou heffen, krijgt een bestraffing met 50%. Voor de verdeling van het Gemeentefonds van 2016 werd op die manier 4,7 miljoen euro herverdeeld, afkomstig van de gemeenten De Panne, Knokke-Heist, Koksijde en Zwijndrecht.

Verder kan geen enkele gemeente minder krijgen uit het Gemeentefonds dan wat ze in 2002 samen uit het oude Gemeentefonds (voor 2002), Investeringsfonds en Sociaal Impulsfonds kreeg. Voor 2016 moest die garantieregeling voor geen enkele gemeente meer worden toegepast.

Verdeling over de gemeenten per inwoner

Op basis van de cijfers van het jaar 2016 geven we een globaal overzicht van de opbrengst van het Gemeentefonds per inwoner voor een aantal gemeenten, met daarnaast het aandeel van de gemeente in de totaliteit van het Gemeentefonds (percentage t.o.v. het totale bedrag van het fonds).

15 gemeenten met het **hoogste aandeel per inwoner**:

• Gent	1256,96 euro	13,434%
• Antwerpen	1233,54 euro	26,521%
• Brugge	604, 67 euro	2,968%
• Oostende	535,74euro	1,573%
• Turnhout	482,55 euro	0,862%
• Leuven	481,39 euro	1,987%
• Genk	465,71 euro	1,272%
• Sint-Niklaas	457,53 euro	1,431%
• Mechelen	450,23 euro	1,582%

• Kortrijk	448,55 euro	1,408%
• Lo-Reninge	442,82 euro	0,060%
• Roeselare	432,79 euro	1,098%
• Hasselt	426,96 euro	1,361%
• Aalst	419,87 euro	1,472%
• Alveringem	413,29 euro	0,087%

De verdelingscriteria zijn vooral gunstig voor de twee grotere steden, de centrumsteden en sommige echt kleine plattelandsgemeenten met een perifere ligging. De Stad Antwerpen krijgt meer dan 1 euro op 4 van het totale bedrag van het Gemeentefonds (meer dan 26%): het gaat om meer dan 670 miljoen euro voor 2016.

Er zijn drie gemeenten met twee voorafnames. De speciale situatie van Brugge (boven de 100 000 inwoners) en ook kustgemeente werkt voordelig. Ook Oostende is naast centrumstad tevens kustgemeente en dat merkt men in de cijfers. En Knokke-Heist is de derde gemeente die twee voorafnames (kustgemeente en provinciestad) geniet, maar door andere factoren (o.a. hoog fiscaal vermogen) blijft het aandeel per inwoner daar relatief bescheiden.

De **provinciale steden** (21 in totaal) zijn er, sinds ze in 2002 als aparte categorie erkend werden, ook op vooruitgegaan. In 2016 kregen ze respectievelijk per inwoner:

• Ronse	341,38 euro
• Tielt	315,52 euro
• Eeklo	319,00 euro
• Ieper	331,79 euro
• Geel	307,32 euro
• Tongeren	321,88 euro
• Sint-Truiden	310,61 euro
• Lokeren	299,15 euro
• Oudenaarde	284,08 euro
• Aarschot	270,28 euro
• Lier	294,75 euro
• Waregem	265,93 euro
• Knokke-Heist	207,71 euro
• Diest	291,41 euro
• Herentals	288,24 euro
• Mol	296,58 euro
• Tielt	315,52 euro
• Deinze	263,52 euro

Maar vooral de volgende drie provinciesteden blijven wat achter en zouden evenzeer bij de centrumsteden kunnen gecatalogeerd worden. Deze drie steden geven aan dat ze evenzeer als Turnhout (inwoners: 43.467) belangrijke centrumfuncties vervullen:

• Dendermonde	282,92 euro	45 583 inwoners
• Halle	271,72 euro	38 680 inwoners
• Vilvoorde	285,44 euro	43 653 inwoners

Ten slotte is er de vraag van Geraardsbergen waarom zij niet bij de provinciale steden zitten (samen met een aantal andere gemeenten heeft de stad Geraardsbergen een procedure aanhangig gemaakt bij het Grondwettelijk Hof):

- Geraardsbergen 246,17 euro 33 2014 inwoners

Lijst van de 15 gemeenten die het **kleinste aandeel per inwoner** uit het Gemeentefonds hebben:

- Sint-Martens-Latem 101,74 euro
- Kraainem 111,60 euro
- Schilde 117,12 euro
- Overijse 118,14 euro
- Keerbergen 119,83 euro
- Sint-Genesius-Rode 125,11 euro
- De Pinte 125,50 euro
- Linkebeek 126,89 euro
- Boortmeerbeek 127,56 euro
- Hove 130,06 euro
- Aartselaar 130,86 euro
- Wezembeek-Oppem 131,29 euro
- Oud-Heverlee 132,34 euro
- Tervuren 132,63 euro
- Herent 136,53 euro

Vooral de eerder 'rijkere' gemeenten (bedoeld is met een relatief groot aandeel aan inwoners met een hoog inkomen of met een hoog kadastraal inkomen op het grondgebied) zijn in deze groep terug te vinden.

Cumulatieve groei over de periode 2012-2016

15 **sterkste groeiers** in bedrag per inwoner vanaf 2012 (dus 2016 vergeleken met 2012), met de groei van het bedrag per inwoner:

- Antwerpen +129 euro
- Gent +118 euro
- Turnhout +70 euro
- Oostende +68 euro
- Brugge +68 euro
- Machelen +62 euro
- Leuven +56 euro
- Genk +55 euro
- Sint-Niklaas +55 euro
- Roeselare +54 euro
- Lo-Reninge +48 euro
- Voeren +47 euro
- Boom +46 euro

- Aalst +46 euro
- Lier +45 euro

15 **zwakste groeiers** in bedrag per inwoner vanaf 2012 (dus 2016 vergeleken met 2016) met de groei van het bedrag per inwoner:

- Schilde +2 euro
- Sint-Genesius-Rode +3 euro
- Oud-Heverlee +4 euro
- Houthalen-Helchteren +5 euro
- Sint-Martens-Latem +5 euro
- Edegem +6 euro
- Keerbergen +7 euro
- Kraainem +7 euro
- Herstappe +8 euro
- Overijse +9 euro
- Tremelo +10 euro
- Hove +11 euro
- Mortsel +11 euro
- Lummen +11 euro
- Boortmeerbeek +11 euro

De groei is zeer sterk variërend voor de gemeenten. Er zijn er die slechts zeer beperkt vooruitgaan. Hierdoor is er dus gedurende de hele huidige legislatuur en de hele tijdspanne sinds 2002 een forse herverdeling gerealiseerd tussen de gemeenten onderling.

We geven nog mee dat de bovenstaande groeicijfers per inwoner uitgedrukt zijn in nominale termen. Houden we ook rekening met de inflatie, dan zijn er gemeenten die er in koopkracht (per inwoner) op achteruit gaan.

Verdeling tussen gemeente en OCMW

De regeling in het decreet is als volgt: gemeente en OCMW spreken de onderlinge verdeling in akkoord af. Indien er niets wordt afgesproken gaat er 8% naar het OCMW.

In 2016 zijn er:

- 53 gemeenten onder de 8%
- 216 gemeenten op 8%
- 39 gemeenten boven 8%

Deze cijfers blijven vrij stabiel.

Voor deze laatste groep (boven de 8%) zijn er enkele uitschieters:

- Zoersel 54% naar het OCMW
- Holsbeek 50%

- Blankenberge 35%
- Eeklo 22%
- Bierbeek 20%
- Drogenbos 20%
- Wetteren 15%
- Maasmechelen 14%
- En veertien andere gemeenten zitten op 11 of 10%

Het motief voor deze regeling is vooral historisch te verklaren: door de integratie in 2002 van het Bijzonder Fonds voor Maatschappelijk Welzijn in het Gemeentefonds was er geen apart fonds meer voor de OCMW 's. Daarom werd deze regeling ingevoerd, die ook met het decreet lokaal bestuur (2017) en de integratie van gemeente en OCMW van kracht blijft.

Aanvullende dotaties toegevoegd aan het Gemeentefonds

Naast de hoofddotatie zijn er de voorbije jaren verschillende aanvullende dotaties toegevoegd aan het Gemeentefonds zonder evenwel helemaal geïntegreerd te worden (er blijven afzonderlijke criteria gelden). Een overzicht.

Elia-compensatie

Vanaf 2008 kende het Gemeentefonds een aanvullende dotatie. Die kwam er ter compensatie van de afschaffing van de Eliataks, een federale heffing op de elektriciteitsdistributie via Elia, de beheerder van het hoogspanningsnetwerk. Deze heffing moest het dividendverlies dat de gemeenten leden door de vrijmaking van de elektriciteitsmarkt gedeeltelijk compenseren. Dat bedrag, 83 miljoen euro, wordt elk jaar aan het Gemeentefonds toegevoegd. Het wordt niet geïndexeerd.

De verdeling van de dotatie onder de gemeenten verloopt echter niet gelijk met de verdeling van de hoofddotatie. Ze is gebaseerd op de procentuele verhouding zoals bij de verdeling van de federale Eliabijdrage voor het jaar 2007.

10 gemeenten met hoogste dotatie in bedrag per inwoner:

De Panne	25 euro
Koksijde	24 euro
Ardooie	24 euro
Heuvelland	23 euro
Kruishoutem	23 euro
Deerlijk	22 euro
Middelkerke	21 euro
Kluisbergen	21 euro
Pittem	21 euro
Izegem	21 euro

Aanvullende dotatie n.a.v. de integratie van de sectorale subsidies

In 2016 werd een aanvullende dotatie aan het Gemeentefonds toegevoegd. Deze dotatie is het gevolg van de integratie van verschillende sectorale subsidies in het fonds. De gemeenten kunnen voortaan autonoom beslissen over de tot 2015 geoormerkte middelen van lokaal cultuurbeleid, lokaal jeugdbeleid, lokaal sportbeleid, flankerend onderwijsbeleid, bestrijding kinderarmoede, gemeentelijke ontwikkelingssamenwerking en integratie. De hoogte van de aanvullende dotatie bedraagt 131 miljoen euro en wordt niet geïndexeerd. De verdeling van het bedrag gebeurt overeenkomstig het aandeel dat de gemeenten in 2014 kregen uit al deze subsidieregelingen samen. De aanvullende dotatie wordt doorgestort naar de gemeenten.

10 gemeenten met hoogste dotatie volgens bedrag per inwoner:

- Mesen 106 euro
- Baarle-Hertog 56 euro
- Turnhout 36 euro
- Boom 35 euro
- Genk 34 euro
- Leopoldsburg 33 euro
- Roeselare 32 euro
- Bierbeek 31 euro
- Heusden-Zolder 30 euro
- Bornem 30 euro

Aanvullende dotatie n.a.v. de integratie van het Stedenfonds

De middelen die voorheen via het Stedenfonds onder de 13 centrumsteden werden verdeeld, worden vanaf 2017 verdeeld via een aanvullende dotatie aan het Gemeentefonds. De dotatie, jaarlijks geïndexeerd met een evolutiepercentage van 3,5%, wordt voor 3/4^{e} gereserveerd voor Antwerpen en Gent. In 2017 bedroeg de aanvullende dotatie 146,4 miljoen euro.

10 gemeenten met hoogste dotatie volgens bedrag per inwoner:

- Gent 137 euro
- Antwerpen 137 euro
- Genk 83 euro
- Oostende 58 euro
- Mechelen 44 euro
- Kortrijk 41 euro
- Leuven 41 euro
- Turnhout 41 euro
- Brugge 41 euro
- Aalst 41 euro

Aanvullende dotatie n.a.v. de vernieuwde taakstelling van de provincies

In 2018 namen zes gemeenten enkele provinciale instellingen over naar aanleiding van het decreet houdende de vernieuwde taakstelling en financiering van de provincies. Hiervoor worden deze gemeenten gecompenseerd. Via de dotatie wordt 23,8 miljoen euro verdeeld over Antwerpen, Gent, Hasselt, Kortrijk, Waregem, Moerbeke en Tongeren.

- Antwerpen 12.578.500 euro
- Hasselt 4.953.000 euro
- Tongeren 4.040.000 euro
- Kortrijk 1.064.000 euro
- Gent 853.000 euro
- Waregem 325.000 euro
- Moerbeke 5.700 euro

Korte verduidelijking van enkele recente discussie- en knelpunten

- **de situatie van de stad Leuven** (+ 100 000 inwoners). Vanaf 2017 worden de verdelingspercentages van de basisdotatie licht aangepast. In de vroegere regelgeving was er namelijk een voorafname voor gemeenten met meer dan 100.000 inwoners en minder dan 200.000 inwoners, waartoe jarenlang enkel de stad Brugge behoorde. Door de bevolkingsgroei heeft nu ook Leuven die kaap gerond, waardoor zowel Leuven als Brugge aanspraak zouden hebben gemaakt op de voorafname van 1,6% van de basisdotatie. Leuven zou daarnaast ook aanspraak gemaakt hebben op de voorafname van 6,2% die gedeeld wordt met de andere centrumsteden, omdat de stad in die categorie met naam genoemd wordt. Met de overschrijding van 100.000 Leuvense inwoners is het Gemeentefonds zo aangepast dat de categorieën op basis van aantallen inwoners verdwenen zijn waardoor in de voorafnames de gemeenten bij naam genoemd worden. Bovendien gebeurde er een kleine extra dotatie aan het Gemeentefonds om de 'overstap' van Leuven te financieren en een daling van het aandeel van Brugge te vermijden.
- **Stad Vilvoorde.** Vilvoorde heeft bij het Grondwettelijk Hof een beroep tot vernietiging ingesteld van de aanvullende dotatie n.a.v. de integratie van het Stedenfonds. Vilvoorde heeft als niet-centrumstad geen recht op deze middelen, terwijl Vilvoorde wel de kenmerken heeft van een centrumstad. Vilvoorde wil het hoofd kunnen bieden aan bijkomende uitdagingen gezien de zeer grote bevolkingstoename (tussen 2010 en 2017 met gemiddeld 575 inwoners per jaar). De Vlaamse overheid beloofde wel een aantal extra compensaties voor de stad Vilvoorde, evenals voor Dilbeek en Halle.
- **Landelijke gemeenten**. Vandaag wordt 6% van het Gemeentefonds verdeeld op basis van het criterium 'open ruimte'. De vraag van de echt landelijke gemeenten is of dat aandeel niet moet worden opgetrokken. Het gaat vooral om een groep van 40 gemeenten die nog zeer grote oppervlakten open ruimte hebben en vaak erg perifeer liggen. Zij worden door het Vlaamse Gewest aan-

gemaand om niet verder te verkavelen (verdichting) om nieuwe inwoners aan te trekken of bedrijven te lokaliseren. Deze gemeenten wensen dan ook dat ze dan beter vergoed worden voor het behoud en het beheer van de (schaarse) open ruimte in Vlaanderen. Deze open ruimten zijn belangrijk voor de duurzaamheid van Vlaanderen (klimaatproblematiek) en worden vaak ook intensief recreatief gebruikt door stadsbewoners.

- Op initiatief van de burgemeester van Geraardsbergen **hebben 19 gemeenten** bij het Grondwettelijk Hof de voorafnames van de basisdotatie en de verdeling van de aanvullende dotatie n.a.v. de integratie van het Stedenfonds in vraag gesteld. Ze argumenteren dat die in strijd zouden zijn met het gelijkheids- en non-discriminatiebeginsel omdat ze een verschil in behandeling zouden invoeren tussen gemeenten onderling zonder dat dit verschil in behandeling berust op objectieve criteria en zonder dat daarvoor een redelijke verantwoording bestaat. Het gaat om volgende gemeenten: Geraardsbergen, Ninove, Denderleeuw, Lommel, Wetteren, Heusden-Zolder, Maasmechelen, Houthalen-Helchteren, Beveren, Destelbergen, Herk-de-Stad, Lochristi, Zonhoven, Tessenderlo, Halen, Alken, Lummen, Wichelen, Nazareth.

Vergelijking van de dotatie Gemeentefonds met de rangschikking van de gemeenten volgens wat de personenbelasting opbrengt per inwoner

Het fiscale draagvlak per gemeente is erg bepalend voor de actiemogelijkheden van de gemeente: het is de mate waarin een gemeente in staat is om middelen te verwerven via belastingen op haar eigen inwoners. Daarvoor zijn de opbrengst van de personenbelasting per inwoner en het kadastraal inkomen per inwoner goede indicators.

We brengen hier drie rangschikkingen: de gemeenten met de hoogste opbrengsten, die met de laagste opbrengsten, en die van de centrumsteden apart.

40 gemeenten met de hoogste kadastrale inkomens per inwoner:

KNOKKE-HEIST	2.778
ZAVENTEM	2.544
MACHELEN	2.488
BEVEREN	2.401
KOKSIJDE	2.158
NIEUWPOORT	2.152
DROGENBOS	2.142
DE PANNE	2.066
DE HAAN	2.053
WIJNEGEM	1.993
MIDDELKERKE	1.940
SINT-GENESIUS-RODE	1.932
GENK	1.921
OVERIJSE	1.902
SCHILDE	1.875

SINT-MARTENS-LATEM	1.875
ZWIJNDRECHT	1.870
KRAAINEM	1.833
OLEN	1.740
WEZEMBEEK-OPPEM	1.662
TERVUREN	1.651
WIELSBEKE	1.611
STEENOKKERZEEL	1.605
AARTSELAAR	1.595
BLANKENBERGE	1.578
TESSENDERLO	1.555
HOEILAART	1.504
MORTSEL	1.490
BEERSEL	1.489
WEMMEL	1.486
KEERBERGEN	1.470
ANTWERPEN	1.464
MEERHOUT	1.452
GRIMBERGEN	1.421
BEERSE	1.420
WOMMELGEM	1.408
LEUVEN	1.398
HOOGSTRATEN	1.394
GEEL	1.393
DUFFEL	1.385

40 gemeenten met **de grootste opbrengst** van de personenbelasting per inwoner:

Sint-Martens-Latem	7.875
Keerbergen	7.282
De Pinte	7.049
Oud-Heverlee	7.001
Hove	6.702
Bierbeek	6.422
Herent	6.416
Bonheiden	6.314
Tervuren	6.218
Lubbeek	6.203
Sint-Genesius-Rode	6.193
Meise	6.186
Overijse	6.171
Schilde	6.118
Zemst	6.086
Bertem	6.031
Kraainem	6.018
Boortmeerbeek	5.941
Wezembeek-Oppem	5.927

Kampenhout	5.903
Linkebeek	5.869
Kortenberg	5.823
Knokke-Heist	5.806
Huldenberg	5.755
Koksijde	5.739
Holsbeek	5.721
Lennik	5.685
Merelbeke	5.679
Rotselaar	5.678
Edegem	5.667
Pepingen	5.650
Hoeilaart	5.642
Aartselaar	5.632
Lint	5.626
Boutersem	5.561
Destelbergen	5.549
Kontich	5.514
Boechout	5.480
Steenokkerzeel	5.468
Wemmel	5.428

40 gemeenten met de laagste kadastrale inkomens per inwoner:

MESEN	436
GINGELOM	544
HEERS	606
LIERDE	611
ZWALM	614
WERVIK	618
SINT-AMANDS	633
HOUTHULST	642
NIEL	645
BRAKEL	652
MOERBEKE	653
OUDENBURG	655
WACHTEBEKE	656
ZONNEBEKE	656
MOORSLEDE	666
OOSTERZELE	669
DENTERGEM	674
NIJLEN	675
KOEKELARE	679
HAALTERT	688
ICHTEGEM	688
VORSELAAR	690
HAMME	693

LEOPOLDSBURG	693
RIEMST	694
WAARSCHOOT	695
STEKENE	695
SINT-LAUREINS	695
BERLAAR	696
KORTESSEM	697
HOREBEKE	701
ZOMERGEM	701
VLETEREN	701
ASSENEDE	702
KINROOI	704
AS	706
BEVER	707
GISTEL	709
HERZELE	710
ZELZATE	712

40 gemeenten met de **laagste opbrengst** van de personenbelasting per inwoner:

Mesen	1.795
Baarle-Hertog	1.857
Hamont-Achel	2.377
Maasmechelen	2.488
Kinrooi	2.526
Heuvelland	2.754
Ravels	2.758
Ronse	2.760
Voeren	2.803
Alveringem	2.806
Lanaken	2.842
Vleteren	2.873
Bocholt	2.904
Dilsen-Stokkem	2.943
Houthalen-Helchteren	2.969
Genk	3.008
Houthulst	3.033
Lo-Reninge	3.036
Poperinge	3.039
Menen	3.044
Maaseik	3.071
Wervik	3.075
Riemst	3.087
Langemark-Poelkapelle	3.134
Neerpelt	3.137
Antwerpen	3.211
Lommel	3.214

Arendonk	3.215
Diksmuide	3.218
Kortemark	3.221
Koekelare	3.254
Staden	3.258
Hoogstraten	3.260
Overpelt	3.275
Bree	3.296
Beringen	3.298
Heusden-Zolder	3.350
Ichtegem	3.360
Hechtel-Eksel	3.365
Blankenberge	3.377

Vergelijking van **het fiscale vermogen tussen de dertien centrumsteden** (belastingopbrengst personenbelasting per inwoner, respectievelijk kadastrale inkomen per inwoner)

Genk	2998	1921
Antwerpen	3189	1464
Turnhout	3481	1256
Oostende	3513	1385
Sint-Niklaas	3753	1016
Roeselare	3864	1138
Kortrijk	4002	1137
Gent	4106	1293
Aalst	4240	968
Mechelen	4293	1103
Brugge	4432	1263
Hasselt	4532	1347
Leuven	5273	1398

Hieruit blijkt dat het fiscaal vermogen van de centrumsteden onderling ook zeer verschillend is. Genk en Antwerpen bv. verwijzen vaak naar het lage inkomen van hun inwoners wat ongetwijfeld juist is, maar men moet dan evenzeer verwijzen naar de hogere opbrengst qua onroerende voorheffing.

Overzicht van enkele andere financieringsbronnen[7]

Ook de opcentiemen op de onroerende voorheffing zijn voor de gemeenten een belangrijke financieringsbron. Deze zijn gemiddeld goed voor 22% van de exploitatie-ontvangsten (zie voor de cijfers hierboven).

---

[7] Ik ga hier niet in op de federale financiering van de politiezones omdat dit grondig onderzoek vergt om het op te splitsen per gemeente. Het is duidelijk dat er ook op deze verdelingscriteria heel wat kritieken zijn te formuleren. Zowel de verouderde KUL-norm als het feit dat er geen grondige bijsturingen meer gebeurd zijn sinds 2001 tonen aan dat de huidige verdeling niet meer beantwoordt aan de echte financiële noden van de onderling ook zeer verschillende politiezones (om nog maar te zwijgen van de scheeftrekking tussen Brussel, Wallonië en Vlaanderen). In dezelfde zin gaan we in deze bijdrage ook niet in op de verdeling van het Verkeersveiligheidsfonds.

- Naast het Gemeentefonds als algemene werkingssubsidie is er ook nog de subsidie na het wegvallen van **de gesco-toelagen**. De subsidies voor gesubsidieerde contractanten worden sinds april 2015 niet meer geoormerkt naar de gemeenten doorgestort. In totaal gaat het voor de Vlaamse gemeenten om ongeveer 330 miljoen euro (niet geïndexeerd).

10 besturen met de hoogste opbrengst:

Gemeente Gent	Gent	10.755.295,67
Gemeente Antwerpen	Antwerpen	9.739.593,30
Gemeente Genk	Genk	5.797.480,18
Zorgbedrijf OCMW Antwerpen	Antwerpen	5.019.391,32
Gemeente Aalst	Aalst	3.809.143,23
Gemeente Sint-Niklaas	Sint-Niklaas	3.545.220,19
Gemeente Kortrijk	Kortrijk	3.536.678,65
Gemeente Brugge	Brugge	3.520.059,23
Gemeente Koksijde	Koksijde	2.977.476,93
Gemeente Hasselt	Hasselt	2.798.670,07

- Daarnaast zijn er nog specifieke werkingssubsidies die goed zijn voor ongeveer 12% van de gemeentelijke exploitatie-ontvangsten. Bijvoorbeeld het **Vlaams fonds voor de stimulering van grootstedelijke en plattelandsinvesteringen**. Dit fonds bundelt het vroegere plattelandsfonds, stadsvernieuwingsfonds en de middelen uit het voormalige federale grootstedenbeleid. De hoogte van het Fonds bedraagt 33 miljoen euro. Het is samengesteld uit drie vroegere fondsen:
  - **Het federaal grootstedenfonds** was bestemd voor 5 Vlaamse steden nl. Antwerpen, Gent, Oostende, Sint-Niklaas en Mechelen en werd geregionaliseerd in deze legislatuur. In 2014 ging er 15,9 miljoen euro naar Antwerpen, Gent kreeg 3,25 miljoen, Sint-Niklaas 780 000 euro, Mechelen 745 137 euro, Oostende 390 400 euro. Er is altijd veel kritiek geweest van de steden Genk en Brugge dat zij niet voor deze federale subsidie in aanmerking kwamen.
  - Ook **het plattelandsfonds** werd deze legislatuur ingevoerd en is bestemd voor 50 plattelandsgemeenten. De VVSG formuleerde bij de verdeling vooral kritiek dat er geen rekening werd gehouden met het criterium fiscale armoede. Vooral de armste plattelandsgemeenten hebben nood aan extra financiering. Een fusieoperatie van een aantal (bv. 2 tot 4) 'arme' landelijke gemeenten zou daar trouwens geen enkele oplossing zijn voor het gebrek aan financiële middelen.
  - Het **stadsvernieuwingsfonds** was bestemd voor een beperkt aantal steden. Tijdens de periode 2011 tot 2016 werden vooral de volgende steden gesubsidieerd door dit fonds: Gent (+19 miljoen), Antwerpen (+13 miljoen), Genk, Leuven, Oostende, Eeklo, Waregem, Vilvoorde, Turnhout, Kortrijk, Aalst en Lokeren.

Er zijn nog andere financieringsstromen bv. federale subsidies voor (o.a. 19 Vlaamse) gemeenten met een open opvangcentrum of de Vlaamse subsidies voor 58 Vlaamse gemeenten die in aanmerking komen voor een lokale integratiesubsidie voor de periode 2014-2018. Het zou ons te ver leiden om dit allemaal te analyseren. In ieder geval zijn dit ook substantiële tegemoetkomingen aan gemeenten die geconfronteerd worden met veel asielzoekers en/of vluchtelingen.

BESLUIT

Het Gemeentefonds blijft een belangrijke financieringsbron voor de Vlaamse gemeenten. Grosso modo zijn er drie belangrijke doelstellingen. Vooreerst is het bedoeld als een vergoedingsmechanisme voor het werk dat de lokale overheden (zowel gemeente als OCMW) doen in opdracht van de centrale overheden (Vlaams en federaal). Het is logisch dat deze vergoeding in verhouding staat tot het aantal inwoners in de gemeente. De tweede doelstelling is gemeenten compenseren voor het feit dat ze relatief veel diensten leveren aan anderen dan hun eigen inwoners, omdat ze een centrumfunctie hebben of als kustgemeenten. Ten derde moet het Gemeentefonds zorgen voor herverdeling tussen de gemeenten onderling. Gemeenten starten niet allemaal in dezelfde beginsituatie: er is veel onderling verschil in mogelijkheden om bij de eigen bevolking voldoende financiële middelen op te halen. Zoals hierboven aangetoond zijn er grote verschillen in fiscaal draagvlak. Het verschil in opbrengst personenbelasting is 1 op 3. Het verschil is zelfs 1 op 6 tussen de gemeenten die het meest en het minst fiscaal krachtig zijn op het vlak van de onroerende voorheffing. Het Gemeentefonds moet er dus mede voor zorgen dat alle gemeenten een vergelijkbare startsituatie hebben. Hiervoor moet de fiscale draagkracht van de gemeenten nog veel meer wegen in de verdelingscriteria. Enkele mogelijkheden: de berekening van de fiscale draagkracht anders doen: meer nadruk op de opcentiemen onroerende voorheffing omdat daar het verschil in opbrengst het grootst is; gemeenten met een hoog eigen fiscaal vermogen niets geven op basis van dat criterium bv. alle gemeenten die boven de middelste gemeente qua opbrengst zitten op nul zetten en dan herverdelen voor de 'armste' gemeenten,... Nader onderzoek moet uitmaken hoe de fiscale draagkracht forser kan wegen.

Een andere bijsturing betreft de landelijke gemeenten: zij moeten zeker meer beloond worden voor het beheer en het behoud van de open ruimte.

Een heikel punt blijven de voorafnames. Er moet gezocht worden naar betere criteria en motivering van de centrumfuncties. Ongetwijfeld hebben de centrumfuncties een weerslag op het uitgavenpatroon van de steden (ook op de inkomsten, maar vermoedelijk in mindere mate). Nu wordt dat gecompenseerd door de forfaitaire voorafnames en door bij de verdere verdeling twee criteria te gebruiken voor de centrumfuncties: werkgelegenheid in de gemeente en leerlingen secundair en hoger onderwijs. Andere criteria zouden kunnen zijn: aanwezigheid van zorgvoorzieningen (bv. ziekenhuizen, ...), cijfers inzake mobiliteitscongestie, aanwezigheid van grote culturele en welzijnsvoorzieningen, ... Hoe meer je de centrumfuncties kunt objectiveren, hoe minder je nog moet gebruik maken van forfaitaire voorafnames (misschien kun je ze niet helemaal wegwerken, maar toch milderen). Des te meer ook kun je stoppen met gemeenten onder te verdelen in grootsteden, centrumsteden en provinciesteden omdat je de centrumfuncties met meer geobjectiveerde maatstaven kunt laten tellen. Die indelingen zijn altijd betwistbaar.

Ik pleit niet voor een totale ommekeer bij de verdeling van het Gemeentefonds. Het Gemeentefonds van 2002 heeft ongetwijfeld een grote verdienste en heeft ook geleid tot een echte herverdeling. Daarenboven is de groei toch wel aanzienlijk. De huidige criteria zoals fiscaal draagvlak, centrumfuncties, open ruimte, sociale criteria zijn zeker te verantwoorden. Het heeft ook geen enkele zin om steeds maar criteria bij te voegen. Uit een analyse in Nederland (meer dan 90 verschillende criteria) blijkt dat vele criteria op de duur mekaar eigenlijk compenseren en dus niets toevoegen. Ik pleit wel om een aantal bestaande criteria te versterken met name: nog meer nadruk op het fiscale draagvlak, betere verloning van de open ruimte en het objectiveren van de centrumfuncties. Dit zal leiden enerzijds tot een meer verfijnde verdeling van de middelen zonder grote schokken te veroorzaken en anderzijds tot een grotere aanvaardbaarheid van de verdeling bij meerdere gemeenten. Ten slotte kan ook de integratie van andere financieringsstromen in het Gemeentefonds de bestedingsruimte voor de gemeenten vergroten.

De bestuurderskracht van portefeuillehouders financiën

Ronald Vuijk en Michiel Herweijer

1. Bestuurderskracht

In de vorige raadsperiode[1] 2010-2014 stonden de Nederlandse gemeenten onder grote financiële druk. De regering in Den Haag bezuinigde fors op de inkomensoverdrachten aan gemeenten. Het beroep op gemeentelijke voorzieningen nam (onder andere door meer aanvragen sociale bijstand) toe. De woningmarkt stagneerde. Dit betekende dat gemeenten bijna geen kopers vonden voor hun bouwrijpe kavels en langer rente aan de bank moesten afdragen voor gepleegde investeringen. Gemiddeld teerden Nederlandse gemeenten meer dan vijf procentpunten in op hun reserves. Toch bleek onder deze lastige omstandigheden één vijfde van de gemeenten in staat hun jaarrekeningen af te sluiten met een positief resultaat en konden zij zo hun reservepositie verbeteren (Allers en Hoeben, 2010).

Bij de vraag of gemeenten bestuurskrachtig zijn en hun taken goed vervullen, wordt vaak aandacht besteed aan de vraag of gemeenten voldoende financiële middelen (*input*) hebben. Want hebben gemeenten een te gering budget, dan valt het te begrijpen dat de taakuitvoering tekortschiet. Om als gemeente goede beleidsprestaties te leveren, moet behalve de financiële input ook de financiële cyclus (de zogeheten *doorvoer*) op orde zijn. Binnen het bestuur van de gemeente is de zorg voor een sluitende begroting, een conforme uitvoering en een getrouwe jaarrekening neergelegd bij de portefeuillehouder financiën.

Tijdens de meest recente economische recessie (2010-2014) werden deze portefeuillehouders financiën stevig op de proef gesteld. Na afloop van deze stresstest vertoonden de financiële prestaties van de Nederlandse gemeenten een grote spreiding. In een kwart van de Nederlandse gemeenten daalde de solvabiliteit van 2010 tot 2014 met meer dan tien procentpunten. Gemiddeld over alle gemeenten verminderde de solvabiliteit in deze periode met ruim vijf procentpunten. Maar in diezelfde periode was – zoals gezegd – twintig procent van de gemeenten in staat hun solvabiliteit te versterken. Dankzij deze zichtbare verschillen in resultaat is het wellicht mogelijk iets meer zicht te krijgen op verschillen in *bestuurderskracht*.

Onder bestuurderskracht wordt begrepen '*het vermogen van een individuele bestuurder respectievelijk een individueel bestuurscollege om gegeven beperkte hulpbronnen die voor de organisatie beschikbaar zijn en gegeven moeilijke omstandigheden die zich in de gemeente aandienen toch te zorgen dat de organisatie*

[1] In Nederland worden elke vier jaar raadsverkiezingen gehouden. In 2018 op 21 maart.

een optimaal beleidsresultaat levert' (zie ook: Van Orshoven en De Peuter, 2015). Een portefeuillehouder financiën kan hieraan bijdragen door de beschikbare hulpbronnen ten volle te mobiliseren, prioriteiten aan te brengen in de doelen die op de diverse taakvelden worden nagestreefd, de begroting in de organisatie uit te dragen en zorg te dragen voor conforme uitvoering en getrouwe verantwoording.

Om de taak als portefeuillehouder financiën met succes uit te oefenen moet deze bestuurder in de eerste plaats een meerderheid van de *gemeenteraad* winnen voor de vaststelling van de ontwerpbegroting en voor de goedkeuring van de jaarrekening. In de tweede plaats is de portefeuillehouder financiën afhankelijk van de informatie die hij krijgt van de andere leden van het bestuurscollege (vooral van de 'big spenders') en van hun (zelf)discipline zich te houden aan de in de begroting en de organisatieverordening vastgelegde afspraken. De portefeuillehouder financiën moet intern (richting leden van de gemeenteraad en het bestuurscollege) vooral over gezag/krediet beschikken (Van der Dussen, 1994). Extern (richting inwoners en media) is het van groot belang dat eventuele financiële tegenvallers kunnen worden opgevangen, dus beheersbaar blijven.

Formeel controleert de (meerderheid van de) gemeenteraad het functioneren van de portefeuillehouder financiën. Het komt zelden voor dat een begroting of jaarrekening in haar geheel wordt afgewezen. Het komt regelmatig voor dat een begroting door de raad wordt geamendeerd en dat bij de vaststelling van de jaarrekening wordt verzocht nader onderzoek te doen naar de overschrijding op een enkele uitgavenpost. Indien de portefeuille financiën wordt beheerd door een wethouder,[2] kan de raad het vertrouwen in deze bestuurder opzeggen en moet de wethouder in dat geval terugtreden. In Nederland is het geen uitzondering dat gemeentebestuurders voor het einde van hun termijn terugtreden, soms ook onder druk van de raad (Castenmiller en van Dam, 2010).

Informeel is het functioneren van de portefeuillehouder financiën sterk afhankelijk van de overige leden van het bestuurscollege, dus van de burgemeester en de andere wethouders. Steun verkrijgen de portefeuillehouders financiën wanneer zij de benodigde informatie volledig, snel en getrouw aanleveren en wanneer zij de afspraken in de begroting en financiële verordening nauwgezet nakomen. Weerstand ondervindt een portefeuillehouder financiën wanneer deze wordt bestookt met onbetrouwbare en achterhaalde informatie en wanneer de afspraken in de begroting met voeten worden getreden. Het kan zelfs gebeuren dat collegeleden expliciet hun vertrouwen in de wethouder financiën opzeggen. Dit kan een breuk in de coalitie (een bestuurscrisis) opleveren wanneer de eigen fractie de wethouder blijft steunen. In de aanloop naar een dergelijke spanningsvolle situatie komt het voor dat de portefeuillehouder de eer aan zichzelf houdt en zelf vraagt om zijn ontslag uit het ambt van wethouder.[3]

---

2 Te vergelijken met de schepen in Vlaanderen.

3 De Nederlandse wachtgeldregeling voor wethouders is zodanig dat ook bij een vrijwillige terugtreding aanspraak op wachtgeld wordt gemaakt.

Met het hier gepresenteerde onderzoek willen we weten of de ingrepen en argumentaties van de portefeuillehouder financiën er ook toe doen. Maakt het ook wat uit wie het ambt van portefeuillehouder financiën uitoefent? Om hier meer zicht op te krijgen, brengen we eerst in kaart wie deze portefeuillehouders financiën in 2010-2014 waren en bekijken wij wat hun beleidsprestaties zijn geweest. Vervolgens bespreken wij de vraag of deze wethouders wel het einde van hun termijn van vier jaar hebben gehaald dan wel of zij vervroegd zijn teruggetreden. Om als portefeuillehouder effect te hebben is het van belang om de volle vier jaar in het ambt te blijven. Daarna onderzoeken wij de rationele verwachting dat wethouders waarvan de financiële prestaties beneden het gemiddelde uitkomen, een grotere kans hebben het eind van hun ambtstermijn niet te halen, terwijl wethouders in gemeenten met een positieve financiële ontwikkeling een grotere kans hebben het eind van de ambtstermijn te halen. In het afsluitende gedeelte bespreken wij de resultaten van deze verkenning en onderzoeken wij of er ook inzichten zijn waarmee wellicht de Vlaamse schepenen hun voordeel kunnen doen.

Om de opgeworpen vragen te beantwoorden, hebben we een steekproef getrokken van 99 willekeurig gekozen gemeenten (uit een totale populatie van in 2014 nog 403 gemeenten).[4] De financiële gegevens (onder meer over de solvabiliteit) van deze gemeenten zijn afkomstig van het Centraal Bureau voor de Statistiek. De gegevens over het aanblijven/terugtreden van de portefeuillehouders financiën werden verkregen door een enquête via e-mail uit te zetten onder de geselecteerde gemeenten respectievelijk door raadpleging van de gemeentelijke website.

2. De ambtsdragers en hun prestaties

Meestal (93%) wordt het ambt portefeuillehouder financiën uitgeoefend door een door de raad benoemde *wethouder* (vergelijk: schepen). De achterliggende gedachte is dat de verdeling van de financiële middelen over de verschillende taakvelden (uitgaven) niet politiek-neutraal is en dus beter niet kan worden overgelaten aan de burgemeester[5] die in Nederland wordt geacht boven de politieke partijen te staan. Een door de gemeenteraad benoemde wethouder is politiek aanspreekbaar op de door hem of haar gemaakte afwegingen. In zeven gemeenten in onze steekproef wordt de portefeuille financiën echter wel beheerd door de burgemeester. In deze gevallen gaat het om kleinere gemeenten met relatief weinig inwoners en met in de meeste gevallen slechts twee wethoudersposten. Het hangt dan van persoonlijke omstandigheden af of het handig is om voor het beheer van de porte-

4 Het aantal gemeenten in Nederland neemt voortdurend af als gevolg van elk jaar plaatsgrijpende herindelingen. Sinds 1 januari 2018 telt Nederland nog 380 gemeenten. Dat is overigens exclusief de drie overzeese gemeenten: Sint Maarten, Saba en Sint Eustatius.

5 In Nederland wordt de burgemeester formeel benoemd door de regering in Den Haag. Daaraan vooraf gaand doet een benoemingsadviescommissie uit de gemeenteraad een voordracht aan de minister van Binnenlandse Zaken. Bijna altijd komt de burgemeester in Nederland uit een andere gemeente (hij of zij was dus geen inwoner van de gemeente en was bijvoorbeeld ook geen raadslid).

feuille financiën toch een beroep te doen op de voor zes jaar benoemde burgemeester.

De wethouder financiën is meestal (85%) een man. Meestal (86%) vertegenwoordigt deze wethouder één van de landelijke politieke partijen.[6] Het is uitzonderlijk (14%) wanneer een vertegenwoordiger van een uitsluitend lokale partij[7] de portefeuille financiën beheert. Naast de portefeuille financiën beheren deze gemeentebestuurders ook andere portefeuilles. Alleen in de allergrootste gemeenten (zoals Amsterdam) met maximaal negen wethouders zal de wethouder financiën zich vrijwel volledig op deze portefeuille concentreren.

In tabel 1 worden de financiële prestaties van de gemeenten in de beschouwde periode beschreven aan de hand van de solvabiliteit. In dit kengetal wordt het eigen vermogen van de gemeente uitgedrukt als een percentage van het vreemde vermogen dat de gemeente heeft aangetrokken en waarvoor rente en aflossing (kapitaalslasten) moeten worden betaald. We nemen de ontwikkeling van dit kengetal. De wethouder financiën heeft de financiële situatie zoals hij deze aantreft aan het begin van zijn ambtsperiode als een gegeven te aanvaarden. De hierop volgende ontwikkeling is echter deels afhankelijk van interventies die de wethouder financiën al dan niet neemt. Het is deze ontwikkeling waarnaar wij op zoek zijn.

Tabel 1:Ontwikkeling financiële positie gemeente

Verandering in percentage solvabiliteit	Meer dan 10 punten gedaald	Meer dan 5, minder dan 10 punten gedaald	Minder dan 5 punten gedaald	Licht verbeterd	
In procenten	26%	18%	35%	20%	100%
Aantal gemeenten	26	18	35	20	99

De meest ongunstige financiële prestatie werd aangetroffen in de gemeente Koggeland (de solvabiliteit verslechterde daar met 30%). In deze gemeente nam de wethouder financiën vrijwillig ontslag en keerde deze terug naar een baan in het bedrijfsleven. De op één na slechtste prestatie werd aangetroffen in de gemeente Alphen aan den Rijn (daar verslechterde de solvabiliteit met 28%). Hier werd de betreffende wethouder financiën door omstandigheden gedwongen ontslag te nemen (zie ook: Aardema e.a. 2011). De aanleiding voor dit ontslag was echter niet de belabberde beleidsprestatie, maar veeleer een in de media opgeklopte integriteitskwestie rondom het wonen van deze van buitenkomende wethouder in een andere gemeente.[8]

---

6 In volgorde van afnemende frequentie: VVD (liberaal) 27; CDA (christendemocratisch) 18; Lokale Lijst 14; D66 (linksliberaal) 12; PvdA (sociaaldemocratisch) 12; CU/SGP (protestant) 7; GroenLinks 3.

7 In de Nederlandse gemeenten vormen de zogenoemde lokale lijsten die alleen kandidaten stellen in de eigen gemeente de grootste politieke stroming.

8 Nederland kent sinds de invoering van het dualisme (2002) het verschijnsel van de wethouder van buiten de gemeente. Door het dualisme zijn de functies van raadslid en wethouder onverenigbaar geworden. Volgens het Openbaar Ministerie waren de berichten in de media over de wethouder van financiën van Alphen aan den Rijn onjuist. Maar toen was het kwaad al geschied. Een deel van de financiële problemen zijn overigens opgetreden na het vertrek van deze externe wethouder.

De meest gunstige beleidsprestatie werd aangetroffen in de gemeente Borsele. Ondanks het sombere financiële gesternte slaagde de wethoudster financiën erin de solvabiliteit in vier jaar met 19 procentpunten te verbeteren. Deze competente wethoudster heeft echter niet het einde van de ambtstermijn gehaald. Zij kreeg een burgemeesterspost aangeboden in een andere gemeente en zij heeft dit aanbod ook aanvaard. Ook de wethouder in de gemeente die als tweede uit de bus kwam (de gemeente Drimmelen met een verbeterde solvabiliteit in vier jaar van ruim 13 procentpunten) haalde de eindstreep niet. Deze wethouder trad – met tegenzin – af toen een voorstel van zijn hand om de gemeentelijke jachthaven in de Biesbosch te verkopen onvoldoende steun kreeg van de meerderheid van de raad.

Tabel 1 maakt duidelijk dat de wethouders financiën het in de raadsperiode 2010-2014 niet gemakkelijk hadden. Gemiddeld genomen moesten de gemeenten interen op het eigen vermogen van de gemeente. Gemiddeld genomen moesten de gemeenten een groot beroep doen op externe financiering (leningen, met als gevolg stijgende kapitaallasten). Hoe worden deze resultaten beoordeeld? Slaagt de wethouder erin om voldoende vertrouwen te verwerven voor het gevoerde beleid om dat te mogen voortzetten?

3. AFREKENEN OP RESULTAAT?

In de steekproef van 99 gemeenten is de wethouder financiën in negentien gevallen vroegtijdig vertrokken.[9] In de groep gemeenten waar de financiële prestaties het meest ongunstig waren, ligt het percentage vertrekkende wethouders financiën hoger dan dit gemiddelde, namelijk op 26%. Dit zou erop kunnen duiden dat tegenvallende resultaten gepaard gaan met een externe druk om tussentijds een nieuwe bestuurder in het zadel te hijsen. Maar wellicht moeten we deze conclusie relativeren, wanneer we ook de vertrekpercentages voor de beide andere groepen van gemeenten die in tabel 2 worden onderscheiden in de beschouwing betrekken.

Tabel 2:Ontwikkeling solvabiliteit en voltooien ambtstermijn wethouder financiën

	Solvabiliteit gedaald met meer dan 7 procentpunten	Solvabiliteit licht gedaald	Solvabiliteit (licht) verbeterd	
Vroegtijdig vertrokken	9 26%	5 11%	5 25%	19 19%
Ambtstermijn volgemaakt	25	39	15	79
N	34	44	20	98
	100%	100%	100%	100%

9 Hierbij laten wij een sterfgeval buiten beschouwing.

Onder de grote middengroep van gemeenten waar de financiële positie zich licht heeft verslechterd (een maximale daling van de solvabiliteit met 7 procentpunten), vertrok relatief een gering aantal portefeuillehouders financiën: slechts 11% (minder dan gemiddeld). Zolang de portefeuillehouder financiën de trendmatige ontwikkeling in gemeenteland volgt, blijkt er sprake te zijn van een verlaagd vertrekrisico.

Opmerkelijk is het beeld in de laatste kolom van tabel 2. In deze kleine groep met financiële koplopers (20 gemeenten) is het vertrek van de wethouders financiën (25%) hoger dan gemiddeld (19%). Zo constateerden wij al dat de daadkrachtige wethoudster van financiën uit Borsele in een andere gemeente een baan als burgemeester kreeg aangeboden die zij heeft aanvaard.

Het U-vormige verloop van het vertrekpercentage (hoog-laag-hoog) onder de invloed van de wisselende financiële prestaties deed ons denken aan de wereld van het betaalde voetbal. Veelvuldig scorende spitsen worden wegens succes weggekocht door concurrerende clubs. Met spelers die veel kansen laten liggen, worden de kortlopende contracten niet verlengd. Maar de middelmaat haalt zonder mankeren het volgende seizoen. Indien deze interpretatie juist zou zijn, zou dit betekenen dat het zogeheten gedwongen vertrek vooral hoog is in de categorie financieel slecht presterende gemeenten (linkerkolom tabel 2), terwijl het percentage vrijwillig vertrek vooral hoog ligt in de categorie goed presterende gemeenten (rechterkolom tabel 2).

Het meten van gedwongen dan wel vrijwillig vertrek

De Gemeentewet regelt dat de gemeenteraad de wethouders benoemt (artikel 35, lid 1) en hen vervolgens ook *kan* ontslaan (art 49). De formele benoeming van de wethouders vindt plaats na het afronden van de collegeonderhandelingen (volgend op de verkiezingsuitslag). De raad neemt hoogst zelden een formeel ontslagbesluit. Kort voordat de raad naar verwachting een dergelijk besluit zal nemen, zal de betrokken bestuurder zijn ontslag aanbieden om zo een pijnlijke situatie te voorkomen. In de literatuur wordt er weliswaar op aangedrongen dat de bestuurder die met een ontslag wordt bedreigd, openlijk in de raadszaal nog een keer zijn beleid verdedigt, maar deze aanbeveling wordt zelden opgevolgd. Deze praktijk maakt het voor ons als onderzoeker lastig vast te stellen of een door de wethouder aan de raad aangeboden ontslag wel echt vrijwillig is geweest of dat er sprake was van anticipatie op een dreigend gedwongen ontslag.

Behalve de ondergeschiktheidsrelatie ten opzichte van de gemeenteraad is er nog de nevengeschikte relatie met de collega's in het gemeentebestuur. Het komt met enige regelmaat voor dat juist de verhoudingen binnen het college zelf verstoord geraakt zijn (Schoenmaker, 2011). In zo'n verstoorde situatie kunnen de andere collegeleden min of meer openlijk het vertrouwen opzeggen in hun collega.[10] In deze situatie voorziet de Gemeentewet niet. Wanneer de eigen partij de in het gedrang gekomen wethouder steunt, ontstaat er een bestuurscrisis en moeten de

---

10 In deze steekproef troffen wij een dergelijke bestuurscrisis aan in de gemeente Aalburg.

collegeonderhandelingen opnieuw beginnen totdat er een nieuwe meerderheidscoalitie kan worden gevormd.

Als de eigen fractie in de raad de uit de gratie gevallen bestuurder niet steunt, kan de karavaan verder trekken, wellicht met een nieuwe wethouder uit dezelfde politieke geleding. Al deze, bovengenoemde situaties hebben wij voor dit onderzoek aangemerkt als een – vanuit het perspectief van de wethouder gezien – *gedwongen* vertrek.

Het echt *vrijwillige* vertrek doet zich dan eigenlijk alleen nog maar voor wanneer een wethouder financiën elders een meer aantrekkelijke functie krijgt aangeboden. Binnen onze steekproef van wethouders financiën werd er één geroepen tot het ambt van provinciaal Gedeputeerde, een ander werd Tweede Kamerlid (parlementslid), vijf wethouders financiën werden benoemd tot burgemeester, één werd benoemd als hoge Rijksambtenaar en één keerde terug naar het bedrijfsleven. In de ogen van de betrokken wethouders financiën ging het hier om positieverbeteringen die met graagte werden aanvaard: *an offer you could not refuse.*

Tabel 3:Aard van het vertrek van wethouder financiën: dwang of eigen keuze?

	Solvabiliteit gedaald met meer dan 7 procentpunten	Solvabiliteit licht gedaald	Solvabiliteit verbeterd	
Gedwongen vertrek	4 12%	3 7%	2 10%	9 9%
Vrijwillig vertrek	5 15%	2 4%	3 15%	10 10%
Ambtstermijn volgemaakt	25	39 89%	15 75%	79 81%
N	34	44	20	98
	100%	100%	100%	100%

De uitsplitsing in tabel 3 toont dat het gedwongen en het vrijwillige vertrek elkaar qua frequentie in evenwicht houden: 10% van de wethouders financiën vertrekt tussentijds omdat zij elders een betere baan denken te kunnen verwerven; 9% van de wethouders financiën voelt zich respectievelijk wordt gedwongen om voortijdig te vertrekken en zal daar toe in eerste instantie een beroep moeten doen op de gemeentelijke wachtgeldregeling.

De aan het betaalde voetbal ontleende verwachting dat bij de financieel goed presterende gemeenten het *vrijwillige* vertrek naar een beter functie bovengemiddeld vaak optreedt, kan niet worden uitgesloten (het vertrekpercentage van 15% in de gemeenten met een positieve financiële ontwikkeling is immers groter dan het gemiddelde van 10%).

De andere aan het betaalde voetbal ontleende veronderstelling dat het *gedwongen* vertrek bij gemeenten waar de financiële situatie sterk achteruitgegaan is, bovengemiddeld hoger is dan gemiddeld kan ook niet worden uitgesloten (het gevonden vertrekpercentage van 12% is net iets hoger dan het gemiddelde van 9%). Maar de beide gevonden verschillen zijn statistisch niet significant (bij een n=98).[11]

De meest contraire bevinding is echter dat juist in de gemeenten die zich financieel ongunstig hebben ontwikkeld ook het vrijwillige vertrek bovengemiddeld hoog is uitgevallen (want een vrijwillig vertrekpercentage van 15% is hoger dan het gemiddelde van 10%). Het gaat in dit geval om vijf wethouders financiën die hun gemeente in een aanmerkelijk minder florissante staat achterlieten dan zoals zij deze aantroffen: drie van hen werden burgemeester in een andere gemeente; één werd topambtenaar; en een ander keerde terug naar het bedrijfsleven. Het is zonder aanvullend case-onderzoek lastig om deze bevinding te duiden.

Per saldo kunnen we concluderen dat – conform de verwachting – wethouders financiën waarvan de financiële prestaties van hun gemeente tegenvallen een relatief grotere druk hebben ervaren om vroegtijdig het ambt neer te leggen dan wethouders in gemeenten die gemiddeld (trendmatig) presteren. Er doet zich echter nog een complicatie voor.

Gedwongen vertrek: niet alleen vanwege falend beleid

Bij de negen situaties waarin er naar onze waarneming sprake is geweest van een gedwongen vertrek, speelden er niet alleen beleidskwesties. In vijf van de negen controverses spelen er geheel andere zaken. Zo speelt er in twee gevallen een al dan niet terechte *integriteitskwestie* (belangenverstrengeling respectievelijk wonen buiten de gemeente). Bij een ander gedwongen vertrek speelt een *incompatibiliteit? des humeurs* binnen het college een rol. In een vierde geval is er sprake van *ernstige ziekte*. In een vijfde geval is er sprake van bestuurscrisis over een voorgenomen herindeling (het hele college treedt af en noodgedwongen ook de wethouder financiën).

In de andere *vier* gevallen van gedwongen vertrek spelen financiële beleidskwesties een belangrijke rol. In deze vier beleidskwesties zijn de financiële aspecten duidelijk aanwijsbaar: de tegenvallers bij de grondverkoop, in Apeldoorn; het niet kunnen bekostigen van zowel een nieuwe stadstram als een markant nieuw gebouw in de binnenstad van Groningen; geen overeenstemming bereikt over de verkoop van een gemeentelijke jachthaven die slechte financiële resultaten liet zien, in Drimmelen; geen overeenstemming bereikt over een vanwege de nagestreefde bezuinigingen noodzakelijk geachte ambtelijke reorganisatie, in Beverwijk.

Uit het voorgaande blijkt dat de raadsleden hun wethouders financiën ook op heel andere aspecten (zoals integriteit en gedrag) beoordelen dan op het door hen gevoerde beleid.

---

11 Een manier om meer zekerheid te krijgen in de houdbaarheid van de beide verbanden is het vergroten van de steekproefomvang tot (maximaal) de 403 onderzoekseenheden.

4. Conclusies: lessen?

In de rationele (keuze)theorie (en ook wel binnen het staatsrecht) komen we de gedachte tegen dat de gemeenteraad de bestuurders beoordeelt op het door hen geleverde beleidsresultaat. Hiervoor hebben we inderdaad enige aanwijzingen kunnen vinden. Inderdaad, de wethouder financiën van de gemeente Apeldoorn wordt door de raad verantwoordelijk gesteld voor de fors negatieve resultaten op het grondbedrijf en wordt gedwongen te vertrekken. Ook de wethouder financiën van Groningen boekt een relatief mager financieel resultaat en moet wanneer bepaalde voorgenomen investeringen financieel niet haalbaar blijken te zijn, tussentijds terugtreden. Daartegenover staat dan de wethouder van Drimmelen. Zijn gemeente maakt een financieel zeer gunstige ontwikkeling door, maar deze wethouder krijgt naar zijn eigen waarneming onvoldoende steun voor een financiële ingreep en ziet zichzelf dan gedwongen om zijn aftreden aan te kondigen.

Op zichzelf valt het wel te begrijpen dat wethouders die het relatief goed doen (zoals de wethoudster in Borsele) door een gemeenteraad elders in het land worden gevraagd om aldaar burgemeester te worden. Jammer is het wel voor de gemeente Borselen. Ook deze contingentie kan echter nog worden opgevat als een prikkel die positief bestuurlijk gedrag beloont.

Maar er is meer onder de zon. Op het individuele niveau van de wethouder financiën zelf valt het rationeel te verklaren dat wanneer de financiële prestaties van de eigen gemeente tegenzitten (zoals in Delft en Deventer) tijdig een goed heenkomen wordt gezocht in een andere gemeente (en waarom dan niet meteen als burgemeester?). De ambtsopvolgers die tussentijds de portefeuille financiën overnemen, doen er goed aan eerst een degelijk boekenonderzoek (*due diligence*) te doen voordat zij in hun nieuwe ambt aan de slag gaan. Bovendien kunnen ze het incident van de bestuurswisseling benutten om met een schone lei te beginnen en meteen schoon schip te maken.

Leveren deze noordelijke reflecties nu ook bruikbare lessen voor de Vlaamse schepenen? Veel zaken zijn anders. De Vlaamse portefeuillehouder krijgt zes jaar de tijd om de financiën van haar of zijn gemeente (weer) op orde te krijgen. In Vlaanderen is het veel minder gebruikelijk om tussentijds het ambt neer te (moeten) leggen. Veel bevindingen uit de voorgaande paragrafen zijn dan ook niet direct relevant.
Maar ook de schepen financiën doet er goed aan om bij het streven naar haar of zijn financiële doelen goed in het oog te houden wat de stemming is in de *gemeenteraad*. Daarnaast is het van groot belang om ook in het *bestuurscollege* samen tot een sluitende begroting te komen die ook serieus zal worden uitgevoerd. Het Nederlandse voorbeeld laat zien dat een schepen financiën wel degelijk kan en zal worden beoordeeld op de financiële prestaties van zijn of haar gemeente. Natuurlijk is die ontwikkeling formeel de gezamenlijke verantwoordelijkheid van het college als geheel. Maar de schepen financiën zal op een geloofwaardige manier tekst en uitleg moeten geven.

Ten slotte laat dit onderzoek ook zien dat de gemeenteraad ook het gedrag (de *integriteit*) van de schepen in zijn oordeelsvorming zal betrekken. En dat dit integriteitsoordeel zelfs voor een wethouder financiën die van nature vaak een wat meer gematigde levensstijl aan de dag zal leggen risico's kan hebben.

Ten slotte is deze bijdrage wellicht ook een oproep aan de schepen om steeds na te denken over de toekomst na het beëindigen van het ambt als schepen financiën. Het is een heel leerzame baan, die veel deuren opent en ervaringen mogelijk maakt, maar het kan ook zo maar afgelopen zijn en dan is het goed wanneer er werd nagedacht over de toekomst.

BIBLIOGRAFIE

Harry Aardema e.a., *De vallende wethouder.* Open Universiteit, Heerlen, 2011.

M.A. Allers en C. Hoeben, *Bezuinigingen en crisisbeheersing.* COELO, Rijksuniversiteit Groningen, 2010.

Marcel Boogers en Harrie Aardema, *Lokale bestuurderskracht.* Amersfoort, 2013.

Peter Castenmiller en Marcel van Dam, *Terugtredende wethouders.* Den Haag, 2010.

Jan W. van der Dussen, *Wethouders in een dubbelrol*: bestuur en geld. In: P.W. Tops e.a. (red.), De wethouder, Vuga. Den Haag, 1994, pp.201-206.

Juriaan van Kan, Marieke Van Genugten, Jan R. Lunsing en Michiel Herweijer, *Verborgen krachten*: over de bestuurskracht van vijf typen gemeenten. Binnenlandse Zaken, Den Haag, 2014.

Martin Knop, *Waarom wethouder?* Staatshuys, Zwolle, 2017.

P.J. van Orshoven en B. De Peuter, *Lokale bestuurskrachtmonitoring.* Leuven, 2015.

Milo Schoenmaker, *Bestuurlijk gedonder.* Dissertatie, Nijmegen, 2011.

Ronald Vuijk, Gezocht: capabele wethouder van financiën. In: *Bank en Gemeente*, afl. 6, juni 2016

Ronald Vuijk, Gemeentefinanciën als struikelblok. In: *TPC*, pp.5-8, jaargang 15, nr.4, augustus 2017

De gegevensbescherming in een vernieuwd en strak juridisch kleedje

Geert Vandenwijngaert

1. Het lokale bestuur als datamijn

« Data is de nieuwe olie » kopte The Economist in mei 2017. Data zijn uitgegroeid tot de meest waardevolle grondstof voor bedrijven. Ook de lokale besturen beschikken over talrijke data. De projecten rond zogenaamde 'Smart Cities' tonen daarenboven aan dat onze steden en gemeenten rijke datamijnen zijn waarvan de exploratie nog maar in de startfase is. Het is niet toevallig dat heel wat bedrijven belangstelling hebben om samen te werken met het lokale bestuur in deze projecten. De verzameling van data en de verwerking ervan is aan regels onderworpen. De Algemene Verordening Gegevensbescherming die op 25 mei 2018 van toepassing wordt, actualiseert en verbetert de regelgeving in de Europese Gemeenschap met betrekking tot de bescherming van persoonsgegevens.[1] De Verordening, die rechtstreeks van toepassing zal zijn in alle lidstaten zonder dat er nog afzonderlijke nationale regelgeving nodig is, vormt het nieuwe juridische kader met betrekking tot het verzamelen en verwerken van gegevens. De Verordening laat echter nog wel ruimte voor afzonderlijke nationale wetgeving, en dit onder meer wat de verwerking van de persoonsgegevens in het kader van de arbeidsrelatie betreft.[2] Nationale regelgeving is ook in voorbereiding met betrekking tot de strafrechtelijke inbreuken, aanvullende beschermingsmaatregelen en de autoriteit die elke lidstaat moet bepalen om toezicht te houden op de naleving van de verordening.[3]

2. De Algemene Verordening Gegevensbescherming

De Verordening 2016/679 van 27 april 2016 van het Europees Parlement en de Raad betreffende de bescherming van natuurlijke personen in verband met de verwerking van persoonsgegevens en betreffende het vrije verkeer van die gegevens en tot intrekking van Richtlijn 95/46/EG heeft belangrijke gevolgen voor de lokale besturen. De lokale besturen verzamelen en verwerken immers heel wat persoons-

1 De Verordening wordt vaak aangeduid met de Engelstalige afkorting GDPR, General Data Protection Regulation. In deze bijdrage werd gekozen voor de Nederlandstalige afkorting: AVG.
2 Art.88 AVG. Raets, S., Alles wat werkgevers moeten weten over de Algemene Verordening Gegevensbescherming (GDPR). Oriëntatie, 2016, pp.209-2010.
3 Art.51 AVG.

gegevens in de zin van de Verordening. Een toelichting bij enkele basisbegrippen en een schets van de krachtlijnen van de AVG zal dit verduidelijken.

2.1. Persoonsgegevens

Persoonsgegevens zijn alle gegevens die betrekking hebben op een natuurlijke persoon die direct of indirect geïdentificeerd wordt of kan worden, zoals de naam, een e-mail of woonadres, het rijksregisternummer, een foto, een vingerafdruk, een privé- of professioneel telefoonnummer, het online profiel, een IP-adres, de login-gegevens,...[4]

De AVG is niet van toepassing op anonieme gegevens die maken dat de betrokkene niet (of niet meer) identificeerbaar is. De verwerking van anonieme gegevens voor statistische of onderzoeksdoeleinden wordt dus niet geviseerd door de AVG.

Om na te gaan of een persoon eventueel indirect kan worden geïdentificeerd moet rekening worden gehouden met alle middelen waarvan redelijkerwijze valt te verwachten dat zij gebruikt zullen worden.[5] In een kritisch artikel over het gebruik van de data bekomen in het kader van de Smart City projecten in Nederland wordt verwezen naar een studie in de Verenigde Staten waarbij onderzoekers van de MIT-universiteit de geanonimiseerde telefoondata en creditcardgegevens van meer dan een miljoen mensen onderzochten en op basis van slechts vier informatiepunten, o.m. locaties en aankopen, 90% van de personen konden identificeren.[6]

Een absolute anonimiteit lijkt dus slechts zeer moeilijk te garanderen. Uit de omschrijving van het begrip pseudonimisering in de AVG kunnen we afleiden welke standaard wordt gehanteerd. De AVG omschrijft de pseudonimisering van gegevens als het verwerken van persoonsgegevens op een zodanige wijze dat de persoonsgegevens niet meer aan een specifieke betrokkene kunnen worden gekoppeld zonder dat er aanvullende gegevens worden gebruikt. Voorwaarde is dat deze aanvullende gegevens apart worden bewaard en technische en organisatorische maatregelen worden genomen om er voor te zorgen dat de persoonsgegevens niet aan een geïdentificeerd of identificeerbare natuurlijke persoon worden gekoppeld.[7] Het louter versleutelen van data lijkt onvoldoende om te voldoen aan de regels. Het is slechts een minimale standaard die moet worden aangevuld met extra maatregelen zoals o.m. een tweetrapsverificatie.[8]

4 Art.4 1) AVG.
5 Considerans 26 AVG.
6 Naafs, S., De muren hebben sensoren. In: De Groene Amsterdammer, 7 december 2017, p.20.
7 Art.4 5) AVG.
8 Jacobs, E., Acht misverstanden over de nieuwe Europese Privacyverordening. In: De Juristenkrant, 2017, p.13. Over de beveiliging van de verwerking van de gegevens zie o.m. artikel 32 AVG.

2.2. Verwerken, verwerkingsverantwoordelijke en verwerker

Het begrip verwerken wordt zeer ruim gedefinieerd: "een bewerking of een geheel van bewerkingen met betrekking tot persoonsgegevens of een geheel van persoonsgegevens, al dan niet uitgevoerd via geautomatiseerde procedés, zoals het verzamelen, vastleggen, ordenen, structureren, opslaan, bijwerken of wijzigen, raadplegen, gebruiken, verstrekken door middel van doorzending, verspreiden of op een andere wijze ter beschikking stellen, aligneren of combineren, afschermen, wissen of vernietigen van gegevens."[9]

Vereist wordt dat de verwerking minstens gedeeltelijk geautomatiseerd verloopt of bij een handmatige verwerking dat de persoonsgegevens bedoeld zijn om in een gestructureerd bestand te worden opgenomen. Persoonsgegevens die zijn opgeslagen of bedoeld zijn om te worden opgeslagen in een bestand zoals bijvoorbeeld een fysiek personeelsdossier vallen dus onder het toepassingsgebied van de AVG. Dossiers of een verzameling dossiers die niet volgens specifieke persoonscriteria zijn gestructureerd, zoals dossiers waarin de gegevens op chronologische wijze geordend zijn, vallen buiten het toepassingsgebied.[10]

De belangrijkste verantwoordelijkheden worden in de AVG gelegd bij de verwerkingsverantwoordelijke. Dit is "een natuurlijke persoon of rechtspersoon, een overheidsinstantie, een dienst of een ander orgaan die/dat, alleen of samen met anderen, het doel van en de middelen voor de verwerking van persoonsgegevens vaststelt."[11] Indien er gezamenlijke verwerkingsverantwoordelijken zijn, zullen zij op een transparante wijze hun respectieve verantwoordelijkheden die voortvloeien uit de AVG moeten vaststellen. Dit zal in het bijzonder moeten gebeuren wat de uitoefening van de rechten van de betrokkenen[12] en hun verplichtingen tot informatie betreft. Zo kan een contactpunt voor betrokkenen worden aangewezen.[13] De verregaande integratie van de gemeente en het OCMW die door het nieuwe Decreet Lokaal Bestuur wordt nagestreefd, hoewel met behoud van twee rechtspersonen, vraagt in dit verband wellicht de nodige aandacht. De persoonsgegevens worden door de beide besturen verwerkt vanuit een andere finaliteit.[14]

De complexiteit en de techniciteit van de verwerking kan een reden zijn om deze taak toe te vertrouwen aan een externe natuurlijke – of rechtspersoon. In de AVG worden zij verwerkers genoemd. Een verwerker is "een natuurlijke persoon of rechtspersoon, een overheidsinstantie, een dienst of een ander orgaan die/dat ten behoeve van de verzekeringsverantwoordelijke persoonsgegevens verwerkt".[15] Dit toevertrouwen van bepaalde taken aan derden ontslaat de verwerkingsverant-

---

9 Art. 4 2) AVG.
10 Raets, S., o.c., p.210.
11 Art. 4 7) AVG.
12 Met het begrip betrokkene worden de natuurlijke personen waarvan de persoonsgegevens worden verwerkt bedoeld.
13 Art.26 AVG.
14 Vandenwijngaert, G., Data mogen enkel een veilige straat oversteken. In: OCMW – Visies, 2015, p.21.
15 Art.4 8) AVG

woordelijke niet van zijn verplichtingen. Zo betekent het bewaren van de data in de cloud niet dat de verantwoordelijkheid voor de databeveiliging bij de cloud en security provider kan worden gelegd. De AVG blijft van toepassing op wie bij de verwerking van data gebruik maakt van externe providers voor gegevensopslag.[16]

De verwerkingsverantwoordelijke en de verwerker hebben er alle belang bij hun respectieve verantwoordelijkheden duidelijk op te nemen in de overeenkomsten die ze m.b.t. de verwerking van persoonsgegevens afsluiten.[17]

2.3. De beginselen inzake gegevensverwerking

De AVG bevestigt een aantal gekende principes inzake gegevensverwerking. De verantwoordelijken voor de gegevensverwerking krijgen daarenboven een aantal bijkomende verplichtingen.

De verwerkingsverantwoordelijke is verantwoordelijk voor de naleving van de beginselen inzake verwerking van de persoonsgegevens en moet dit kunnen aantonen. De beginselen waarop deze verantwoordingsplicht betrekking heeft zijn:[18]

- *Rechtmatigheid, behoorlijkheid en transparantie.*
  Persoonsgegevens moeten worden verwerkt op een wijze die ten aanzien van de betrokkene rechtmatig, behoorlijk en transparant is.
- *Doelbinding*
  Persoonsgegevens moeten voor welbepaalde, uitdrukkelijk omschreven en gerechtvaardigde doeleinden worden verzameld en ze mogen niet verder op een met die doeleinden onverenigbare wijze worden verwerkt.
- *Minimale gegevensverwerking*
  Persoonsgegevens moeten toereikend zijn, ter zake dienend en beperkt tot wat noodzakelijk is voor de doeleinden waarvoor zij worden verwerkt.
- *Juistheid*
  Persoonsgegevens moet juist zijn en zo nodig worden geactualiseerd. Alle redelijke maatregelen moeten worden genomen om de persoonsgegevens die, gelet op de doeleinden waarvoor zij worden verwerkt, onjuist zijn onverwijld te wissen of te rectificeren.
- *Opslagbeperking*
  Persoonsgegevens moeten worden bewaard in een vorm die het mogelijk maakt de betrokkenen niet langer te identificeren dan wat voor de doeleinden waarvoor de persoonsgegevens worden verwerkt noodzakelijk is.

---

16 Jacobs, E., o.c., p.13.
17 Op de site van de VVSG zijn voorbeelden opgenomen van een verwerkingsovereenkomst en een verwerkersovereenkomst: www.vvsg.be
18 Art.5 AVG.

- *Integriteit en vertrouwelijkheid*
  Persoonsgegevens moeten door het nemen van passende technische of organisatorische maatregelen op een dusdanige manier worden verwerkt dat een passende beveiliging ervan is gewaarborgd, en dat zij o.m. beschermd zijn tegen ongeoorloofde of onrechtmatige verwerking en tegen onopzettelijk verlies, vernietiging of beschadiging.

2.4. De grondslag voor de verwerking

Een bestaand principe dat wordt bevestigd in de AVG is dat elke gegevensverwerking op een legitieme grond moet kunnen gebaseerd zijn. Artikel 6 van de AVG geeft een opsomming van de grondslagen voor de rechtmatige verwerking van gegevens. Deze opsomming heeft een limitatief karakter.[19]

Belangrijk voor lokale besturen is dat de verwerking van persoonsgegevens is toegelaten om te voldoen aan een wettelijke verplichting die op hen als verwerkingsverantwoordelijke rust of wanneer de verwerking noodzakelijk is voor de vervulling van een taak van algemeen belang of van een taak in het kader van de uitoefening van het openbaar gezag die aan de verwerkingsverantwoordelijke is opgedragen.[20] De rechtsgrond hiervoor moet worden vastgesteld in de regelgeving, d.w.z. in het Unierecht of het nationale recht. Het is aangewezen om de verschillende types van gegevensverwerking die worden uitgevoerd te documenteren en voor elk van hen de wettelijke grondslag te bepalen.

De AVG schrijft niet voor dat voor elke afzonderlijke verwerking specifieke wetgeving is vereist. Er kan worden volstaan met wetgeving die als basis fungeert voor verscheidende verwerkingen op grond van een wettelijke verplichting die op de verwerkingsverantwoordelijke rust, of voor verwerking die noodzakelijk is voor de vervulling van een taak van algemeen belang, dan wel voor een taak in het kader van de uitoefening van het openbaar gezag. In de regelgeving moet ook het doel van de verwerking zijn bepaald. Deze regelgeving zou ook een nadere omschrijving kunnen geven van de algemene voorwaarden van de AVG waaraan de persoonsverwerking moet voldoen om rechtmatig te zijn, en specificaties kunnen vaststellen voor het bepalen van de verwerkingsverantwoordelijke, het type verwerkte persoonsgegevens, de betrokkenen, de entiteiten waaraan persoonsgegevens mogen worden vrijgegeven, de doelbinding, de opslagperiode en andere maatregelen om te zorgen voor rechtmatige en behoorlijke verwerking. Tot slot dient de regelgeving te bepalen wie de verwerkingsverantwoordelijke is die belast is met een taak van algemeen belang dan wel een taak in het kader van de uitoefening van het openbaar gezag. Dit kan een overheidsinstantie zijn of een andere publiekrechtelijke rechtspersoon. Dit kan ook een privaatrechtelijke rechtspersoon zijn, bijvoorbeeld een beroepsvereniging, indien dit gerechtvaardigd is om redenen van alge-

[19] De Bot, D., De gevolgen van de Algemene Verordening Gegevensbescherming voor de verzekeringssector – Enkele kritische bedenkingen. In: Tijdschrift voor Verzekeringen, 2016, p.135.

[20] Art.6 c en e AVG

meen belang, zo o.m. gezondheidsdoeleinden zoals volksgezondheid, sociale bescherming en het beheer van gezondheidsdiensten.[21]

Persoonsgegevens in officiële documenten die voor de uitvoering van een taak van algemeen belang in het bezit zijn van een overheidsinstantie, een overheidsorgaan of een particulier orgaan, mogen door de instantie of het orgaan worden bekendgemaakt in overeenstemming met de regelgeving die op hen van toepassing is, en dit om het recht van toegang van het publiek tot officiële documenten in overeenstemming te brengen met het recht op bescherming van persoonsgegevens zoals opgenomen in de AVG.[22]

De toestemming als voorwaarde voor rechtmatige gegevensverwerking werd grondig herzien in de AVG. De gegeven toestemming moet vrij, specifiek en geïnformeerd, maar ook ondubbelzinnig zijn. Dit houdt in dat het datasubject de gegevensverwerking via een verklaring of een ondubbelzinnige actieve handeling moet hebben aanvaard. De toestemming kan dus niet worden afgeleid uit een stilzwijgen, een vooraf afgevinkt vakje of een niet–handelen. De verwerkingsverantwoordelijke moet ook in staat zijn om aan te tonen dat de toestemming werd gegeven.

2.5. Meer rechten voor datasubjecten

De AVG past een aantal rechten van de betrokkenen aan en voert een aantal nieuwe rechten in. Het is voor de verwerkingsverantwoordelijke noodzakelijk om zijn bestaande werkwijzen te toetsen aan de AVG en waar nodig aan te passen. Een voorbeeld is de privacyverklaring waarin aan de betrokkenen wordt meegedeeld waarom de gegevens worden verwerkt. De AVG vereist dat hierin ook het volgende wordt vermeld: de wettelijke grondslag voor de gegevensverwerking, de termijnen waarbinnen de informatie wordt bijgehouden, of er gegevens worden uitgewisseld buiten de Europese Unie en de mogelijkheid van de betrokkene om een klacht in te dienen bij de Privacycommissie indien hij van oordeel is dat de gegevens foutief werden verwerkt. De informatie moet daarenboven in een beknopte, begrijpbare en duidelijke taal worden vermeld.[23]

Naast de aanpassing van de bestaande rechten voert de AVG ook een aantal nieuwe rechten in.

- *Het recht op gegevensoverdraagbaarheid.*[24]

Dit is een verbeterde vorm van toegang waarbij de betrokkene het recht heeft de persoonsgegevens die op hem van toepassing zijn in een gestructureerde, gangbare en elektronische vorm te verkrijgen, en ze aan een andere verantwoordelijke

[21] Considerans 45 AVG. De Vlaamse overheid is gestart met de aanpassing van haar regelgeving aan de AVG. De Vlaamse Regering keurde op 12 januari 2018 een voorontwerp van Decreet goed dat de Vlaamse Decreten aanpast aan de AVG.

[22] Art.86 AVG.

[23] Voor een overzicht en bespreking van de modaliteiten voor de uitoefening van de rechten van de betrokkenen zie De Bot, o.c., pp.143-150.

[24] Art.20 AVG.

kan en mag overdragen. Dit laat gebruikers van sociale media toe om hun gegevens zonder problemen over te dragen naar een ander netwerk.
Dit recht op gegevensoverdraagbaarheid is beperkt tot de gevallen waarin de verwerking berust op toestemming of een overeenkomst, en de verwerking via geautomatiseerde procedés wordt verricht.

- *Het recht op de (uit)wissing van persoonsgegevens.*[25]

Het recht op gegevensuitwissing of het 'recht op vergetelheid' bepaalt dat de verwerkingsverantwoordelijke in een aantal gevallen verplicht is om persoonsgegevens zonder onredelijke vertraging te wissen. De zes opgesomde gevallen zijn:
1. de persoonsgegevens zijn niet langer nodig voor de doeleinden waarvoor ze zijn verzameld of anderszins zijn verwerkt.
2. de betrokkene trekt zijn toestemming in en er is geen andere grond voor verwerking.
3. de betrokkene maakt gebruik van zijn algemeen recht van bezwaar en er ontbreken zwaarder wegende gronden voor de verwerking in hoofde van de verantwoordelijke en ook bij gebruik van het recht van bezwaar tegen direct marketing.
4. de persoonsgegevens zijn onrechtmatig verworven.
5. een wettelijke verplichting om de gegevens te wissen.
6. de persoonsgegevens zijn verzameld in verband met een aanbod van diensten van de informatiemaatschappij m.b.t. minderjarigen.[26]

De verplichting tot uitwissing van de gegevens is niet absoluut. Zo is het wissen van de gegevens niet verplicht indien de verwerking van de gegevens nodig is voor het nakomen van wettelijke verwerkingsverplichtingen die rusten op de verwerkingsverantwoordelijke of bij het vervullen van een taak van algemeen belang of bij het uitoefenen van het openbaar gezag door de verwerkingsverantwoordelijke.[27]

- *Het recht op verwijdering van verwijzingen en links.*

De hiervoor besproken verplichting tot uitwissing wordt aangevuld met de verplichting voor verantwoordelijken die gegevens openbaar hebben gemaakt om andere verantwoordelijken te informeren dat de betrokkene verzocht heeft om links naar en kopieën of reproducties van gegevens te wissen. Dit recht geldt in het bijzonder voor de uitbaters van zoekmachines, maar kan ook toegepast worden op andere gevallen waarin de gegevens openbaar worden gemaakt, bijvoorbeeld via een eigen website.[28]

---

[25] Art.17 AVG.
[26] De toestemming namens kinderen is aan specifieke regels onderworpen. Voor de verwerking van de gegevens van kinderen onder 16 jaar moet een ouder of voogd toestemming geven opdat de verwerking rechtmatig zou zijn. De AVG heeft een speciale bescherming voor kinderen voorzien o.a. in de context van commerciële internetdiensten als sociale netwerken. Art.8 AVG.
[27] Een overzicht van de uitzonderingen: art.17 3. AVG.
[28] Art.17.2 AVG

2.6. Verplichtingen tot verantwoording

De AVG hecht veel belang aan de verplichting tot het afleggen van verantwoording en legt zware verplichtingen op om de naleving van de Verordening aan te tonen. Zo moet de verantwoordelijke o.m. een register bijhouden met alle gegevens over de verwerking.[29]

De gegevensbescherming moet steeds en al vanaf de start tot de good practices van elke verantwoordelijke behoren. De uitvoering van risicocontroles is hiervan een belangrijk onderdeel. Bij een risicovolle verwerking, dit is o.m. het geval bij het implementeren van nieuwe technologie of wanneer een profileringsoperatie een aanzienlijk effect kan teweegbrengen voor de betrokkenen, is een gegevensbeschermingseffectbeoordeling ('Privacy Impact Assessment (PIA)) vereist.[30]

En wanneer het misgaat, zal de verwerkingsverantwoordelijke de inbreuken ('data breach') verplicht moeten melden, en dit zowel aan de betrokkene als aan de toezichthoudende autoriteit. Het zijn vooral de incidenten waarbij het waarschijnlijk is dat de betrokkene enige vorm van schade zal leiden die moeten worden gemeld. We denken bijvoorbeeld aan de gevolgen van een identiteitsdiefstal of het schenden van een geheimhoudingsplicht.[31]

2.7. Een Data Protection Officer

In bepaalde gevallen moet een 'data protection officer' (functionaris voor gegevensbescherming) worden aangesteld. Dit is het geval voor publieke instellingen die data verwerken, ondernemingen die persoonlijke data systematisch en op grote schaal verwerken en organisaties die data verwerken in specifieke datacategorieën, zoals gezondheidsdata.

Dit aanstellen van een DPO moet zorgvuldig gebeuren. De AVG schrijft voor dat de data protection officer aantoonbaar een 'expert knowledge' heeft van privacy en databeveiliging. Hij moet daarenboven ook voldoende op de hoogte zijn van de bedrijfsspecifieke dataprocessen.[32]

2.8. De sancties en schadevergoedingen

De sancties voorzien in de AVG krijgen veel aandacht. De administratieve geldboetes kunnen dan ook oplopen tot 4% van de totale wereldwijde jaaromzet of 20 miljoen euro.[33] Van de lidstaten wordt verwacht dat zij de sanctie opstellen voor de

[29] Art.30 AVG
[30] Art.35 AVG
[31] Art. 33 en 34 AVG.
[32] Jacobs E., o.c., 13, punten 3 en 4.
[33] Art.83 AVG.

inbreuken die niet aan de administratieve geldboetes zijn onderworpen. De sancties moeten doeltreffend, evenredig en afschrikkend zijn.[34]

Wie materiële of immateriële schade heeft geleden ten gevolge van een inbreuk op de Verordening heeft het recht om van de verwerkingsverantwoordelijke of de verwerker een schadevergoeding te vorderen. De aansprakelijkheid van de verwerkingsverantwoordelijke is zeer ruim. Hij is aansprakelijk voor de schade die wordt veroorzaakt door een verwerking die een inbreuk op de Verordening uitmaakt. De verwerker is enkel aansprakelijk voor de schade door de verwerking veroorzaakt, indien bij de verwerking niet is voldaan aan de specifiek tot verwerkers gerichte verplichtingen van deze verordening of wanneer buiten dan wel in strijd met de rechtmatige instructies van de verwerkingsverantwoordelijke is gehandeld. Een vrijstelling van aansprakelijkheid is mogelijk indien de verwerkingsverantwoordelijke of verwerker kan aantonen dat hij op geen enkele wijze verantwoordelijk is voor het schadeveroorzakende feit.[35]

Indien de situatie complex is omdat meerdere verwerkingsverantwoordelijken of verwerkers bij dezelfde verwerking betrokken zijn, en verantwoordelijk voor de schade die door de verwerking wordt veroorzaakt, wordt elke verwerkingsverantwoordelijke of verwerker voor de gehele schade aansprakelijk gehouden. Op deze manier wil men garanderen dat de betrokkene daadwerkelijk wordt vergoed. De verwerkingsverantwoordelijke of verwerker die aldus overgaat tot de volledige vergoeding van de betrokkene kan op de andere verwerkingsverantwoordelijke of verwerkers een verhaal uitoefenen dat overeenkomt met hun deel van de aansprakelijkheid voor de schade.[36]

3. Risicomanagement en verzekering

3.1. Risicomanagement

Het risicomanagement is uitgegroeid tot een volwaardig onderdeel van een goed bestuur en in toenemende mate ook het voorwerp van regelgeving. De lokale besturen zijn verplicht om in te staan voor de interne controle van hun activiteiten en dit o.m. om de betrouwbaarheid van de beschikbare gegevens te waarborgen en fraude te voorkomen.[37]

De specifieke risico's verbonden aan de gedigitaliseerde wereld waarin wij leven en werken krijgen hierbij steeds meer aandacht. Ook de toenemende regelgeving met bijkomende verplichtingen draagt hiertoe bij. De hiervoor besproken Algemene

[34] Art.84 AVG.
[35] Art.82 1, 2 en 3 AVG.
[36] Art.82 4 en 5 AVG.
[37] Zie o.m. Gemeentedecreet: art.99-100 en het OCMW-Decreet: art.98-100. In het nieuwe Decreet Lokaal Bestuur van 22 december 2017: art.217- 220.

Verordening Gegevensbescherming is illustratief voor de toegenomen aandacht in de regelgeving[38] voor een veilig omgaan met data.

Een eerste stap in de cyclus van het risicomanagement is de identificatie van de risico's.[39] Het kan hierbij helpen om de cyberveiligheid van uw organisatie aan testen te onderwerpen. Een eenvoudige phishing-test van Audit Vlaanderen bij gemeenten en OCMW's bracht aan het licht dat een meerderheid van hen aanzienlijke veiligheidsrisico's loopt door de onveilige handelingen van sommige medewerkers.[40]

Stap twee is het analyseren van de geïdentificeerde risico's waarbij we o.m. aandacht besteden aan hun frequentie en (de financiële) impact op de werking. De derde stap is bepalen hoe we omgaan met de in kaart gebrachte risico's. In eerste instantie zullen we er naar streven om ze te vermijden of te verminderen. Het verzekeren is ook een van de mogelijke maatregelen om de organisatie te beschermen tegen de gevolgen van de risico's. Een opvolging van de getroffen maatregelen is noodzakelijk om hun effectiviteit te beoordelen en uiteraard moeten we waakzaam blijven voor nieuwe risico's die opduiken.

Schematische voorstelling van de cyclus van het risicomanagement.

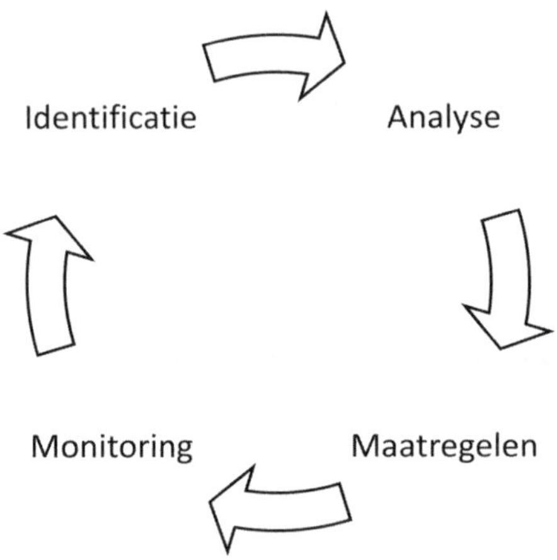

[38] Andere normen die belangrijk zijn voor lokale besturen zijn o.m.:
- de Wet van 8 december 1992 tot bescherming van de persoonlijke levenssfeer;
- Minimale veiligheidsnormen Kruispuntbank Sociale Zekerheid (KSZ) – Minimale Normen Versie 2015 (ISO 27002.2013) https://www.ksz-bcss.fgov.be
- Richtsnoeren m.b.t. de informatiebeveiliging van persoonsgegevens in steden en gemeenten, in instellingen die deel uitmaken van het netwerk dat beheerd wordt door de Kruispuntbank van de Sociale Zekerheid en bij de integratie van OCMW – Gemeente, Versie 3.0. https://www.privacycommission.be

[39] Voor een toelichting bij de cyberrisico's zie Vael, M., Cyberrisico's. Een nieuwe dagelijkse realiteit voorgesteld in tien cases. Brussel, Politeia, 2017.

[40] Phishing is een vorm van computercriminaliteit waarbij de oplichter personen tracht te misleiden via een phishing- mail. Met deze mail proberen zij aan persoonlijke informatie of bankgegevens te komen of de computer te besmetten met kwaadaardige software (virus, ramsomware…).
Voor meer informatie over de test: www.auditvlaanderen.be/thema-audit-informatiebeveiliging-en-phishing-test.

3.2. Het verzekeren tegen cyberrisico's

Om een lokaal bestuur of organisatie tegen cyberrisico's te verzekeren zal de verzekeraar zich eerst moeten vergewissen van de veiligheidssituatie. Een dergelijke audit heeft voor de betrokkene het voordeel dat er een onafhankelijke doorlichting van zijn bestuur of organisatie plaatsvindt. De resultaten van dit onderzoek geven een stand van zaken van de veiligheidssituatie en vormen het vertrekpunt voor het uitwerken van een preventieplan met concrete veiligheidsmaatregelen.

Dit preventieplan en het respect voor de veiligheidsmaatregelen zijn een noodzakelijke voorwaarde voor, en een integraal onderdeel van, de verzekeringsdekking die eventueel wordt uitgewerkt. In de verzekeringsovereenkomst moet er verder aandacht zijn voor de bescherming van de gegevens van de verzekerde en het aansprakelijkheidsrisico.

Een belangrijk onderdeel van de uit te werken dekking is de dienstverlening. In geval van een incident moet snel en accuraat kunnen worden gereageerd. Een gespecialiseerde bijstand (24 uur per dag en 7 dagen per week) om onmiddellijk te kunnen ingrijpen en alle noodzakelijke maatregelen te treffen is dan ook een noodzakelijk onderdeel van de bescherming die verzekerde en verzekeraar samen uitwerken.

Het luik gegevensbescherming van een polis zal o.m. vergoedingen voorzien voor:
- personeelskosten (gepresteerde (over-)uren).
- de huurkosten van een identieke IT–installatie dan diegene beschadigd door de cyberaanval.
- de noodzakelijke kosten voor de wedersamenstelling van de gegevens.
- de opsporingskosten om de verloren gegevens te verzamelen.
- de kosten voor de identificatie van het cyberrisico, de cyberaanval of het virus.

Ook de kosten voor de crisiscommunicatie kunnen worden opgenomen in de dekking.

De waarborg burgerlijke aansprakelijkheid heeft betrekking op:
- de inbreuk op persoonsgegevens en gegevens van de derde onderneming.
- de burgerlijke aansprakelijkheid m.b.t. de netwerkbeveiliging.
- tekortkomingen m.b.t. de kennisgevingsverplichtingen.
- het gebruik van multimedia: de aansprakelijkheid van de verzekerde wordt ingeroepen m.b.t. de inhoud die werd verspreid via zijn website of een van de andere sociale media. (Facebook, twitter…)

Dit luik van de verzekering biedt o.m. een antwoord op de schadevorderingen die de schadelijder op basis van artikel 82 van de AVG kan formuleren.

4. Besluit

De werkwijze van alle besturen, instanties en organisaties die persoonsgegevens verwerken zullen moeten worden aangepast aan de vereisten die aan de gegevensverwerking worden gesteld door de Algemene Verordening Gegevensverwerking, en de (toekomstige) nationale regelgeving.[41] De tijd begint te dringen. Op 25 mei 2018 wordt de AVG immers van toepassing.

[41] Tot slot van haar artikel geeft S.Raets ter zake tien actiepunten. Raets, S., o.c., p.225.